Sefyll yn

Y MEDDWL A'R DYCHYMYG CYMREIG

Golygydd Cyffredinol
John Rowlands

Mae teitl y gyfres hon o astudiaethau beirniadol ar lenyddiaeth yn fwriadol eang ac annelwig, oherwydd gobeithir cynnwys ynddi ymdriniaethau amrywiol iawn â lluosogedd o bynciau a themâu. Bu tuedd hyd yn hyn i ysgolheigion a beirniaid ysgrifennu hanes llenyddiaeth, ac fe fydd sefydliadau megis y Ganolfan Uwchefrydiau Cymreig a Cheltaidd a'r Academi Gymreig yn sicrhau bod y gweithgareddau sylfaenol hynny yn parhau. Ond daeth yn bryd hefyd inni drafod a dehongli'r themâu sy'n ymwau trwy'n llenyddiaeth, ac edrych yn fanylach ar y meddwl a'r dychymyg Cymreig ar waith. Wrth gwrs fe wnaed rhywfaint o hynny'n barod gan feirniaid mor wahanol â Saunders Lewis, Bobi Jones a Hywel Teifi Edwards, ond mae yna agweddau lu ar ein dychymyg llenyddol sydd naill ai heb eu cyffwrdd neu'n aeddfed i gael eu trafod o'r newydd.

Yr astudiaeth gymharol hon o waith T. S. Eliot, Saunders Lewis, R. S. Thomas a Simone Weil yw'r chweched gyfrol yn y gyfres, yn dilyn *DiFfinio Dwy Lenyddiaeth Cymru* (gol. M. Wynn Thomas, 1995), *Tir Neb* (Gerwyn Wiliams, 1996) a ddyfarnwyd yn Llyfr y Flwyddyn gan Gyngor Celfyddydau Cymru, *Cerddi Alltudiaeth* (Paul Birt, 1997), *Yr Arwrgerdd Gymraeg* (E. G. Millward, 1998) a *Pur fel y Dur* (Jane Aaron, 1998). Ynddi edrychir ar y modd y mae'r pedwar awdur honedig fodern hyn yn adlewyrchu agweddau gwrth-fodernaidd iawn. Er yn annibynnol ar ei gilydd, gwelir tebygrwydd rhyfeddol rhyngddynt o ran eu personoliaethau a'u hagweddau at y byd o'u cwmpas.

Bydd cyfrolau pellach yn y gyfres hon yn archwilio pynciau amrywiol megis y dadeni diweddar yn y nofel Gymraeg, hanesyddiaeth yng nghyfnod y Tuduriaid, merched yn llenyddiaeth yr Oesoedd Canol, y dychymyg hoyw mewn llenyddiaeth Gymraeg a'r ddelwedd o Gymru yn y nofel ddiweddar.

Y MEDDWL A'R DYCHYMYG CYMREIG

Sefyll yn y Bwlch

Cymru a'r mudiad gwrth-fodern:
Astudiaeth o waith
R. S. Thomas, Saunders Lewis,
T. S. Eliot a Simone Weil

Grahame Davies

GWASG PRIFYSGOL CYMRU
CAERDYDD
1999

Cedwir pob hawl. Ni cheir atgynhyrchu unrhyw ran o'r cyhoeddiad hwn na'i gadw mewn cyfundrefn adferadwy na'i drosglwyddo mewn unrhyw ddull na thrwy unrhyw gyfrwng electronig, mecanyddol, ffotogopïo, recordio, nac fel arall, heb ganiatâd ymlaen llaw gan Wasg Prifysgol Cymru, 6 Stryd Gwennyth, Caerdydd CF2 4YD.

ISBN 0-7083-1559-3

Mae cofnod catalogio'r gyfrol hon ar gael gan y Llyfrgell Brydeinig.

Cyhoeddir gyda chymorth ariannol Cyngor Celfyddydau Cymru

Llun y clawr: John Everett Millais, *A Dream of the Past: Sir Isumbras at the Ford*, 1857 (manylyn). Trwy garedigrwydd The Board of Trustees of the National Museums and Galleries on Merseyside (Lady Lever Art Gallery)
Dyluniwyd y clawr gan Elgan Davies, Cyngor Llyfrau Cymru

Cysodwyd yng Ngwasg Prifysgol Cymru, Caerdydd
Argraffwyd yng Nghymru gan Wasg Dinefwr, Llandybïe

I SALLY

â diolch

Cynnwys

Diolchiadau   ix

Rhagymadrodd: Dieithriaid Trigiannol   1

1   T. S. Eliot   17

2   Saunders Lewis   58

3   Simone Weil   97

4   R. S. Thomas   135

5   Casgliad: Sefyll yn y Bwlch   191

Mynegai   195

Diolchiadau

Carwn ddiolch i'r Athro Dafydd Johnston am ei gymorth hael a'i gyfarwyddyd hollbwysig wrth imi wneud yr ymchwil a arweiniodd at y llyfr hwn. Carwn ddiolch hefyd i'r Athro Glyn Jones, yr Athro Sioned Davies a staff Adran y Gymraeg Prifysgol Cymru Coleg Caerdydd am bob cymorth, i'r Athro M. Wynn Thomas a'r Dr Jerry Hunter am eu sylwadau adeiladol, ac i R. S. Thomas ei hun am ei barodrwydd i ateb cwestiynau am ei waith. Diolchaf hefyd i'r Athro John Rowlands am ei waith a'i weledigaeth fel golygydd y gyfres *Y Meddwl a'r Dychymyg Cymreig*, ac i Susan Jenkins a staff Gwasg Prifysgol Cymru am eu proffesiynoldeb a'u gofal manwl a thrylwyr gyda'r gyfrol. Yr wyf yn ddyledus i Simon Brooks am awgrym allweddol ac i Nia Thomas am ei chyfieithiadau celfydd o'r Ffrangeg. Carwn ddiolch yn ogystal i staff llyfrgell Prifysgol Cymru Coleg Caerdydd, Llyfrgell Dinas Caerdydd a Llyfrgell Genedlaethol Cymru. Cydnabyddaf fy nyled drom i'r uchod i gyd ac i'r llenorion a'r beirniaid eraill yr wyf wedi elwa o'u gwaith. Y fi yn unig sy'n gyfrifol am unrhyw ddiffygion yn y gyfrol hon. Yn olaf ac yn bennaf oll, diolchaf i Sally fy ngwraig am ei chymorth, ei chefnogaeth a'i chariad.

Grahame Davies

'Dwi'n chwilio am y canol llonydd distaw
sy' ynof fi fy hun ac ynghanol pob dim,
chwilio am y gwacter mawr a hyfryd
ynom ni i gyd yn llonydd fel llyn.

Steve Eaves

Rhagymadrodd:
Dieithriaid Trigiannol

Yn y bedwaredd ganrif ar ddeg, teimlai llawer fod seiliau cymdeithasol a chrefyddol Ewrop yn dadfeilio. Yr oedd y Pla Du yn difrodi poblogaethau cyfain; yr oedd y Rhyfel Can Mlynedd wedi rhoi Ffrainc a Lloegr mewn gwrthdrawiad am genedlaethau; yr oedd awdurdod Duw ar y ddaear, y Babaeth, wedi'i rhwygo rhwng Rhufain ac Avignon; yr oedd Gwrthryfel y Taeogion yn Lloegr a gwrthryfeloedd tebyg ar draws y Cyfandir yn bygwth seiliau'r drefn economaidd a chymdeithasol; ac yr oedd syniadau rhagflaenwyr y Diwygiad Protestannaidd yn dechrau bygwth undod athronyddol y byd crefyddol. Yr oedd byd cred yr Oesoedd Canol ar ddarfod, a chenedlaetholdeb modern ar gael ei eni.

Er gwaetha'r ofn a'r ansicrwydd, yr oedd hefyd yn gyfnod a welodd flodeuo mawr ar gyfriniaeth grefyddol o fath beiddgar, gwreiddiol a threiddgar, gyda chnwd rhyfeddol o gyfrinwyr a gweledyddion a fyddai ymhlith mawrion Cristnogaeth y Gorllewin byth wedyn. Yn Lloegr ceir Richard Rolle, Walter Hilton, Julian o Norwich ac awdur anhysbys *The Cloud of Unknowing*; yn Fflandrys, Jan Van Ruysbroeck; yn yr Almaen, 'Meister' Eckhart, Gertrude, Henry Suso, a Johann Tauler; yn yr Iseldiroedd, yr Almaenwr Thomas à Kempis; ac yn yr Eidal, ceir Catherine o Siena ac Angela o Foligno.[1] Fel y dywed Clifton Wolters yn ei ragarweinaid i'w olygiad o *The Cloud of Unknowing and other works*:

> The surprising thing about this particular upsurge is that it happened when it did . . . It was in this restless, unsettled age that mysticism revived, and men turned from the rage and storm to consider rather the calm

depths that lay beneath. It was as children of their age of course that they
'turned aside to see', and what they saw they describe to us in their own
idiom, which reflects the hopes and fears of their day.[2]

Y mae i bob oes ei gobeithion a'i phryderon, ac fe geir ymhob cyfnod
unigolion y mae pwysau'r presennol yn eu troi ymaith oddi wrth y byd i
gyrchu'r tragwyddol. Byddai Henry Vaughan yn yr ail ganrif ar bymtheg
yn enghraifft; yn arfer ei gyfriniaeth natur yng nghefn gwlad
Brycheiniog oherwydd dryllio byd ei Anglicaniaeth gynt. Serch hynny,
pan geir cyfnod o newidiadau sylfaenol iawn sy'n gweddnewid
gwareiddiad cyfan, digwydd ymateb gwrthwynebus neu encilgar ar
raddfa ehangach, ryng-ddiwylliannol. Mewn cyfnod chwyldroadol o'r
fath, bydd rhai unigolion mewn llawer o'r diwylliannau yr effeithiwyd
arnynt yn troi ymaith oddi wrth y byd materol mewn ffordd ddwys
iawn, gan chwilio am y trosgynnol gyda brys ac angerdd. Dyna a gafwyd
yn y bedwaredd ganrif ar ddeg. Dyna hefyd a gafwyd yn yr oes fodern.

Oes o chwyldro fu'n hoes ni hefyd. Yr ydym yn tynnu at derfyn
canrif a welodd newidiadau aruthrol yn strwythur economaidd,
cymdeithasol a meddyliol y byd. I'r sawl a lynai wrth werthoedd megis
crefydd, traddodiad, gwreiddiau a threfn, ni fu'r ugeinfed ganrif yn
gyfnod da. Datgelodd dau ryfel byd wendid a llygredd cymdeithas a'r
natur ddynol ill dwy; dangosodd argyfyngau economaidd mor annynol
y gall y drefn ddiwydiannol fod; ac yr oedd tueddiadau materol a
syniadol y Gorllewin i gyd fel petaent yn dileu'n gyson ac yn gynyddol
olion pob traddodiad, sicrwydd a chred. Ymddengys fel petai'r lleol yn
ildio i'r canolog, yr ysbrydol yn treio o flaen y materol a'r unigryw'n
cael ei gymathu â'r unffurf. Hyd yn oed os na chytunir â'r sawl a gred
fod tuedd y ganrif wedi bod yn gynyddol aflesol i'r ysbryd dynol,
anodd gwadu na welodd y cyfnod drai mawr ar werthoedd a ystyrid
am ganrifoedd yn rhai sylfaenol a hollbwysig.

Anodd yw amgyffred mor bellgyrhaeddol, ac mor gyflym, y bu'r
newidiadau a ddaeth i ran gwledydd y Gorllewin yn yr ugeinfed ganrif,
yn sgil mecaneiddio, diwydiannu, trefoli a thorfoli cymdeithas.
Ymddengys fod canrifoedd o draddodiadau, o batrymau o fyw, ac o
fframweithiau meddyliol a chrefyddol wedi eu hysgubo ymaith gan
don o fateroliaeth dechnolegol. Erbyn hyn, ar drothwy'r mileniwm
newydd, y mae trwch poblogaeth y Gorllewin yn cymryd goruchafiaeth
y modern yn ganiataol; nid ydyw bellach yn ysgytwad. Daethom i
dderbyn yr hyn a alwodd J. R. Jones yn 'argyfwng gwacter ystyr' fel
cyflwr naturiol. Yr ydym bellach yng nghyfnod yr ôl-fodern, lle mae

modernrwydd yn ffaith yn hytrach nag yn bosibilrwydd bygythiol, lle mae diffyg ystyr, dadwreiddiad a dieithriad yn ystrydebau nid yn ysgymunbethau, a lle nad yw'r byd a fodolai cyn y chwyldro yn fwy nag yn gof gwerin. O'n safbwynt heddiw, felly, anodd cofio y bu amser pan fu her modernrwydd bron yn fater o fywyd a marwolaeth i rai deallusion, amser pan deimlai rhai eu bod yn brwydro dros einioes gwareiddiad wrth iddynt geisio gwrthsefyll grymoedd newydd y ganrif, ac amser pan oedd bygythiad chwalfa'r hen wirioneddau yn ddigon i yrru rhai llenorion ac athronwyr ar encil trosgynnol mewn modd tebyg iawn i eiddo cyfrinwyr y bedwaredd ganrif ar ddeg. Dyna'r cyfnod sy'n gefndir i'r astudiaeth o'r pedwar llenor yn y llyfr hwn, cyfnod ysgubo effeithiau'r byd modern drwy gymdeithasau'r Gorllewin gan greu tyndra dirdynnol rhwng y modern a'r traddodiadol.

A bod yn fanwl, sôn yr ydwyf am flynyddoedd olaf y bedwaredd ganrif ar bymtheg a degawdau cyntaf yr ugeinfed ganrif. Yr oedd y broses o ddiwydiannu, wrth gwrs, wedi bod yn mynd rhagddi ers y ddeunawfed ganrif, yn enwedig ym Mhrydain, a bu llenorion yn ymateb i hyn trwy groniclo'r tyndra rhwng y dulliau newydd o fyw a'r hen drefn a'r hen werthoedd. Ond yn ail hanner y bedwaredd ganrif ar bymtheg a degawdau cyntaf y ganrif wedyn y daeth y broses yn un garlamus a di-droi'n-ôl, gyda thrwch poblogaethau a chymdeithasau gwledydd y Gorllewin yn dod yn drefol, yn ddiwydiannol ac yn dorfol. Fel mynegai o gyflymdra'r newid, y mae Alan Bullock, mewn ysgrif yn y llyfr *Modernism*, yn nodi sut y daeth cymaint o gyfarpar hanfodol a chwyldroadol y byd modern i fodolaeth rhwng y blynyddoedd 1890 ac 1900: y motor tanio mewnol; y motor diesel; y tyrbin ager; tanwyddau newydd fel trydan, olew a nwy; y car modur, y bws, y tractor a'r awyren; y teleffon, y teipiadur a'r peiriant tâp; a deunyddiau artiffisial a phlastigau.[3] Dengys John Carey yn ei lyfr *The Intellectuals and the Masses*[4] sut yr oedd y boblogaeth yn lluosogi yn aruthrol, diwydiant yn ehangu, dinasoedd a maestrefi'n tyfu, gan ddinistrio'r cefn gwlad, a thraddodiadau a chrefydd yn diflannu. Gyda thwf democratiaeth yn mynd law yn llaw â thwf y boblogaeth, yr oedd rhyw fateroliaeth broletaraidd 'dorfol' fel petai'n dechrau nodweddu'r gymdeithas fodern i gyd, gan ddisodli hierarchaeth esthetaidd y deallusion a reolai fywyd syniadol cymdeithas gynt.

Yr oedd y newidiadau hyn yn pwyso'n drwm ar ddeallusion ac, yn ddigon naturiol, bu sawl ymateb i'r modern ar draws gwareiddiad y Gorllewin, yn amrywio o'r croesawgar i'r didaro, i'r ofnus. Gellid, debyg iawn, ganfod rhychwant tebyg o ymatebiadau i newidiadau'r bedwaredd ganrif ar ddeg hefyd; er enghraifft, mae'n siŵr y buasai'r diwygwyr crefyddol neu'r gwrthryfelwyr cymdeithasol wedi ei weld yn gyfnod o gyffro a gobaith. Yn y cyfnod modern hefyd, ceir rhai llenorion fel Arnold Bennett yn croesawu'r rhyddid a'r cysur materol a ddaeth i drwch y boblogaeth drwy foderneiddio. Ond ymateb llai cadarnhaol a geir yng ngwaith llawer iawn o lenorion y cyfnod, a'r hyn y gellir ei ddirnad yn eu gwaith yn aml iawn yw'r angen am sicrwydd, am rywbeth i gredu ynddo, am rywbeth i roi ystyr iddynt mewn byd cynyddol afreolus a bygythiol. Daeth yr anghenion hyn yn rhyw fath o argyfwng syniadol ar ôl i'r Rhyfel Byd Cyntaf chwalu am byth y sicrwydd cymdeithasol, ysbrydol ac economaidd a fodolai gynt. Yn wahanol iawn i'n cyfnod ôl-fodern, yr oedd profiad modernrwydd yn negawdau cyntaf yr ugeinfed ganrif, pan oedd adeiladwaith y byd modern yn dal i ymffurfio, yn un ysgytiol o hyd gan fod cynifer o ragdybiaethau cysurus y gorffennol yn dal yn fyw yn y cof ac yn rhan o'r gynhysgaeth feddyliol gyffredinol. Yr oedd y gwrthgyferbyniad yn drawiadol, ac yr oedd her modernrwydd felly'n ymddangos fel pe bai'n mynnu penderfyniadau tyngedfennol ar ran yr unigolyn deallus. Dyna a yrrodd gynifer o lenorion a deallusion y cyfnod i gorlannau gwahanol gredoau pendant.

Soniodd y beirniad Richard Johnstone, yn ei lyfr *The Will to Believe* am angen greddfol nofelwyr y cyfnod am rywbeth i gredu ynddo.[5] Astudiai nofelwyr y 1930au, Graham Greene, Christopher Isherwood, George Orwell, Edward Upward, Rex Warner ac Evelyn Waugh, gan nodi, er iddynt ogwyddo at gredoau gwahanol iawn megis Marcsiaeth neu Gatholigiaeth, neu, yn achos Isherwood, grefydd Vedanta, eu bod yn rhannu: 'a profound need for something they felt had been lost from the world, something which would have to be replaced – belief'.[6]

Tuedd gyffredin iawn, felly, ymhlith llenorion y cyfnod oedd i ymuno ag achosion gwleidyddol, crefyddol neu ddiwylliannol a gynigiai ystyr yn yr ansicrwydd oedd ohoni. Yn ei astudiaeth o farddoniaeth Eingl-Gymreig, *The Cost of Strangeness*,[7] sonia Anthony Conran am artistiaid a llenorion y cyfnod hwn: 'in their agony before the chaos that threatened them. Anything that at all made sense of the sickness of Western Europe – Freud, the Golden Dawn, Astrology – was joyfully taken up as a rallying cry. Even the diagnosis of the class enemy, Karl Marx, was eventually, under the threat of economic collapse, red revolution and the impending renewal of world war, taken up by ruling-class ideologues like Auden and Spender.' Yn wir, yr oedd ymateb sosialaidd yn un cyffredin: ceisiodd rhai fel Auden ac Orwell, yn ei gyfnod o geisio byw fel gweithiwr, ymuno ag ysbryd yr oes ac ymuniaethu â'r dosbarth gweithiol fel rhan o'r dorf – yn aflwyddiannus ymhob achos, gan iddynt, yn anochel, gadw eu safbwyntiau dosbarth breiniol er gwaethaf eu cydymdeimlad sosialaidd. Ceir ymatebion eraill hefyd: rhybuddiai rhai nofelwyr, fel Aldous Huxley yn *Brave New World*, neu'r Orwell aeddfetach yn *Nineteen Eighty Four*, neu Rex Warner yn *The Aerodrome*, am ganlyniadau hunllefus ac annynol pen draw'r broses o foderneiddio a chyfundrefnu bywyd; a cheir yng ngweithiau H. G. Wells anghysur mawr ynglŷn â chanlyniadau twf poblogaeth y ddaear. Yr hyn sy'n nodweddu'r ymatebion hyn i gyd yw anghysur ynglŷn â llawer agwedd ar rymoedd modernrwydd.

Yn y llyfr hwn canolbwyntiaf ar un garfan o feddylwyr a ymatebodd i her modernrwydd mewn ffordd neilltuol ac mewn modd tebyg i'w gilydd, sef gyda chyfuniad o'r adwaith ceidwadol a'r encilgarwch cyfriniol a nodais eisoes parthed cyfrinwyr y bedwaredd ganrif ar ddeg. Dyma ffrwd arbennig o feddwl a fu'n islais gwrthwynebus drwy gydol y cyfnod, ac er gwaetha'r ffaith mai safbwynt lleiafrifol ydyw, fe ddenodd rai o brif lenorion yr oes, gan gynnwys dau o lenorion mwyaf dylanwadol Cymru. Carfan o feddwl ydoedd a ymatebodd i her y byd newydd gyda gwrthwynebiad a phryder; carfan a yrrwyd gan fygythiadau'r byd materol i droi ymaith oddi wrth ansicrwydd neu hagrwch y presennol i gyrchu delfrydau cymdeithasol iwtopaidd a gweledigaethau crefyddol trosgynnol.

Yr hyn sydd gennyf dan sylw, felly, yw adwaith y byddaf yn cyfeirio ato fel yr agwedd wrth-fodern. Dyma adwaith ceidwadol sy'n herio modernrwydd mewn dwy ffordd: trwy encilio oddi wrtho ar y naill law ac, ar y llaw arall, drwy gynnig rhyw fath o weledigaeth amgen, un ai i liniaru effeithiau ymddangosiadol andwyol y byd modern, neu i'w disodli'n llwyr. Ceir nifer o agweddau i'r safbwynt gwrth-fodern, ond ymhlith ei nodweddion amlycaf gellir nodi: cred grefyddol sy'n trosgynnu'r materol; tuedd tuag at y Catholig mewn crefydd a chelfyddyd; cred mewn trefn fel fframwaith i roi ystyr i fywyd; gweledigaeth sagrafennol o gelfyddyd a diwylliant; cred mewn hanes a thraddodiad fel ffynonellau ysbrydoliaeth a gwerthoedd; gwerth-fawrogiad o'r gwledig yn hytrach na'r trefol; a chred mewn gwerth cymunedau a chenhedloedd i'r ysbryd. Y mae'n feddylfryd sydd, ambell waith, yn gweld tuedd y ganrif fel un annynol ac annuwiol, fel math ar farbariaeth newydd a ddiraddia'r unigolyn a'i droi'n ddim ond yn rhan o'r dorf. Yr oedd deallusion o'r meddylfryd hwn yn ofni canlyniadau proses a edrychai fel pe byddai'n dinistrio gwerthoedd gwâr yn llwyr.

Ymhlith llenorion Prydain ac America a dueddai – i raddau gwahanol – at y syniadau amddiffynnol, ceidwadol hyn yr oedd Wyndham Lewis, F. R. Leavis, Ezra Pound, Graham Greene, Evelyn Waugh, David Jones, Hilaire Belloc a G. K. Chesterton, ac yn Ffrainc Maurice Barrès, Jacques Maritain a Charles Maurras. Yr oedd amrywiaeth go eang o farn rhwng y rhain i gyd, wrth gwrs, ond teg yw eu cysylltu fel rhai sy'n cynrychioli adwaith llenyddol ceidwadol i'r byd modern. Ymhlith y pethau a oedd yn gyffredin i lawer ohonynt yr oedd eu tuedd grefyddol; yr oedd nifer helaeth ohonynt yn Gatholigion, un ai o'r crud fel Belloc neu drwy dröedigaeth, fel Chesterton, Jones, Waugh a Greene. Rhywbeth arall a oedd yn gyffredin i lawer ohonynt oedd gwladgarwch, gan iddynt feithrin delfrydau o'u gwledydd genedigol, neu fabwysiedig, fel enghreifftiau o'r gymdeithas draddodiadol, iach, y gellid ei gosod yn erbyn byd modern a ystyriwyd yn beth llwgr.

Carwn edrych ar bedwar o ffigyrau mwyaf arwyddocaol y garfan hon: R. S. Thomas, Saunders Lewis, T. S. Eliot a Simone Weil. Yr hyn sy'n eu didoli oddi wrth y llenorion Prydeinig ac Americanaidd (ond nid yn gymaint y rhai Ffrengig) a enwyd uchod yw fod dylanwad y lleill wedi ei gyfyngu i raddau helaeth i faes celfyddyd, tra bod Weil, Thomas, Lewis ac Eliot drwy gydol eu gyrfaoedd wedi ceisio rhoi arweiniad syniadol agored i'w gwledydd, nid yn unig ym maes llenyddiaeth greadigol, ond trwy newyddiaduraeth a beirniadaeth wleidyddol a chymdeithasol, a hynny gyda chryn lwyddiant gan eu bod i gyd yn bwysig yn hanes gwleidyddiaeth ac athroniaeth eu gwledydd. Daethant oll i weledigaeth ddofn iawn o werth a swyddogaeth ysbrydol eu gwahanol genhedloedd ar adegau pan fu'r cenhedloedd hynny dan fygythiad difodiant. Maent i gyd yn coleddu delfryd o'r genedl fel cymuned ddynol a all gorffori gwerthoedd amgen na rhai modernrwydd, a daethant ill pedwar yn lladmeryddion dylanwadol i fath arbennig o genedlaetholdeb traddodiadol, diwylliannol a chrefyddol, gan roi iddynt safle pwysig yn hanes meddyliol a gwleidyddol eu gwledydd. Y mae ganddynt i gyd gweryl dwfn a chyhoeddus â llawer agwedd ar y byd modern: ei fecanyddiaeth, ei ddiwylliant torfol, ei duedd i ddad-ddyneiddio unigolion, ei fasnacheiddiwch, ei ddiwydiannaeth, ei esgeulustra o'r amgylchfyd, ei fateroliaeth, a'r ffordd y bu'n addoli gwirioneddau tybiedig gwyddoniaeth yn lle dirgelion y tragwyddol. Maent yn byw yn yr oes hon heb gydymffurfio â hi, yn ddieithriaid trigiannol yn yr ugeinfed ganrif.

Nid yn unig yn rhinwedd eu perthynas â'u cyfnod y mae'r pedwar llenor hyn yn ddieithriaid trigiannol ychwaith – maent felly hefyd yn eu perthynas â'r gwledydd y daethant yn lladmeryddion drostynt, a hynny mewn dau fodd. Yn gyntaf, y maent i gyd i ryw raddau wedi mabwysiadu'r gwledydd y daethant i'w cynrychioli. Ond yn ail, ac yn fwy pwysig, er gwaethaf eu statws dylanwadol fel diffinwyr a mynegwyr cenedlaetholdeb amddiffynnol, nid cenedlatholwyr arferol mohonynt o gwbl, os deellir cenedlaetholdeb amddiffynnol arferol fel greddf naturiol unigolyn i warchod yr amgylchfyd a'i ffurfiodd ac a rydd ystyr a fframwaith i'w hunaniaeth. Mae'r pedwar llenor hyn yn coleddu'r genedl nid yn bennaf oherwydd ei hunigrywiaeth na'i phwysigrwydd iddynt fel amgylchfyd eu hunaniaeth, ond oherwydd ei gwerth fel rhagfur o fewn strategaeth ehangach o wrthwynebu'r modern. Defnyddiant ill pedwar ddelfryd o gymuned genedlaethol geidwadol fel rhan annatod o'u hymgyrch yn erbyn bygythiad yr ugeinfed ganrif. Fel Garmon yn nrama Saunders Lewis, *Buchedd Garmon*, deuant fel estronwyr i sefyll yn y bwlch i amddiffyn hunaniaeth un genedl, gan weld hynny yn rhan o ryfel ehangach rhwng gwareiddiad a barbariaeth fel y cyfryw. Felly, er iddynt ddarparu gweledigaeth neilltuol o ddwfn a dylanwadol o werth ysbrydol y genedl, fe wnaethant hynny am resymau rhagor na rhai gwladgarol syml. O ganlyniad, os astudir hwy o safbwynt eu diwylliannau unigol yn unig, gall eu cymhellion a'u hymddygiad ymddangos yn baradocsaidd ac yn ddirgelaidd. Ond o gymharu'r pedwar a dangos mai i duedd ryngwladol a rhyng-ddiwylliannol y perthynant bob un, gellir gosod eu perthynas â'u cenhedloedd unigol mewn cyd-destun, ac ar yr un pryd ehangu'n hamgyffred o'u camp a'u statws, yn enwedig felly yn achos y ddau Gymro.

Gobeithiaf ehangu'n dealltwriaeth o Saunders Lewis ac R. S. Thomas drwy ymestyn y drafodaeth arnynt y tu hwnt i ffiniau Cymru a dangos eu bod yn cynrychioli un o dueddiadau syniadol mwyaf arwyddocaol yr ugeinfed ganrif, sef gwrth-fodernrwydd. Cymherir hwy ag Eliot a Weil yn bennaf er mwyn rhoi dwy enghraifft arall o'r un duedd, a hynny mewn dau ddiwylliant Gorllewinol gwahanol, ond hefyd er mwyn dangos bod modd cymharu safon meddwl, gweledigaeth a gwaith y ddau Gymro ag eiddo dau o feddyliau disgleiriaf yr oes. Peth arall y dymunwn ei ddangos yw fod cymhellion gwladgarwch y ddau Gymro gryn dipyn yn wahanol i'r hyn a briodolir iddynt yn aml iawn, a chryn dipyn yn wahanol i eiddo'r cenedlatholwyr sy'n edrych atynt fel arweinwyr syniadol. Nid cenedlaetholdeb syml sy'n eu cymell, ond yn hytrach y ddelfryd o genedl fel costrel gwerthoedd amgen ac fel rhagfur yn erbyn materoliaeth.

Yn fwy na hyn, y mae tebygrwydd hynod rhwng y pedwar llenor dan sylw: yn eu statws, yn natur eu gwerthoedd a'u personoliaethau, ac yn natur eu perthynas â'u cenhedloedd, tebygrwydd y mae'n werth ei archwilio ynddo'i hunan fel enghraifft o'r modd y bu personoliaethau tebyg yn ymateb mewn modd tebyg i her modernrwydd oddi mewn i'w diwylliannau gwahanol. Credaf hefyd y ceir gweledigaeth werthfawr iawn o bwysigrwydd y genedl i'r ysbryd dynol yn gyffredinol wrth astudio sut y daeth y pedwar llenor crefyddol hyn i werthfawrogiad dwfn o werth ysbrydol eu cenhedloedd pan fu'r rheini mewn perygl einioes, ac wrth astudio sut y mae'r genedl yn rhan anhepgor o'r gweledigaethau cyfriniol a brofwyd wrth iddynt encilio rhag bygythiad y byd modern materol. Yn olaf, credaf fod gan weledigaethau gwrth-faterol y llenorion hyn, a sbardunwyd gan ysgytwad modernrwydd, gryn dipyn i'w ddweud wrth ein hoes ôl-fodern lle mae ysgytwad y cyflwr modern lawer yn llai, ond ei heffaith yn anhraethol fwy.

Wrth gwrs, nid wyf yn awgrymu bod cyfatebiaeth lawn rhwng y llenorion hyn, ond credaf fod modd dangos patrwm o werthoedd a chymhellion cyffredin rhyngddynt. Yn y rhagymadrodd hwn, soniaf yn fyr am bob un o'r pedwar er mwyn amlinellu'r ddadl, cyn mynd ati i ymhelaethu yn y penodau dilynol. Cychwynnaf gyda T. S. Eliot, gan mai ef yw'r enghraifft glasurol o'r duedd wrth-fodern a chan fod ei statws yn rhychwantu nifer o ddiwylliannau Gorllewinol. Afraid, bron, yw amlinellu tiriogaeth gyfarwydd ei bererindod ddiwylliannol, ac felly canolbwyntiaf ar yr hyn sydd yn gyffredin iddo a'r llenorion eraill a'r duedd wrth-fodern fel y cyfryw.

T. S. Eliot

Fe'i ganed ym 1888 yn ninas St Louis yn nhalaith ddeheuol Missouri yn Unol Daleithiau America, i deulu o dras Seisnig a chanddynt wreiddiau yn New England yn nhaleithiau'r gogledd. Yr oedd elfen o ddadleoliad diwylliannol yn gynhenid ynddo, felly. Aeth ei astudiaethau ag ef i Ewrop ac wedyn i Lundain, lle yr ymgartrefodd yn ystod y Rhyfel Byd Cyntaf, rhyfel a effeithiodd yn ddwfn arno drwy iddo golli ffrindiau, er nad aeth i frwydro ei hunan. Cyfrannodd y rhyfel hefyd at y weledigaeth o ddieithriad yn y byd modern a fynegir yn ei gerdd *The Waste Land*. Ar ôl priodi a chychwyn ar ei yrfa lenyddol, meithrinodd ddelwedd o Seisnigrwydd eithafol, gwrthod crefydd Undodaidd ei deulu a dod yn Eingl-Gatholig; aeth ei grefydd yn fwyfwy cyfriniol dros y blynyddoedd.

Er mai ef oedd prif fardd moderniaeth yn yr iaith Saesneg, gyda'i farddoniaeth arloesol yn croniclo dadfeiliad ymwybyddiaeth yr unigolyn o fewn diwylliant drylliedig y Gorllewin, fe berthyn, serch hynny, i'r wedd honno ar foderniaeth a ymatebodd i her y byd modern drwy ei wrthwynebu.[8] Er gwaethaf ei ddulliau llenyddol arbrofol, felly, coleddodd yn gyhoeddus safbwynt mwyfwy ceidwadol yn ei wleidyddiaeth, ei ddiwylliant a'i grefydd, safbwynt a gafodd ei grynhoi ganddo yn ei ddiffiniad ffwrdd-â-hi enwog: 'classicist in literature, royalist in politics, and anglo-catholic in religion'.[9] Credai fod y byd modern yn gynyddol farbaraidd, a choleddai yn aml y ddelfryd o ddychwelyd at gymdeithas sefydlog wledig, fel lleoliad fframwaith o werthoedd a orseddai draddodiad, hanes, hierarchaeth a threfn. Serch hynny, er mai un o reddf geidwadol ydoedd, ni ellir ei leoli yn gyfan gwbl ar adain dde y sbectrwm gwleidyddol, oherwydd ei duedd i ddrwgdybio unrhyw wleidyddiaeth a dderbyniodd dermau'r byd modern, boed honno'n dde neu'n chwith.

Gwaith mwyaf Eliot, mi gredaf, yw'r *Four Quartets*, cerddi yr ystyriodd Eliot eu disgrifio fel rhai 'gwladgarol',[10] ac a ysgrifennwyd yn ystod dyddiau duaf yr Ail Ryfel Byd pan wynebai Lloegr, efallai am y tro cyntaf ers canrifoedd, oresgyniad milwrol, diwylliannol a gwleidyddol. Cyflwyna'r *Four Quartets* weledigaeth achubol unedig o gydweithiad lle, diwylliant, hanes, y bersonoliaeth ddynol a'r tragwyddol. Y mae'n weledigaeth a leolir yn hanfodol yn Lloegr, ac eto'n weledigaeth a darddodd o'r ffaith fod Eliot yn ei hanfod yn ddieithryn i Loegr: er gwaethaf ei ymagweddu fel Sais a'r statws o broffwyd a roddir iddo yn niwylliant ei gyfnod, fe arhosodd yn ddieithryn yn ei wlad fabwysiedig, heb berthyn i Loegr nac i America. Yr oedd yr amwysedd hwn, yr arfer o gadw'r ddau ddiwylliant o hyd braich, yn fwriadol i raddau; yr oedd yn ddyn o natur feudwyol, encilgar, un a ddrwgdybiai berthynas glòs. Yr oedd safle rhwng deufyd yn fwy cyfforddus iddo na chynnal perthynas lawn ag unrhyw fyd arbennig. Yr oedd tyndra o'r fath, yn ddiwylliannol ac yn bersonol, yn ffynhonnell hanfodol i'w greadigrwydd; arferai arwyddo rhai o'i erthyglau fel '*metoikos*', sef gair Groeg am 'ddieithryn trigiannol'. Yn ei statws fel dieithryn, a chyda'i wrthwynebiad cyson i fodernrwydd, felly, gellir dadlau nad peth naturiol oedd ei ddelwedd fel Sais gwlatgar, ond yn hytrach rhyw fath o *nom de guerre* iddo ef ei arddel mewn brwydr ddiwylliannol ehangach.

O droi at Saunders Lewis, cawn yrfa sy'n debyg mewn sawl ffordd i eiddo Eliot. Yn wir, fe'i hystyrir yn aml fel rhywun ac arno ddyled drom i Eliot: yn ei safonau, ei werthoedd, ei ddull oraclaidd o feirniadaeth, ei ddefnydd o'r ddrama fydryddol a hyd yn oed yn ei arddull farddonol. Disgrifiodd un sylwebydd ef fel apostol T. S. Eliot i'r Cymry.[11] Unwaith eto, dyma rywun y nodweddir ei berthynas â'i genedl gan dyndra. Y mae ffeithiau ei fywyd yn hysbys ddigon, a phwysleisiaf yma'r rhai sydd yn berthnasol i'm dadl.

Ganed Saunders Lewis ym 1893 ar Lannau Merswy, yn fab i weinidog Methodist Cymraeg. Ond er mai'r Gymraeg oedd ei iaith gyntaf, tarddodd y rhan fwyaf o ddelfrydau ffurfiannol ei feddwl o awyrgylch elitaidd Seisnig ei ieuenctid – ei ysgol fonedd, Prifysgol Lerpwl lle yr astudiodd Saesneg, a chorfflu'r swyddogion y gwasanaethodd ef yn eu plith yn ystod y Rhyfel Byd Cyntaf. Y rhyfel oedd y profiad a ddaeth ag ef wyneb-yn-wyneb â grymoedd torfol dinistriol y byd modern, gan ddryllio tybiaethau cyffordus ei lencyndod Edwardaidd; fe arweiniodd hyn, drwy ei ddarllen o lenorion ceidwadol Ffrengig, at ei dröedigaeth at genedlaetholdeb Cymreig diwylliannol a thraddodiadol, peth a roddodd ystyr ac achos iddo yn yr anhrefn seicolegol a chymdeithasol o'i amgylch.

Yr oedd yn wyth ar hugain oed cyn iddo ddod i fyw am y tro cyntaf yng Nghymru, ar ddiwedd y rhyfel. Cymru oedd hon a wynebai ddadfeiliad diwylliannol ac economaidd, ond aeth Saunders Lewis ati – gyda chymorth yr hyder a ddaeth o'i fagwraeth droedrydd fwrgeisiol – i greu gweledigaeth o werth cynhenid Cymru, gweledigaeth a ysbrydolodd genedlaethau o genedlaetholwyr wedi hynny. Cryfhawyd ei amgyffred o sefyllfa Cymru, a'i barodrwydd i weithredu drosti, gan ei bellter o'r gymdeithas Gymreig, pellter a'i rhyddhaodd o rai o rwystrau cymdeithasol a seicolegol y sawl a fagwyd yng Nghymru. Datblygodd fel y ffigwr canolog catalytig yn y broses o ffurfio cenedlaetholdeb Cymreig yr ugeinfed ganrif: yn sylfaenydd Plaid Cymru, yn arwr Penyberth ac yn dad i Gymdeithas yr Iaith. Ond er gwaethaf y rôl gatalytig honno, fe arhosodd yn ddieithryn cyson yng Nghymru: yr oedd yn ddyn y ffurfiwyd ei werthoedd yn Lloegr; dyn a gafodd dröedigaeth at Babyddiaeth; a dyn a hyrwyddodd gnwd o werthoedd ceidwadol, traddodiadol, elitaidd a chlasurol a oedd yn ddieithr i drwch ei gyd-Gymry. Rhannodd gyda'r tri llenor arall dan sylw atyniad at y sagrafennol a'r cyfriniol mewn crefydd ac atgasedd tuag at y byd diwydiannol. Arddelodd lawer tro bolisïau "n ôl i'r tir', cyn-ddiwydiannol, fel atebion i broblemau cyfoes. Ffynhonnell y polisïau hyn bron yn sicr (er na chydnabuwyd hyn ryw lawer ganddo) oedd y dosranwyr, y *Distributist League*, mudiad Seisnig rhwng y rhyfeloedd a oedd yn drwm dan ddylanwad dysgeidiaeth gymdeithasol fodern yr Eglwys Gatholig ac a geisiai ganfod ffordd ganol rhwng cyfalafiaeth a chomiwnyddiaeth drwy bwysleisio mân-berchnogaeth eiddo fel sylfaen i economi a democratiaeth sefydlog, a hynny o fewn fframwaith o werthoedd cymdeithasol traddodiadol.

Yr oedd Saunders Lewis, fel Eliot, yn fodernydd llenyddol o ran ei arddulliau, ac, fel Eliot eto, yn perthyn i'r math o foderniaeth a guddiai elyniaeth at y modern o dan gochl arddull gyfoes. Fel y tri llenor arall, yr oedd yn ddyn hanfodol encilgar, dyn o wreiddiau diwylliannol amwys ac ansicr, dyn a ganfu ryw fath o *modus vivendi*, a hefyd symbyliad i'w greadigrwydd, drwy gadw pellter rhyngddo a hawliau'r bydoedd Cymraeg a Saesneg ill dau arno. Er gwaetha'r ffaith mai ef, yn yr iaith Gymraeg, oedd prif symbylydd a phroffwyd math arbennig o genedlaetholdeb traddodiadol a diwylliannol, yr oedd serch hynny yn ddyn a oedd wedi mabwysiadu Cymru yn fwriadol, ac wedi mabwys-iadu delfryd o Gymru a oedd yn wahanol iawn i'r realiti. Deuai llawer o baradocsau ei natur a'i ymddygiad fel Cymro yn eglur o'u gweld yng nghyd-destun ehangach argyfwng ceidwadaeth y Gorllewin gerbron modernrwydd. Yr oedd cymhellion a ffynonellau ei genedlaetholdeb yn wahanol iawn i eiddo'r rhan fwyaf o'i gyd-genedlaetholwyr; ei brif frwydr oedd nid dros Gymru yn unig, ond dros safonau a gwareiddiad Ewrop gyfan, yn wyneb drygau tybiedig modernrwydd. Yn lle bod Cymru yn rhywle i'w hamddiffyn am ei bod yn gartref, yr oedd Cymru, i Saunders Lewis, yn debycach i faes y gad a ddewiswyd ganddo mewn rhyfel mwy.

Simone Weil

Y mae Simone Weil, oherwydd ei bywyd byr a'i chymeriad hynod, yn rhannu llai o gyfatebiaethau bywgraffyddol â'r llenorion eraill, ond y mae, serch hynny, yn debyg iddynt mewn nifer o ffyrdd pwysig. Fe'i ganed ym 1909 ym Mharis i deulu dosbarth canol o Iddewon rhyddfrydol a chanddynt wreiddiau yn Alsás a Rwsia; siaradai ei rhieni Almaeneg â'i gilydd, ond Ffrangeg â hi. Yr oedd i'w magwraeth felly elfen bwysig o ddieithrwch rhyngddi hi a diwylliant mwyafrifol

Ffrainc. Er mai plentyn oedd hi yn ystod y Rhyfel Byd Cyntaf gadawodd ei ôl arni, gan roi iddi'r enghreifftiau cyntaf o'r dioddefaint dynol a feddiannodd ei natur dosturiol byth wedyn. Yn ysgolhaig eithriadol o ddisglair a gwreiddiol, fe ddaeth yn ddarlithwraig mewn athroniaeth, gan rannu ei hamser rhwng dysgu ac ymgyrchu dros nifer o fudiadau sosialaidd. Hyhi, o'r pedwar llenor dan ystyriaeth, a deimlodd fwyaf broblemau'r byd modern, a phroblemau diwydiannaeth yn benodol; a hi, yn sicr, a ddarparodd y dadansoddiad mwyaf pellgyrhaeddol o'r gymdeithas ddiwydiannol fodern, gan dueddu unwaith eto tuag at syniadau "'n ôl i'r tir', dosrannaidd. Aeth i'r afael yn ymarferol (er yn aneffeithiol gan mwyaf) â her diwydiannaeth, gan dreulio cyfnodau yn gweithio mewn ffatri ac ar y tir. Yn wleidyddol, mabwysiadodd syniadau mwyfwy ceidwadol am draddodiad a threfn, gan gyrraedd safbwynt hanfodol wrth-fodern.

Yn ei chrefydd, coleddodd ddelfryd o Gatholigiaeth fel grym i uno cymdeithas o fewn rhwydwaith traddodiadol o werthoedd; rhwydwaith a welir yn gyfystyr, bron, â diwylliant Ffrainc ei hunan. Ymbellhaodd oddi wrth ei gwreiddiau Iddewig i raddau na ellir ond eu hystyried yn annaturiol; ond, er gwaethaf ei hatyniad cryf tuag at Gatholigiaeth, nid oedd yn fodlon derbyn bedydd. Person encilgar neilltuol ydoedd, ac un â chanddi wreiddiau diwylliannol ansicr: yr oedd yn well ganddi amwysedd na pherthynas, yn bersonol ac yn gymdeithasol; ac er gwaethaf ei hawydd naturiol i berthyn, mynnodd gadw ei phellter rhag pob cymuned, feddyliol a chymdeithasol. Yr oedd hefyd yn berson o ysbrydolrwydd dwfn, cyfriniol a gweledigaethol, a fynegwyd yn aml yn nhermau'r Duw cudd. Yr oedd hi'n berson a gyrhaeddodd – ar adeg pan oedd ei gwlad dan sawdl y Natsïaid – weledigaeth greadigol o bwysigrwydd diwylliant, hanes, cymdeithas, traddodiad a chrefydd i'r bersonoliaeth ddynol. Gwnaeth hyn yn ei llyfr *L'Enracinement*; llyfr a roddodd weledigaeth wreiddiol a gwerthfawr o werth ymarferol a throsgynnol cenedl, ac a leolodd y weledigaeth honno yn Ffrainc, gwlad a oedd bryd hynny ym meddiant y gelyn, a gwlad hefyd yr oedd rhwystrau ar berthynas Weil â hi oherwydd ei chefndir.

Aeth Weil i Lundain i gynorthwyo lluoedd y Ffrainc Rydd, a bu farw yng Nghaint ym 1943, gyda'i hunanymwadiad corfforol annaturiol yn cyfrannu at ei marwolaeth. Ceisiodd fod yn broffwyd i Ffrainc, ond ni chafodd ei derbyn fel hynny yn ystod ei bywyd. Ond os na ellir hawlio iddi yn Ffrainc na'r statws na'r rôl gatalytig a fwynheir gan y llenorion eraill yn eu gwledydd hwythau, y mae Weil, serch hynny, yn llenor arall o'r un cyfnod a fabwysiadodd gasgliad tebyg o werthoedd, ac a wnaeth hynny am resymau cyffelyb. Gwnaeth Weil ei chenedl yn sail i weledigaeth a wrthwynebai rymoedd dadwreiddiol modernrwydd ac, fel y llenorion eraill, fe wnaeth hynny er gwaethaf, ac yn rhannol oherwydd, y ffaith fod ei pherthynas â'r genedl honno'n un amwys.

R. S. Thomas

Trof yn olaf at R. S. Thomas ac amlinellu'n fras ei debygrwydd i'r llenorion eraill. Fe'i ganed ym 1913 yng Nghaerdydd, a chafodd ei fagu mewn nifer o drefi porthladd, ond yng Nghaergybi yn bennaf. Ar ôl astudio ym Mangor a Chaerdydd, dechreuodd ar yrfa oes fel offeiriad yn yr Eglwys yng Nghymru. Er na chafodd y math o dröedigaeth hanner-diwylliannol a gafodd y llenorion eraill, a chefnu ar ffydd ei febyd, y mae crefydd R. S. Thomas serch hynny yn rhannu gyda hwy duedd at sagrafen, cyfriniaeth y *via negativa*, dirgelwch a chatholigrwydd.

Ac os na bu tröedigaeth grefyddol, cafodd yn sicr dröedigaeth allweddol o fath arall, sef tuag at genedlaetholdeb Cymreig. Unwaith eto, yr oedd gan ryfel ran yn y broses. Bu'n gwylio cyrch awyr ar Lerpwl yn ystod yr Ail Ryfel Byd ac fe'i trawyd gan allu dinistriol y ddynolryw; gwnaeth hyn iddo hiraethu am ddianc yn ôl i ddelfryd ramantaidd o'r Gymru Gymraeg fel amddiffynfa yn erbyn pwysau'r byd modern. Arweiniodd hyn ef i ddysgu Cymraeg, ond yr oedd eisoes yn ddeg ar hugain oed, ac erbyn iddo ddod yn rhugl, ni fedrai ddisodli'r Saesneg fel iaith cyfansoddi ei farddoniaeth. Serch hynny, daeth i ymuniaethu fwyfwy â chenedlaetholdeb traddodiadol ac ieithyddol, gan ddod yn lladmerydd pwysica'r iaith Saesneg, ac efallai un mwyaf tanbaid y Gymraeg (o blith ffigyrau dylanwadol, o leiaf) dros y safbwynt hwnnw.

Fel y sylwir yn aml, y mae tebygrwydd mawr rhwng ei ddelfrydau ef a rhai Saunders Lewis; unwaith eto, y mae'r gwerthoedd a hyrwyddir gan R. S. Thomas yn seiliedig ar draddodiad, diwylliant, hanes, yr iaith a'r cefn gwlad. Yn wir, gellir dirnad yma ac acw olion rhyw fath o ddosrannaeth yn y syniadau a arddelir yn ei ryddiaith. Fe'i cymherir yn aml hefyd â Lewis yn ei statws fel proffwyd cenedlaetholdeb Cymraeg, ac fe'i disgrifiwyd yn gymwys iawn gan un beirniad fel 'gwir etifedd' Saunders Lewis.[12] Rhannai gyda Lewis yr un elfennau dosbarth canol Seisnig yn ei fagwraeth, yr un profiad o gael tröedigaeth fel oedolyn at genedlaetholdeb, yr un amharodrwydd i arfer *realpolitik*, a'r un dewis o Gymru'r ddelfryd yn hytrach na Chymru'r wlad sydd ohoni. Yn llenyddol, er bod ei yrfa farddonol hir yn golygu iddo fentro rhywfaint i gyfnod yr ôl-fodern – yn gronolegol os nad llenyddol – y mae'r cymhellion a'r gwerthoedd sydd yn cymell y rhan fwyaf o'i waith o hyd yn debyg iawn i eiddo'r modernwyr ceidwadol fel Eliot a Lewis.

Unwaith eto, y mae ganddo natur encilgar a thuedd i gadw'r ddwy elfen ddiwylliannol yn ei gymeriad mewn rhyw fath o dyndra creadigol, heb dderbyn na gwadu'r naill na'r llall yn llwyr, a heb adael iddo ef ei hunan gael ei gymathu gan y naill na'r llall ychwaith. Eto fyth, fe ddatblygodd ei weledigaeth o'r genedl wrth iddo brofi yn ei blwyfi y bygythiad a wynebodd y genedl honno drwy Seisnigeiddio. Plwyfi gwledig oedd y rheini i gyd, ac y mae'r anghysur ynglŷn â'r dref, a fynegwyd yn gyson ganddo, yn rhan o elyniaeth bellgyrhaeddol ar ei ran ef tuag at y byd modern fel y cyfryw, a thuag at fateroliaeth yn fwy sylfaenol. Y mae'r elyniaeth hon yn hydreiddio ei waith fel un o'i gymhellion mwyaf creiddiol, yn fwy felly, hyd yn oed, gellir tybio, na'i genedlaetholdeb Cymreig. Testun canolog yr agwedd wrth-faterol a gwrth-fodern hon yn ei waith yw'r ddarlith *Abercuawg*, ei weledigaeth drosgynnol fwyaf estynedig, lle mynegir amheuaeth a fuasai Cymru fodern yn werth aberthu drosti.

Felly, er gwaethaf delwedd R. S. Thomas fel yr enghraifft glasurol o genedlaetholwr traddodiadol Cymreig, gellir cyfri'r cenedlaetholdeb hwnnw nid cymaint yn wrthwynebiad i Loegr ond yn wrthwynebiad i'r byd modern yn gyffredinol. Awgrymaf hefyd, felly, yng ngoleuni'r gymhariaeth â'r tri ffigwr arall, y dylid gwrthsefyll yr arfer cyffredin o'i ddiffinio yn nhermau ei safle o fewn y diwylliant Cymreig neu Seisnig yn unig. Credaf y dylid ychwanegu at ein dealltwriaeth ohono y ffaith ei fod yn enghraifft Gymreig o duedd a welir mewn diwylliannau eraill, sef bod llenorion mawr wedi gwneud safiad ceidwadol o fewn cenhedloedd a ddelfrydwyd ganddynt fel sumbolau o werthoedd gwrth-fodern ac, yn fwy sylfaenol byth, o werthoedd gwrth-faterol.

Gyda hynny o ragarweiniad i'r ddadl, ac i brif elfennau perthnasol y cyd-destun diwylliannol a llenyddol, gellir mynd ati yn awr i ddatblygu'r darlun drwy edrych yn fwy manwl ar y pedwar llenor dan sylw.[13]

Nodiadau

1. Eu dyddiadau oedd: Richard Rolle (1300–49); Walter Hilton (marw 1396); Julian o Norwich (1343–1413); awdur *The Cloud of Unknowing* (*c.*1370); Jan Van Ruysbroeck (1293–1381); 'Meister' Eckhart (*c.*1260–1327); Henry Suso (*c.*1295–1366); Gertrude (1256–*c.*1302); Johann Tauler (*c.*1300–1361); Thomas à Kempis (*c.*1380–1471); Catherine o Siena (1347–1380), ac Angela o Foligno (*c.*1248–1309). Er mai braf fyddai hawlio lle i Gymru yn y cwmni hwn, ni theimlaf fod modd, mewn gwirionedd, gynnwys yn eu plith brif destun cyfriniol Cymraeg yr Oesoedd Canol, sef adran 'Pryd y Mab' o 'Ymborth yr Enaid'. Y rheswm pennaf am hyn yw fod 'Pryd y Mab' yn dyddio o gyfnod ychydig yn rhy gynnar; ond o ran ei gynnwys hefyd, cytunaf ag asesiad Bobi Jones, *Cyfriniaeth Gymraeg* (Caerdydd, 1994), 33, nad ydyw'n haeddu ei gymharu â mawrion cyfriniaeth fel yr uchod.

2. Clifton Wolters (gol.),*The Cloud of Unknowing and other works* (Llundain, 1978), 10.

3. Alan Bullock, 'The double image', yn Malcolm Bradbury a James McFarlane (goln), *Modernism* (Sussex, 1978), 59.

4. John Carey, *The Intellectuals and the Masses* (Llundain, 1992).

5. Richard Johnstone, *The Will to Believe* (Rhydychen, 1984), 94.

6. Ibid., vii.

7. Anthony Conran, *The Cost of Strangeness* (Llandysul, 1982), 172.

8. Y mae moderniaeth lenyddol yn derm eang iawn sy'n cynnwys ystod eang o ymatebiadau i'r cyflwr modern, o'r canmolus i'r condemniol. (Gw. Bradbury a McFarlane, op. cit., 27 a 46.) Yn achos Lewis ac Eliot, nid oes paradocs, felly, yn y ffaith eu bod yn fodernwyr a gasâi'r byd modern. Yn achos Weil, nid yw'r cwestiwn o arddull lenyddol mor berthnasol, gan nad llenor creadigol yn bennaf oedd hi; ond wrth gwrs, mae'r delfrydau a'r ofnau a fynegwyd ganddi yn ei gwaith athronyddol yn deillio o'r un cyfuniad o werthoedd a chymhellion ag eiddo'r modernwyr ceidwadol. Yn achos R. S. Thomas, ymestyn ei yrfa yn gronolegol ymhell y tu hwnt i gyfnod moderniaeth hyd at gyfnod yr ôl-fodern, ond fe gymhellir swmp a hanfod ei waith gan yr un greddfau, yr un gwerthoedd a'r un cyd-destun syniadol ag eiddo'r modernwyr. Er mai ef yw'r ieuengaf o'r tri llenor hyn, daeth modernrwydd iddo ef yn hwyrach nag a wnaeth gyda hwythau, gan iddo gael magwraeth gysgodol mewn rhanbarth gweddol ddiarffordd o'r byd, a threulio'i fywyd mewn ardaloedd gwledig iawn, tra bod y tri arall wedi eu magu mewn dinasoedd mawrion datblygedig. Er enghraifft, ni ddaeth dŵr tap, trydan na'r teleffon i Fanafon tan y 1940au, ac yr oedd Thomas, wrth ddechrau barddoni ym 1936 a 1937, yn ceisio efelychu'r Sioriaid, a hynny gryn genhedlaeth wedi anterth cyfnod y garfan honno a thros bymtheng mlynedd wedi i Eliot weddnewid barddoniaeth Saesneg gyda *The Waste Land*. Nid ôl-fodernydd mohono, felly, yn gymaint â modernydd hwyr.

9. Yn ei ragair i'w lyfr o draethodau *For Lancelot Andrewes* (Llundain, 1928).

10. Mewn drafft o'i erthygl 'The Three Voices of Poetry'; cafodd y disgrifiad ei ddileu ganddo cyn cyhoeddi. Ceir yr hanes yn Peter Ackroyd, *T. S. Eliot* (Llundain, 1991), 264.

11. Iorwerth Peate yn *Y Llenor* XIII (1934).

[12] John Roberts Williams, 'Gwir Etifedd Saunders', *Barn*, (Mehefin 1992), 41.

[13] Traddodwyd y bennod hon – ac eithrio'r drafodaeth ar foderniaeth – fel darlith Saesneg i Gymdeithas Prifysgolion Cymru er Astudio Llenyddiaeth Saesneg Cymru yng Ngregynog ar 1 Ebrill 1995, gydag R. S. Thomas yn y gynulleidfa. Dywedodd wrthyf wedi'r ddarlith ei fod yn cytuno â'r dehongliad a gafwyd ynddi.

1

T. S. Eliot

Blynyddoedd cynnar

O'r pedwar llenor dan sylw, T. S. Eliot yw'r un uchaf ei statws rhyngwladol, a'r un mwyaf canolog a dylanwadol.[1] Crynhoais brif elfennau fy nehongliad ohono yn y Rhagymadrodd, felly af ati yn awr i'w ddatblygu, gan ddilyn, yn fras, gronoleg ei yrfa.

Ganed Thomas Stearns Eliot ym 1888 yn ninas St Louis yn neheudir Unol Daleithiau America, yr olaf o saith plentyn Henry Ware a Charlotte Eliot (*née* Stearns). Symudodd taid T. S. Eliot, y Parch. William Greenleaf Eliot, i St Louis ym 1834 o New England, cartref y teulu ers ymfudo'r piwritan Andrew Eliot o bentref East Coker yng Ngwlad yr Haf ym 1670. Credid mai ef oedd un o farnwyr treialon gwrachod Salem, Massachusetts. Undodiaid oedd y teulu. Yr oedd William Greenleaf·Eliot yn un o gewri'r enwad yn yr Unol Daleithiau, ac yn sefydlydd eglwys Undodaidd a phrifysgol gyntaf St Louis. Cynhysgaeth gymysg oedd i biwritaniaeth teulu Eliot, felly, gydag enghreifftiau o'r merthyr a'r heliwr-heresi ill dau.[2] Nid oedd Henry Ware Eliot ei hun yn Undodwr brwd – 'gormod o bwdin dagodd y ci', meddai – ac fe aeth i fyd busnes, gyda chryn lwyddiant. Ond tagodd Undodiaeth T. S. Eliot yn llwyr; yn ddiweddarach, byddai'n cefnu arni, gan farnu na chafodd fagwraeth Gristnogol o gwbl.

Aeth Eliot i academi breifat ger Boston yn New England ym 1905, ac i Brifysgol Harvard yno ym 1906. Dyma sut y disgrifiodd gymhlethdodau poenus ei fagwraeth:

an American who wasn't an American because he was born in the South and went to school in New England as a small boy with a nigger drawl, but who wasn't a southerner in the South because his people were northerners in a border state and looked down on all southerners and Virginians, and who so was never anything anywhere and who therefore felt himself to be more of a Frenchman than an American and more an Englishman than a Frenchman and yet felt the USA up to a hundred years ago was a family extension.[3]

The family guarded jealously its connections with New England; but it was not until years of maturity that I perceived that I myself had always been a New Englander in the South West, and a South Westerner in New England; when I was sent to school in New England I lost my Southern accent without ever acquiring the accent of the native Bostonian.[4]

Dyna ddigon o gymhlethdodau i gadw unrhyw lenor yn brysur. Cryfhawyd y dieithriad gan fod St Louis ar ffin ddiwylliannol oherwydd dylanwad ei sefydlwyr Ffrengig, ac ar ffin ddaearyddol oherwydd ei safle ar gyrion yr hen 'Orllewin Gwyllt'[5] ac ar lan y Mississippi.

Ymddengys fod plentyndod Eliot yn ddigon hapus, gyda'r teulu'n dda eu byd, yn gariadus ac yn ddiwylliedig, ond yr oedd Eliot heb gyfoedion teuluol a heb lawer o ffrindiau oherwydd safle breintiedig ei deulu mewn ardal dlodaidd o'r ddinas. Hefyd, yr oedd ei dad yn fyddar, ffaith a amharodd ar ei berthynas â'i fab.[6] Yn ogystal, natur encilgar iawn oedd gan Eliot; yr oedd yn affwysol o swil. Felly, gyda'i ddoniau deallusol a llenyddol eithriadol, tueddai i fod yn ynysig a hunangynhaliol.

Erbyn cyrraedd Harvard yr oedd yn llanc ffurfiol a thawedog, wedi hen gefnu ar Undodiaeth ac yn chwilio am ystyr bywyd mewn cyfeiriadau eraill. Darllenai'n eang iawn, ac yn y bardd o symbolydd Ffrengig Jules Laforgue, y cafodd Eliot, a fu'n barddoni ers ei blentyndod, fodel a ddilysodd ei awydd i drin emosiynau a chymhlethdodau'r byd modern gydag eironi a phellter, a hynny o'r tu ôl i fwgwd ffurfiol, anhydrin, anfarddonol. Daeth o hyd i'w briod lais, felly, gan ysgrifennu, ac yntau prin yn ugain oed, ddarnau o'i ddwy gerdd fawr gyntaf, 'A Portrait of a Lady' a 'The Love Song of J. Alfred Prufrock'. Graddiodd ym 1909, ac aeth ymlaen i astudio am MA mewn llenyddiaeth Saesneg. Tuag adeg ei raddio, yn un ar hugain oed, cafodd brofiad cyfriniol wrth gerdded yn Boston, gan deimlo unoliaeth ddiamser mewn cyflwr o dawelwch enfawr,[7] rhagflas o'r 'ennyd ddi-amser' a fyddai'n nod i'w ymchwil grefyddol byth wedyn ac yn destun ei farddoniaeth fwyaf. Miniogodd y profiad ei angen am sicrwydd ysbrydol a'i synnwyr fod y byd yn ddi-ystyr, tyndra a gyrhaeddodd uchafbwynt yn y chwalfa bersonol a esgorodd ar *The Waste Land.*

Ym 1910, gan chwilio am her, fe aeth yn groes i ddymuniad ei deulu i Baris, lle bu'n byw am flwyddyn, yn astudio athroniaeth yn y Sorbonne ac yn ymdroi ar ymylon y byd llenyddol. Ei ddau gyfaill gorau yno oedd yr awdur ifanc Alain Fournier a myfyriwr meddygol ifanc, Jean Verdenal. Ef, mae'n debyg, a gyflwynodd Eliot i syniadau arweinydd mudiad adweithiol, awdurdodaidd, adain-dde yr *Action Française,* Charles Maurras, a fyddai'n arwr iddo byth wedyn. Lladdwyd Alain Fournier a Verdenal yn y Rhyfel Byd Cyntaf, a gellir dirnad dwyster poen Eliot wrth inni ystyried cyflwyniad *Prufrock and Other Observations* ym 1917: 'For Jean Verdenal, 1889–1915 *mort aux Dardanelles.*' Nid peth bach i fardd yw cyflwyno'i gyfrol gyntaf.

Ar yr adeg yma ystyriodd Eliot ymgartrefu yn Ffrainc a dod yn llenor Ffrangeg – enghraifft o'i gyflwr troedrydd a'i angen i ganfod ffurf i'w hunaniaeth. Arbrofodd gyda sawl diwylliant, gan deithio i Munich, a hefyd, mae'n debyg, i Lundain. Ym 1911, wedi iddo ddychwelyd i Harvard, aeth ati i astudio Bwdaeth a'r iaith Sansgrit, y gwelir eu hôl ar rannau o *The Waste Land* a *Four Quartets.* Ond nis bodlonwyd; ysai am brofiad, am achos, i ddiwallu ei angen am sicrwydd, am berthyn, ac am ymroddiad – cynhysgaeth ei gefndir teuluol. Darllenai'n eang am saint a merthyron,[8] a mynnai waredigaeth rhag gwendidau a chwantau'r bersonoliaeth unigol.

Pan oedd yn astudio ar gyfer doethuriaeth, daeth, yn gynnar ym 1914, ar ysgoloriaeth i Brifysgol Rhydychen. Yn ystod yr haf, teithiodd yn helaeth yn Ewrop nes gorfod gadael yr Almaen ar frys am Lundain ar ddechrau'r rhyfel. Yr oedd chwalfa'r Cyfandir wedi gwthio'r pererin digyfeiriad o St Louis i'r ddinas lle byddai ei dynged fel bardd ac fel dyn yn cael ei selio. Y ffigwr allweddol yma oedd Ezra Pound, Americanwr alltud y cyfarfu Eliot ag ef yn fuan ar ôl cyrraedd Llundain. Yr oedd ef dair blynedd yn hŷn nag Eliot, yn allblyg, ac eisoes yn fardd adnabyddus. Anogodd Eliot i goleddu barddoniaeth fel ei alwedigaeth, a hogodd awydd a galluoedd ei gydwladwr tawedog tra'n hyrwyddo ei yrfa yn ddiflino.

O fewn blwyddyn, gwnaeth Eliot y dewis arall a lywiodd weddill ei fywyd, sef priodi. Yn Rhydychen ym 1915 y cyfarfu â Vivien Haigh-Wood, merch i deulu cefnog o Hampstead.[9] Yr oeddynt ill dau yn chwech ar hugain oed, ond yr oedd Eliot, yn ôl pob tystiolaeth, yn ddyn ifanc gwyryfol, anaeddfed yn emosiynol, a heb nemor ddim profiad o serch, tra bod Vivien yn fywiog ac yn chwareus. Ar 26 Mehefin 1915, priododd y pâr yng Nghofrestrfa Hampstead, heb hysbysu eu teuluoedd ymlaen llaw. O fewn dyddiau, daeth dadrith a siom. Gyda mantais y doreth o waith bywgraffyddol sydd ar gael erbyn hyn, gellir gweld bod y ddau wedi camddeall ei gilydd bron yn llwyr: bod Vivien wedi gweld yn nhawedogrwydd Eliot ddyfnder emosiynol y byddai hi'n gallu ei ddwyn i'r wyneb, ac Eliot wedi gweld ym mywiogrwydd Vivien y math o iechyd ysbryd naturiol a chwenychai ef. Ond heb yn wybod i Eliot cyn priodi, nid iechyd meddwl oedd y tu ôl i fympwyon deniadol Vivien, ond y gwrthwyneb: hanes o salwch meddwl. Yr oedd dyfnderoedd emosiynol Eliot hefyd yn llawer mwy anhygyrch nag a dybiasai Vivien, a chiliodd ef ymhellach fyth wrth i'r tyndra a'r siom rhyngddynt gynyddu. Yr oedd diffyg sylfaenol ar y naill ochr yn yr union fan lle yr oedd angen dybryd ar y llall. Aeth pethau o ddrwg i waeth, a threuliai Vivien y rhan fwyaf o'u bywyd priodasol mewn afiechyd – anhwylder meddyliol ac emosiynol gan mwyaf. Byddai'r berthynas gynyddol arteithiol hon yn parhau tan 1933, pan ymadawodd Eliot â Vivien. Bu hi farw mewn ysbyty meddwl preifat ym 1947.

Penderfyniad tyngedfennol, felly, oedd y briodas hon ym 1915. Er gwaethaf pwysau ei deulu arno i ddychwelyd i'r Unol Daleithiau fel academydd yn dilyn y briodas, yr oedd Eliot yn benderfynol o lunio'i fywyd ei hunan yn Llundain. Yr oedd y llanc o gyrion y Gorllewin Gwyllt ar ei ffordd tuag at fod yn ffigwr llenyddol bydenwog a ymrithiai fel Sais o'r Saeson.

Chwalfa allanol: y rhyfel

Wrth ymgartrefu yn Llundain ganol y rhyfel, gwelodd Eliot galon gwareiddiad fel petai'n dadfeilio o'i gwmpas, gyda phobl yn troi'n dorfeydd diwyneb ac yn fyddinoedd mecanyddol, difeddwl, a chyda'r rhyfel yn diraddio'r meddwl cyhoeddus. Dyma wireddu un o hunllefau deallusion y cyfnod, sef hen wirioneddau cymdeithas hierarchaidd yn ildio i fywyd torfol, israddol, annynol. Nid oedd unman gwell i weld torfeydd na Llundain y cyfnod; dinas fwya'r byd, â byddinoedd cyfan yn heidio trwyddi i uffern y ffosydd. Nid rhyfedd i Eliot adleisio *Inferno* Dante yn *The Waste Land*: 'A crowd flowed over London Bridge, so many, / I had not thought death had undone so many.'[10]

Gan ei fod yn Americanwr nid oedd disgwyl iddo ymladd, a phan ymunodd yr Unol Daleithiau â'r rhyfel ym 1917 methiant fu ei ymdrechion egnïol i ymrestru. Ond er nad oedd wedi profi'r frwydr, fe amddifadodd y rhyfel ef o Verdenal, Alain Fournier a'i ffrind gorau o Rydychen hefyd, Carl Culpin. Creodd hefyd gyni a drawodd Eliot a'i wraig yn galed. Bu'r rhyfel yn fodd i Eliot grisialu ei weledigaeth, sef bod gwareiddiad yn ymlusgo tuag at farbariaeth, yr union weledigaeth a fyddai'n sbarduno *The Waste Land*.

Yr awydd a'r ataliad

Wrth aros yn Lloegr, yr oedd Eliot yn dewis ansicrwydd a gwaith caled yn lle'r bywyd cyfforddus a'i harhosai yn America. Fel un â'i fryd ar fod yn fardd, gwyddai erbyn hyn, mi gredaf, mai tyndra a phoen oedd cymhellion pennaf ei awen, ac mai gwadu ei alwedigaeth fyddai iddo ddewis hawddfyd.[11] Yr oedd her dioddefaint ac ochr dywyll bywyd yn hanfodol i'w weledigaeth, gan hogi, drwy wrthgyferbyniad, ei awydd am y trosgynnol. Hunllef waethaf Eliot oedd dideimladrwydd neu ddiymadferthedd. Yr oedd marweidd-dra, pylu'r synhwyrau ysbrydol, fel a ddarlunnir yn 'The Hollow Men', yn waeth o lawer iddo na phoen na phechod, a oedd o leiaf yn arwyddion o fywyd. Yr oedd ffynonellau bywyd llenyddol a chrefyddol Eliot ynghlwm wrth gyflyrau o dyndra.

Un tyndra creadigol a nodweddai ei fywyd a'i waith oedd hwnnw rhwng yr awydd a'r ataliad; dymunai berthyn, ond ofnai gael ei fygu neu ei feddiannu; dymunai ddiosg hunanymwybyddiaeth, ond ofnai ddiddymdra. Dim ond tua diwedd ei fywyd y medrai lacio disgyblaeth ei ymdrechu parhaus a mwynhau ei enwogrwydd a chariad ei ail wraig a'i Dduw. Yr oedd ymatal o'r frwydr, llacio gafael, yn anos iddo na'r frwydr a'r tyndra. Gwelodd ffin denau rhwng marweidd-dra a myfyrdod, rhwng llesgedd a llonyddwch. Gwaith oes, mae'n debyg, yw dysgu sut i gerdded min y llafn honno. Gwelir yn ei farddoniaeth symudiad araf tuag at brofi'r cyflwr o lonyddwch a ddisgrifiwyd ganddo fel 'the still point', cyflwr a welir yn gyntaf fel dirgelwch annirnadwy yn 'The Love Song of J. Alfred Prufrock', fel awydd agored yn *The Waste Land*, fel camau ansicr cyntaf y profiad yn 'Ash Wednesday' a 'Marina', ac fel profiad cyflawn yn *Four Quartets*.

Yr oedd y blynyddoedd cyn cyhoeddi *Prufrock and Other Observations* ym 1917 yn galed iddo. Bu'n ei gynnal ei hunan trwy adolygu, gweithio fel ysgolfeistr, a dysgu dosbarthiadau nos, er nad athro ysbrydoledig mohono. Daeth gwaredigaeth ym 1917, pan dderbyniodd gynnig swydd fel clerc yn adran dramor Banc Lloyds yn Llundain. Gweithiodd yno am y naw mlynedd nesaf, mewn swyddi cynyddol gyfrifol. Un o hynodion hanes llenyddiaeth Saesneg y ganrif yw mai dyn yn byw bywyd di-nod fel clerc banc a ddinoethodd gyntaf yr anhrefn a orweddai wrth galon ei wareiddiad. Ond paradocs arwynebol yn unig yw hon, gan fod y gwaith sefydlog wedi rhoi i Eliot y fframwaith materol dibynadwy yr oedd arno ei angen er mwyn rhyddhau doniau creadigol nad oedd modd iddynt ffynnu tra bod egni ei bersonoliaeth i gyd yn mynd ar ennill bywoliaeth. Ar ôl iddo ymsefydlu yn y banc, a derbyn yn fuan wedyn safle golygyddol ar gylchgrawn llenyddol, byddai patrwm ei fywyd yn lled debyg nes iddo ymddeol: oriau swyddfa rheolaidd (patrwm a barhaodd ar ôl iddo symud o'r banc i weithio i gwmni Faber fel cyfarwyddwr a golygydd ym 1925); bywyd llenyddol fel bardd, golygydd, adolygydd a beirniad; bywyd personol a phriodas anhapus; ac ymchwil gudd am lonyddwch ysbrydol.

Ceisiodd gydymffurfio â'i gydweithwyr yn y swyddfa o ran gwisg ac ymddygiad, ac yr oedd delwedd y banciwr yn fwgwd i guddio bywyd mewnol tra gwahanol. Gyda'i safle diwylliannol a'i berthnasau personol, datblygodd gragen allanol i amddiffyn craidd ei bersonoliaeth, ac felly amddiffyn ei greadigrwydd. Fel y dywedodd Lyndall Gordon: 'Eliot appeared mild and conventional, yet his hidden character was strenuous and daring. Outwardly, he courted normality, while his inner self struck out for the frontiers of experience.'[12] Mewn llythyr i'w gyfaill Brigit Patmore meddai Eliot: 'one must develop a hard exterior in order to be spontaneous – one cannot be that unless nothing can touch what is inside.'[13] Ac yng ngeiriau un o'i gofianwyr, Peter Ackroyd: 'he felt threatened by the personalities of others – as if he might be invaded by them.'[14] Sylw tebyg sydd gan M. Wynn Thomas wrth iddo sôn am ofnau greddfol R. S. Thomas: 'the double threat of collapse from within and invasion from without.'[15] Bodlonodd R. S. Thomas yntau ar fywyd beunyddiol digon difenter, ac ar rôl gymdeithasol gonfensiynol, tra'n cyrchu pellafion y profiad mewnol.

Ond beth bynnag am sefyllfa waith Eliot, yr oedd ei bersonoliaeth yn cael ei darnio gan ofynion dihysbydd Vivien. Ac yn syniadol, gwelai ddisodli'r hen wareiddiad gan rymoedd didostur mecanyddol y byd modern, gan adael dim ond adfeilion digyswllt a diystyr. Nid oedd eto wedi canfod athroniaeth i wneud synnwyr o chwalfa'r byd, er ei fod yn dechrau ymbalfalu tuag at syniadau o drefn ac o awdurdod fel rhagfur yn erbyn dinistr. Nid oedd ychwaith wedi canfod llonyddwch mewnol i'w alluogi i atal chwalfa neu – hunllef waeth fyth – ddiymadferthedd ei bersonoliaeth. Yn fuan wedi'r rhyfel, byddai'r tensiynau hyn yn esgor ar brofiad cymysg o chwalfa feddyliol ac emosiynol, ac o greadigrwydd disgybledig.

Chwalfa fewnol: y tir diffaith

Mewn papur preifat, soniodd Eliot am ei briodas: 'To her, the marriage brought no happiness . . . to me, it brought the state of mind out of which came *The Waste Land*.'[16] Cyfansoddwyd y rhan fwyaf o'r gerdd ym 1921, pan fu'r briodas mewn cyflwr gwael iawn ers blynyddoedd, a phan fu Eliot mewn afiechyd ac o dan bwysau oriau hir wrth ei waith yn y banc ac wrth ei waith beirniadol. Er bod gyrfa lenyddol Eliot yn dechrau ffynnu, gyda chyhoeddi tair cyfrol ym 1920, fe'i llethwyd gan iselder ysbryd, ac nid iselder personol i gyd ydoedd ychwaith, fel y noda Ackroyd:

> public events had provoked in him a mood of despair. The year in which *The Waste Land* was written was one of intense political and economic discontent: the post-war 'boom' had collapsed, there were two million unemployed, and the economic chaos was exacerbated by the indecisiveness of the coalition government. Eliot despised democracy . . . and he described in vivid terms the feelings of loathing and repugnance which the contemporary situation induced in him.[17]

Y cydymdeimlad, y cyd-ddigwyddiad hwn, rhwng chwalfa fewnol ac allanol a rydd i'r *Waste Land* rywfaint o'i phŵer rhyfeddol. Dywed David Edwards i brofiadau personol Eliot ei alluogi i roi ei fys ar friwiau'r byd modern: dieithriad oddi wrth rieni a'u ffydd; cyflwr dadwreiddiedig; unigrwydd dinesig; a dadrith gyda phenrhyddid rhywiol a materoliaeth cymdeithas.[18]

Ganol 1921, cafodd Eliot dri mis i ffwrdd o'r gwaith, gyda'r banc yn nodi'r rheswm fel 'nervous breakdown'.[19] Treuliodd fis ym Margate yng Nghaint, gan ysgrifennu rhan gyntaf y gerdd yno, cyn mynd i Lausanne yn y Swistir am driniaeth seiciatryddol. Yno y cwblhaodd y gerdd. Ar ôl dychwelyd i Lundain, anfonodd y deipysgrif at Pound, a'i golygodd mewn modd athrylithgar: yn torri tudalennau a pharagraffau cyfan, gan adael yr hanfodion, yn dynn, yn ddramatig ac yn awgrymog. Cyhoeddwyd y fersiwn terfynol ddiwedd 1922 i ymateb brwd, gan wneud Eliot yn arweinydd ymhlith beirdd ei genhedlaeth, fel un a fynegodd weledigaeth gwbl wreiddiol a chyfoes o'r gymdeithas fodern. Yr oedd camp Eliot yn hynod, yn y deunydd ac yn yr arddull arloesol:

cyfres o leisiau amrywiol, diesboniad, yn llawn o ddyfyniadau amlieithog ac o gyfeiriadau diwylliannol, rhai'n amlwg, rhai'n annelwig. Yr oedd y gerdd wedi taro'n union y cywair iawn rhwng y dadlennol a'r dirgelaidd fel ag i'w gwneud yn enigma barhaol y medrai pob darllenydd ei lliwio yn ôl ei dybiaethau ef ei hunan.

Y tir diffaith: diwylliant

Gwrthsafodd Eliot bob ymgais i briodoli neges neu ystyr ddiffiniol i'w gampwaith penagored. Serch hynny, gellir dirnad safbwynt diwylliannol ymhlyg ynddi. Er enghraifft, egyr y gerdd yn yr Hofgarten ym Munich lle clywn hyn: '*Bin gar keine Russin, stamm' aus Litauen, echt deutsch*', sef merch yn brolio yn Almaeneg nad Rwsiad mohoni, ond un o Lithiwania, yn Almaenes bur. Noda Christopher Ricks mor ddryslyd o amlochrog yw'r dyfyniad cyntaf hwn o iaith dramor yn *The Waste Land*:[20] iaith ddieithr yn sôn am ddieithriad.[21] Ymhen ugain llinell cawn: '*Mein Irisch Kind / Wo weilest du?*', sef cân Almaeneg am Wyddeles, yn ddyfyniad o *Tristan und Isolde* gan Wagner, lle cenir y gân hon gan Gernywiad. A dechrau ynghanol y Cyfandir amlddiwyliannol fel hyn, sefydla'r gerdd agwedd an-Seisnig iawn erbyn i'w rhan gyntaf ddod â ni at Lundain, yr 'Unreal City'.

Egyr yr ail ran, 'A Game of Chess', drwy ddynwared a chyfeirio at feirdd Seisnig. Wedyn ceir sgwrs lawn tyndra rhwng cwpwl dosbarthcanol, a monolog gan ddynes *Cockney* mewn tafarn, yn diweddu gyda dyfyniad o Shakespeare. Dyma Loegr yn bendant, ond Lloegr sy'n rhyw fath o *montage*, gweledigaeth rhywun o'r tu allan a fedr ddewis a dethol ymysg deunydd diwylliant. Gwelir hyn yn y drydedd ran, 'The Fire Sermon', a leolir, fe ymddengys, yn nwyrain Llundain, cynefin Eliot fel banciwr. Unwaith eto, cyfosodir lluniau o'r dosbarth gweithiol a'r uchelwrol mewn modd annaturiol; mae'n debyg i olwg ar ddinas nid gan ddinesydd, ond gan dwrist:

> O City city, I can sometimes hear
> Beside a public bar in Lower Thames Street,
> The pleasant whining of a mandoline
> Where fishmen lounge at noon: where the walls
> Of Magnus Martyr hold
> Inexplicable splendour of Ionian white and gold.

Anodd dweud ai techneg fwriadol i ddieithrio'r deunydd yw hon, neu yn syml ganlyniad golwg Eliot ar y ddinas fel Americanwr. Gellir tybio, serch hynny, mai bwriadol oedd i Eliot, yn y rhan hon, ddefnyddio enwau cartrefol fel Richmond, Kew, Greenwich, a Margate, a dyfyniadau o lenyddiaeth Saesneg, a'u cyfosod â delweddau a dyfyniadau o ddiwylliannau eraill; techneg a ddieithria'r cyfarwydd gan wneud i Loegr – gwlad fwyaf hunanhyderus y byd tan y cyfnod hwnnw – edrych yn afreal. Y mae Eliot, wrth gwrs, yn defnyddio 'Unreal City' i gyfeirio at y byd modern fel y cyfryw, ond y mae'r ffordd y cydblethir y term â'r golygfeydd Llundeinig hefyd yn priodoli ansicrwydd a breuder i galon diwylliant Lloegr. Yn rhan ola'r gerdd, 'What The Thunder Said', ceir hyn: 'Falling towers / Jerusalem Athens Alexandria / Vienna London / Unreal', sef dinasoedd mawr crefydd, athroniaeth, dysg, cerddoriaeth ac arian yn dymchwel. Pwysleisir cwymp Llundain yn benodol yn llinellau olaf y gerdd, pan geir: 'London Bridge is falling down falling down falling down', gan greu'r argraff bod Lloegr a Llundain yn ddieithr ac yn fregus.

O edrych ar *The Waste Land* o safbwynt Cymreig, ceir golwg neilltuol ar hynodrwydd ei champ a'i safle arbennig yn llenyddiaeth Saesneg. Drama'r gerdd yw'r frwydr i arbed rhyw ystyr allan o ddinistr gwareiddiad – 'These fragments I have shored against my ruins'. Dengys sut y mae'r bersonoliaeth mewn perygl o chwalu gyda chwalfa'i chyd-destun meddyliol, hanesyddol, crefyddol a diwylliannol. Dyna brofiad sy'n gyfarwydd i'r Cymry, â'u diwylliant cyfan dan fygythiad, ond nid i'r Saeson. Y mae'r bygythiadau i'r diwylliant Saesneg o du'r byd modern yn anos eu dirnad, yn arafach eu treigl, yn llai llym. Tueddir i'w gweld fesul categori – dirywiad mewn hierarchaeth, er enghraifft, fel y'i ceir yng ngwaith E. M. Forster, neu ddiflaniad bywyd cefn gwlad, fel y'i ceir gan Laurie Lee neu Flora Thompson yn canu marwnad yr hen Loegr wledig.[22] A byd y diwylliant Seisnig mor fawr ac mor gymhleth, prin y medrai neb amgyffred bygythiad mor apocalyptaidd â difodiant Seisnigrwydd yn llwyr. Ond dyna a wnaeth Eliot; fe wynebai dranc yr holl agweddau o Seisnig-rwydd a oedd yn bwysig iddo. Gan nad Sais mohono, ond ysgolhaig amlieithog cosmopolitaidd, ni welodd ddiwylliant Lloegr fel profiad diymwad a digwestiwn, ond fel creadigaeth, rhywbeth cain a gwerthfawr, rhywbeth gyda ffiniau daearyddol, syniadol a hanesyddol; rhywbeth, felly, y gellir ei golli, boed drwy gwymp mewnol neu lygriad allanol. Mynegodd Eliot deimlad o fygythiad i ddiwylliant Lloegr a fuasai cyn hynny ynghudd yn isymwybod y diwylliant hwnnw.

Yn y byd Saesneg, Eliot oedd yr arloeswr a fentrodd gyntaf i'r anialwch gwerthoedd a ddilynodd y rhyfel; dychwelodd gyda'i destament gafaelgar, personol o'r gwacter ystyr hydreiddiol nad oedd neb wedi ei ddiffinio o'r blaen. Gwnaeth hyn gyda dulliau arbrofol a mentrus moderniaeth, gan ddod yn un o ffigyrau mwyaf *avant garde* y cyfnod, ac yn brif ffigwr moderniaeth lenyddol Saesneg. Ond, fel yr awgrymwyd yn y Rhagymadrodd, yr oedd ei arddull benrhydd, galeidosgopaidd, ddarniog, yn cuddio rhagfarnau adweithiol a greddfau hanfodol wrth-fodern. O gyfnod *The Waste Land* ymlaen byddai ei geidwadaeth yn cynyddu.

Crefydd

Gadawodd Eliot y banc ym 1925 i ymuno â chwmni cyhoeddwyr Faber, gan aros yno tan ei ymddeoliad, mewn swydd a roddodd iddo sefydlogrwydd, maeth i'w lenyddiaeth a safle pwerus iawn fel beirniad, bardd, golygydd a chyhoeddwr. Yn fuan wedi hyn, fe gyhoeddodd 'The Hollow Men', sy'n croniclo, mi dybiaf, isafbwynt ei weledigaeth o wagedd bywyd. Erbyn hyn, â'r ysfa i gredu yn crisialu ynddo, closiai at Gristnogaeth dan ddylanwad gwaith Jacques Maritain – y Ffrancwr neo-Gatholig a ddylanwadodd hefyd ar Saunders Lewis. Asiodd hyn â'i ddiddordeb cynharach yn naliadau tebyg Maurras, dyn a gyfarchodd Eliot ym 1928 fel '*Cher monsieur et maître*'.

Serch hynny, ni throdd Eliot at Eglwys Rufain ond at adain Eingl-Gatholig, uchel-eglwysig Eglwys Loegr, lle cafodd draddodiad Ewropeaidd di-dor a oedd eto'n gydnaws â Seisnigrwydd. Cafodd yno hefyd ffurfioldeb a phendantrwydd a oedd eto'n cydnabod bod Duw'n ddirgelwch – mor wahanol i ddifrawder rhesymegol yr Undodiaid. Cafodd hefyd eglwys a werthfawrogai brydferthwch y litwrgi Catholig cyn y Diwygiad Protestannaidd; credai Eliot, fel Saunders Lewis ac R. S. Thomas hwythau, fod y Diwygiad yn achos tlodi celfyddydol.[23]

Yr oedd Eglwys Loegr hefyd, wrth gwrs, yn eglwys genedlaethol a uniaethwyd yn gyfreithiol ac yn ddiwylliannol â chenedl y Saeson, cenedl yr oedd Eliot yn dymuno'n fwyfwy i ymuno â hi. Ar 29 Mehefin 1927, fe'i bedyddiwyd yn aelod o'r Eglwys honno. Pan wnaeth ei dröedigaeth yn gyhoeddus ym 1928, syfrdanwyd llawer a oedd wedi ei ystyried yn rhywun gwrth-sefydliad. Yn yr un flwyddyn disgrifiodd Eliot ei hunan fel 'classicist in literature, royalist in politics, and anglo-catholic in religion', adlais eglur iawn o'r diffiniad cyffredin o safbwynt

Maurras: *'classique, catholique, monarchique'*.[24] Buasai diffiniad Eliot, o hepgor yr 'anglo', yn gweddu i agweddau ar wleidyddiaeth Ffrainc i'r dim; ond y mae'n agos at fod yn gwbl ddiwerth yng nghyd-destun Lloegr, yn enwedig y sôn am fod yn 'royalist'. Gan na fu ond gwerth symbolaidd i'r frenhiniaeth yn Lloegr er yr ail ganrif ar bymtheg, y mae 'royalist' mor ddiystyr â honni bod yn 'parliamentarian'. Hyd yn oed os awgrymu math ar awdurdodaeth wrth-ddemocrataidd *à la* Maurras y mae Eliot, go brin mai ymadrodd priodol i Loegr a ddefnyddia. Y mae ei ddiffiniad yn enghraifft o deyrngarwch gwneud y dyn heb wreiddiau; dengys fel y cadwodd Eliot gragen amddiffynnol o'i amgylch, gan ddewis diffiniadau a ymddangosai'n eglur, ond nad oedd, mewn gwirionedd, yn dwyn unrhyw gyfrifoldebau go-iawn.

O'i dröedigaeth ymlaen, gwelir deunydd crefyddol yn fwyfwy yng ngherddi Eliot, fel 'The Journey of the Magi' ac 'Ash Wednesday'. Daeth yn aelod o eglwys St Stephens yn Gloucester Road, Llundain, lle y bu'n warden am chwarter canrif, gan gymuno bob bore. Fe'i tynnwyd yn gynyddol i gylchoedd eglwysig fel llenor a phwyllgorwr, a chyfansoddodd hefyd ar gyfer achlysuron a chomisiynau eglwysig, er enghraifft *The Rock* a *Murder in the Cathedral*. Gallai fod yn ddogmataidd, a bu'n bleidiol i'w adain o'i eglwys hyd at gulni weithiau.

Dyna arweinydd herfeiddiol y to newydd o feirdd wedi troi'n aelod brwd o adain fwyaf adweithiol a thraddodiadol eglwys a oedd yn prysur golli ei hygrededd a'i dylanwad. Ond anodd credu i feddwl treiddgar ac amheugar Eliot gael ei fodloni'n llwyr gan gredoau Eglwys Loegr. Tystia nifer o'i gydnabod nad oedd hi'n eglur, er gwaethaf ei arddeliad o'r credoau, beth yn unig a olygant iddo ef ei hunan; dywedodd wrth gyfaill: 'My own beliefs are held with a scepticism which I never even hope to be rid of.'[25] Mae rhywun yn tybio bod uchel-eglwysyddiaeth Eliot yn debyg i'w waith mewn banc, yn fath o fwgwd cydymffurfiol a gadwai rannau allanol ei feddwl a'i bersonoliaeth yn brysur tra bod y bywyd mewnol anturus yn mynd rhagddo heb ymyrraeth. Dylid cofio i Eliot gael ei dynnu'n gryf tuag at Fwdaeth a'i thechnegau myfyrdod, sy'n ceisio gostegu'r allanol gan ryddhau'r isymwybod. Dylid cofio iddo hefyd, ar adegau o sychder yn ei ddychymyg llenyddol, droi at waith mecanyddol fel cyfieithu neu gyfansoddi yn y Ffrangeg er mwyn rhyddhau ffynonellau creadigol yr isymwybod. Y mae'n bosibl fod Eliot yn gweld defosiynau Eingl-Gatholigiaeth mewn ffordd debyg. Ni thybiaf i'r grefydd hon fodloni'n llwyr ei angen am y dwyfol. Ei phrif swyddogaeth, mi gredaf, oedd amddiffyn a swcro gwreiddiau cudd ei gyfriniaeth a'i greadigrwydd.

Ym 1927, blwyddyn ei fedydd, fe ddaeth Eliot hefyd yn ddinesydd
Prydeinig, fel pe buasai'r ddwy weithred yn rhan o'r un broses o
chwilio am wreiddiau. Yn nes ymlaen, ystyriaf natur perthynas Eliot â
Lloegr, ond hoffwn am y tro ddilyn trywydd ei geidwadaeth gynyddol.

Erbyn y 1920au hwyr a'r 1930au, yr oedd ysfa Eliot am drefn wedi
cyrraedd ei llawn dwf. Yn y cyswllt hwn, y mae traddodiad yn rhan
bwysig iawn o'i gyfundrefn gwerthoedd, ond nid yw'n beth marw,
disymud.[26] Yn ei ysgrif hir 'Tradition and the Individual Talent' diffinia
ei syniad o wir draddodiad, sef synnwyr o bresenoldeb y gorffennol ac
o holl hanes a llenyddiaeth Ewrop, synnwyr a wnâi'r llenor yn ingol
ymwybodol o'i gyfoesedd, waeth pa mor anhrefnus fo'r oes.[27] Afraid,
yn ôl y syniad hwn o draddodiad, yw diffinio union natur y cysylltiad
â'r gorffennol; y peth pwysig yw *bod* cysylltiad er mwyn i werthoedd a
safonau'r gorffennol effeithio ar y presennol, hyd yn oed os y'u
gwrthodir. Cyflwr moesol, felly, yw bod yn draddodiadol, nid cyflwr
trefniadol. Cynigia'r cyflwr hwn gyd-destun y gall yr unigolyn wneud
dewisiadau moesol y tu mewn iddo. Yr oedd ar Eliot angen categorïau
syniadol fel fframwaith i roi ei syniadau eraill mewn persbectif. Yr oedd
arno angen syniad o drefn er mwyn diffinio anhrefn yn iawn. Heb y
ddelfryd ni ellir dadrith. Heb wybod am ffrwythlonedd, profiad diystyr
yw troedio'r tir diffaith. Yn *After Strange Gods*, dywed Eliot nad oes
modd cablu yn iawn oni bai bod y cablwr yn credu'n gryf. Nid oes
modd ymdrin yn briodol â'r presennol, felly, heb fod gennych
gysylltiad â'r gorffennol.

Tebyg yw syniad Eliot o drefn. Carai'r haniaeth ond yr oedd yn
llawer mwy gochelgar pan ddaeth yn gwestiwn o ba fath o drefn yn
union a garai. Yr oedd yn fwy hoff, yn y bôn, o haniaethau gwleidyddol
nag o wleidyddiaeth ymarferol. Serch hynny, boed haniaeth neu
weithred, yr oedd yn sicr duedd tuag at y ceidwadol ym meddwl Eliot,
ffaith a fu'n fêl ar fysedd ei elynion ac yn ofid i lawer o'i edmygwyr.

Cafodd Eliot fodel i'w geidwadaeth ym Maurras, a apeliodd ato
oherwydd ei ddeallusrwydd, ac oherwydd iddo gynnig cyfundrefn
syniadol i'w safbwynt. Parchai Eliot bob amser safbwyntiau a seiliwyd
ar esboniadau syniadol; dyna paham y gochelodd rhag gwleidyddiaeth
plaid yn Lloegr, a seiliwyd ar gystadleuaeth dosbarth nid ar ymryson
syniadau. Dyna hefyd paham y triniodd gomiwnyddiaeth gyda mwy o
barch fel gelyn nag a wnaeth gyda ffasgaeth – peth cyntefig oedd
ffasgaeth, tra bod comiwnyddiaeth yn apelio at gyneddfau dipyn yn

uwch a thipyn yn fwy soffistigedig. Maurras oedd ei fodel, felly. Bu'n fwriad gan Eliot unwaith ysgrifennu llyfr ar Maurras,[28] ac ym 1948, flynyddoedd ar ôl i anfri ddod i ran y Ffrancwr oherwydd ei eithafiaeth a'i ran yn llywodraeth Petain, yr oedd Eliot, er yn cydnabod culni a diffyg goddefgarwch Maurras, yn ei ganmol o hyd.[29] Yr oedd hefyd yn rhannu gelyniaeth Maurras at ddemocratiaeth, rhyddfrydiaeth a bywyd torfol, a hefyd rai o'i ragfarnau mwyaf atgas.[30] Er enghraifft, ym 1923, fe ysgrifennodd at y *Daily Mail* yn canmol cyfres o erthyglau edmygus ar Mussolini;[31] bu'n gyndyn i gondemnio ymyrraeth y Natsïaid yn rhyfel cartref Sbaen, a thua'r un pryd gwrthododd feirniadu Prifysgol Göttingen a oedd wedi diswyddo ei hacademyddion Iddewig.[32]

Y mae agwedd Eliot at yr Iddewon wedi bod yn destun trafod mawr, ac yr wyf wedi trafod hyn yn helaeth mewn man arall.[33] Felly bodlonaf yma ar amlinellu'r pwnc. Y mae rhai o gerddi cynnar Eliot yn cynnwys cyfeiriadau dilornus, sarcastaidd tuag at Iddewon cyfoethog, cyfalafol, rhyngwladol, pobl a fu'n destun drwgdybiaeth a chenfigen i lawer yn y Gorllewin yn sgil y Rhyfel Byd Cyntaf a'r anhrefn wleidyddol ac ariannol a'i dilynodd.[34] Y mae modd dadlau mai eironig oedd y cyfeiriadau hyn i fod, ac mai llais cymeriad, nid llais y bardd, sy'n eu llefaru. Ond gwanhau y mae'r esboniad hwnnw pan ystyrir iddo wneud sylwadau tebyg mewn llythyrau preifat tua'r un cyfnod,[35] ac, yn fwyaf difrifol, mewn darlith a draddododd yn Virginia ym 1933, ac a gyhoeddwyd ganddo ym 1934 yn ei lyfr *After Strange Gods*. Yma disgrifiodd Eliot ddiwylliant yr Unol Daleithiau fel 'worm-eaten by liberalism' ac 'invaded by foreign races'. Deisyfa am gymdeithas a fyddai, yn ei eiriau ef, yn 'homogeneous', wedi ei chlymu â 'blood-kinship'. Pwysleisia'r math o draddodiad sy'n deillio o: 'the same people living in the same place', ac â ymlaen:

> What is still more important is unity of religious backgrounds; and reasons of race and religion make any large number of free-thinking Jews undesirable. There must be a proper balance between urban and rural, industrial and agricultural development, and a spirit of excessive tolerance is to be deprecated.[36]

Y mae'n dal i oeri gwaed rhywun i ddarllen y geiriau hynny o law awdur 'Ash Wednesday' a *Four Quartets*. Denodd y sylwadau hyn feirniadaeth gref ar Eliot yn fuan. Ceisiodd ef – mewn modd digon cloff – wadu bod ei sylwadau'n rhagfarnllyd.[37] Ond er na syrthiodd ar ei fai, ni chafwyd sylwadau o'r fath ganddo wedyn, a gwrthododd ailgyhoeddi *After Strange Gods*, a hynny bron yn sicr oherwydd y ffrae. Amhosibl, mewn gwirionedd, yw dadlau na fu Eliot yn rhagfarnllyd ar adegau hyd at y ffrae honno. Gellir awgrymu rhai o'r rhesymau cymhleth pam y bu felly, er nad yw'r un rheswm yn ei esgusodi. Dyna'i atyniad at y Maurras gwrth-semitaidd yn un peth, neu ei hoffter o waith y dosranwyr Saesneg a oedd yn gefnogwyr selog i'r ddamcaniaeth gynllwyn mai Iddewon rhyngwladol cyfalafol a oedd yn llywio polisïau'r cenhedloedd. Y mae'n debyg iddo weld yr Iddewon hyn fel carfan ddiwreiddiau, 'anghyfrifol' ac yn rhan o'r grymoedd materol troedrydd a oedd, yn ei dyb ef, yn dinistrio gwareiddiad. Dyna wedyn y posibilrwydd ei fod, fel dieithryn i Loegr, yn ceisio ei ddiffinio ei hunan drwy ddangos gelyniaeth at elynion tybiedig ei genedl fabwysiedig.[38] Rhaid nodi hefyd nad rhywun yn gyforiog o gydymdeimlad dynol naturiol ydoedd, a bu'n aml yn beirniadu, yn beio, ac yn mynegi ei frwydrau a'i anhapusrwydd mewnol yn nhermau gelyniaethau syniadol allanol. Dangosodd ddiffyg cydymdeimlad nid yn unig at yr Iddewon ond at y di-waith, a'r tlawd, a'r dorf, a hefyd tuag at lawer unigolyn.

Serch hynny i gyd, rhaid nodi bod Eliot, hyd yn oed yn ystod y cyfnod pryd y gwnaed ei sylwadau rhagfarnllyd mwyaf atgas, hefyd wedi dangos, ac wedi cyhoeddi, agweddau a sylwadau cadarnhaol a dyngarol tuag at yr Iddewon,[39] gan gondemnio gwrth-semitiaeth yn groyw ac yn aml.[40] Yr oedd llenorion y Chwith megis Orwell a Spender yn fodlon ei amddiffyn yn gryf yn erbyn y cyhuddiad ei fod yn wrth-semitaidd.[41] I grynhoi, nid oes amheuaeth bod Eliot wedi cyfranogi o ragfarn ffasiynol y cyfnod yn erbyn Iddewon a welwyd fel symbol o ormes diwydiannol. Ond isafbwynt oedd 1933, a chefnodd ar ei ragfarn ymhell cyn i'r Holocost wneud gwrth-ffasgaeth yn gonfensiwn. Er nad ildiodd ei elyniaeth at y byd modern, yr oedd o leiaf, wedi canol y 1930au, yn ddigon call i beidio bellach â chynnwys yn ei gondemniad ohono ymosodiadau rhagfarnllyd ar Iddewon; ymosodiadau na allasent ond bod wedi cyfrannu at ddrwgdybiaeth a gelyniaeth hynod beryglus mewn cymdeithas fel y cyfryw.

Wrth ystyried ei agwedd at yr adain dde yn gyffredinol, rhaid gosod y tueddiadau adweithiol diamheuol uchod yn erbyn tystiolaeth arall. Er enghraifft, agorodd Eliot golofnau ei gylchgrawn *The Criterion* i lenorion adain-chwith, gan gynnwys comiwnyddion.[42] Tystia'i ffrind adain-chwith, Stephen Spender, i Eliot wrthod ffasgaeth am na chynigiai syniadaeth foddhaol ac am ei fod ef yn ormod o Gristion.[43] Ac mor gynnar â 1928, yn *The Criterion*, yr oedd Eliot wedi ymosod ar ffasgaeth fel: 'a form of faith which is solely appropriate to a religion'.[44] Ymosododd arni hefyd ym 1933 mewn papur ar 'Catholicism and the International Order'[45]. Mewn erthygl yn *The Norseman* ym 1944, sonia am: 'industrialism (of which totalitarianism is a political expression)',[46] gan gysylltu totalitariaeth ag un o'i gas-bethau mwyaf, sef diwydiannaeth, ffaith sy'n awgrymu atgasedd o'r dyfnaf tuag at ffasgaeth a chomiwnyddiaeth ill dwy.

Y mae'n rhaid, felly, fod yn ofalus ynglŷn â diffinio perthynas Eliot â ffasgaeth. Yn y cyfnod cyn i erchyllterau'r Natsïaid ddod yn hysbys, nid oedd Eliot ar ei ben ei hun yn ei ddifrawder tuag at ffasgaeth, ac fe ymwrthododd â hi yn weddol gynnar. Nid oes amheuaeth fod comiwnyddiaeth yn fwy o ddychryn iddo o lawer nag oedd ffasgaeth, ond y mae'n lled debyg mai dim ond oherwydd bod comiwnyddiaeth yn fwy effeithiol ac yn fwy o her yr oedd hyn. Er bod Eliot yn anghytuno â chomiwnyddiaeth, yr oedd yn sicr yn ei pharchu fel cyfundrefn meddwl; yn achos ffasgaeth, er iddo deimlo atyniad tuag at rai o'i hagweddau arwynebol – yr awdurdod, y drefn a'r ddisgyblaeth – nid oedd yn ei chymryd o ddifrif fel credo. Byddai'n decach, felly, ddweud bod Eliot yn drwgdybio pob math o wleidyddiaeth ymarferol, dde a chwith, fel y cawn weld yn yr adran nesaf.

Y canol aflonydd: safle Eliot ar y sbectrwm gwleidyddol

Wrth iddo ddiffinio'i hunan fel 'royalist in politics', yr oedd Eliot wedi dangos ochr – ond mewn brwydr na fyddai neb o'i gydwladwyr mabwysiedig yn poeni amdani. Gellir gweld yr un duedd yn ei arfer o wisgo rhosyn gwyn a mynychu'r offeren ar ddyddiad brwydr Bosworth, er cof am Risiart y Trydydd – brenin Seisnig olaf Lloegr yn nhyb Eliot. Meddai Peter Ackroyd am Eliot: 'He supported the Yorkist cause',[47] sef achos mor farw â Rhisiart ei hunan.[48] Yr oedd Eliot yn fodlon ymuniaethu ag achos gwleidyddol yn unig pan oedd yn ddiogel farw; yr oedd yn fodlon bod yn bleidiwr pan nad oedd neb arall yn y blaid. Nid ymunodd ef ag unrhyw blaid wleidyddol gyfoes.

Daeth Eliot agosaf at weithgaredd gwleidyddol ymarferol drwy ei ymwneud yn y 1930au a'r 1940au â grwpiau trafod o ddeallusion Cristnogol fel The Moot a Christendom, a geisiai lunio ymateb yr Eglwys i broblemau'r byd. Trafodaethau digon anymarferol, er yn ddigon diniwed, oedd y rhan fwyaf o'r rhain, a gellir gweld eu ffrwyth od yn llyfr Eliot *The Idea of a Christian Society*, lle yr awgrymir model cwbl afreal o fywyd ym Mhrydain dan lywodraeth grŵp elît a disgybledig o bobl ysbrydol. Ni ellir ond ei ddarllen yn awr fel cynnyrch aelod o garfan grefyddol a deimlodd ei dylanwad ar gymdeithas yn llacio yn derfynol ac a goleddai o'r herwydd ffantasïau am ailadfer ei grym. Nodweddid y grŵp Christendom gan duedd tuag at gyfundrefn wleidyddol 'Social Credit' a geisiai osgoi gwendidau cyfalafiaeth a thotalitariaeth ill dwy. Gwelent gyfalafiaeth ddemocrataidd y Gorllewin nid fel cyfundrefn a ganiatâi i'r mwyafrif reoli ond fel un a ganiatâi i niferoedd bach o bobl gyfoethog lunio polisi cyhoeddus. Dywedodd Eliot yn *The Idea of a Christian Society* fod lle i ddadlau nad democratiaeth a reolai ym Mhrydain ac America, ond oligarchiaeth ariannol.[49] Dengys y dadansoddiad hwn yn un o'i ysgrifau gwleidyddol helaethaf fod syniadau Eliot yn perthyn i'r un rhan o'r sbectrwm gwleidyddol ag eiddo dosranwyr fel G. K. Chesterton a Hilaire Belloc, arweinwyr amlycaf y Distributist League a oedd wedi ffynnu ryw ddeng mlynedd ynghynt. Ceisiai'r dosranwyr osgoi eithafion cyfalafiaeth benrhydd a chomiwnyddiaeth dotalitaraidd drwy gymhwyso eu daliadau Catholig at faes economeg a cheisio meithrin ysbryd o annibyniaeth bersonol o fewn rhwydwaith ehangach o oblygiadau cymdeithasol a chrefyddol.[50]

Peth arall sy'n cysylltu Eliot â'r dosranwyr yw ei agwedd at y wlad a'r dref. Er mai mewn dinas y'i ganwyd, er mai mewn dinasoedd y dewisodd dreulio gweddill ei oes, ac er mai ef yw un o feirdd Saesneg cyntaf y profiad dinesig modern, gyda'i gerddi'n gyforiog o ddelweddau ac awyrgylch trefol, yr oedd ei ymateb i'r ddinas serch hynny yn amwys. Cyfranogodd yn helaeth o'r atgasedd at y ddinas a fu'n gyffredin byth ers i ddeallusion ddechrau ymdopi â ffenomenon y ddinas fodern, atgasedd a fu'n ddwysach yn yr ugeinfed ganrif nag erioed o'r blaen. Gwelwyd y ddinas fel lle llygredig a gormesol o'i chymharu â'r cefn gwlad a welir fel lle o burdeb, o werthoedd ysbrydol, ac o draddodiad a threfn naturiol. Gellir gweld *The Waste Land* fel cerdd am anobaith y sefyllfa drefol fodern. Yn y fersiwn gwreiddiol, bwriad Eliot mewn un darn oedd disgrifio'r ddinas nid fel 'Unreal city', ond fel 'Terrible city'.[51] Yn sicr, credai llawer o'r dosranwyr mai'r wlad yn unig oedd yn real; ceisient annog pobl i ddychwelyd at y wlad ac ailddarganfod y gwerthoedd traddodiadol a ddeilliai o fyw mewn perthynas â'r tir. Gweledigaeth reddfol emosiynol ydoedd, a apeliai at drefwyr heb brofiad o galedi bywyd gwledig. Nid rhaglen wleidyddol effeithiol ydoedd.

Ceir enghreifftiau o atyniad Eliot at y syniadau hyn drwy gydol ei waith. Yn *The Idea of a Christian Society* dywed fod trefoli yn dinistrio plwyfi.[52] Yn *Four Quartets* sonia am 'the life of significant soil',[53] ac fe gynigir iddo weledigaeth drosgynnol ac undod cyfriniol gyda'i Dduw a'i gyndeidiau nid yn y ddinas ond ar dir sanctaidd y wlad. Yn *The Criterion* ym 1938, dywed: 'real and spontaneous country life . . . is the right life for the great majority in any nation.'[54] Delfrydai bysgotwyr New England fel dynion yn byw 'purposeful, honest lives, far from the contamination of cities'.[55] Ei 'werin' ddelfrydol ef oeddynt. Yn ei lyfr *After Strange Gods* cymeradwya aelodau'r mudiad 'neo-agrarian' yn Ne'r Unol Daleithiau, gan ddweud bod eu safiad yn erbyn grym economaidd a oedd wedi disodli Duw, er yn anobeithiol, yn un angenrheidiol yn erbyn cyflwr 'annioddefol'.[56] Yn yr un llyfr, sonia yn agored am ei ddyled syniadol i'r dosranwyr a'u tebyg: 'I have in mind Mr Chesterton and his 'distributism' . . . I have also in mind the views of . . . several Scottish nationalists.'[57] Y mae dylanwad ieithwedd a therminoleg wrth-fodern bryfoclyd Chesterton i'w weld yn glir hefyd ar *After Strange Gods*.

Ceir hyd yn oed agwedd gadwraethol 'werdd' gan Eliot. Haera yn *The Idea of a Christian Society*: 'A wrong attitude to nature implies, somewhere, a wrong attitude to God . . . the consequence is an inevitable doom. For a long enough time we have believed in nothing but the values arising in a mechanised, commercialised, urbanised way of life: it would be as well for us to face the permanent conditions under which God allows us to live on this planet.'[58] Bron na allai hynny fod yn llais R. S. Thomas. Yr oedd sylwadau o'r fath gryn dipyn o flaen eu hamser ym 1939. I'w gosod mewn cyd-destun gwleidyddol hefyd, ceir y diffiniad hwn gan Eliot yn y *The Criterion* ym mis Hydref 1938:

> What is fundamentally wrong is the urbanisation of mind . . . It is necessary that the greater part of the population of all classes (so long as we have classes) should be settled in the country and dependent upon it. One sees no hope either in the Labour Party or in the equally unimaginative dominant section of the Conservative Party. There seems no hope in contemporary politics at all.[59]

Mewn erthygl yn *The Norseman*, dywedodd Eliot fod cydbwysedd rhwng y wlad fywiol, reddfol a'r ddinas soffistigedig yn hanfodol mewn cymdeithas iach. Dywedodd fod rhaid i ddinasoedd fod yn fawr eu hysbryd, nid yn fawr 'in the modern material sense' yn unig[60] – gan ddefnyddio 'modern' a 'material' fel petaent yn gyfystyr. Dyma erthygl a effeithiodd ar Saunders Lewis, gan iddo ei dyfynnu yn ei golofn 'Cwrs y Byd' a ddarllenwyd yn ei thro gan R. S. Thomas gan ei symbylu i ymweld â Lewis, fel y cawn weld yn y drydedd bennod. Nid oedd syniadau "'n ôl i'r tir' yn anghyffredin yn y 1930au o bell ffordd. Bu Saunders Lewis, am gyfnod, yn 'Deg Pwynt Polisi Plaid Cymru', yn gwthio'r syniadau hyn fel rhan o faniffesto gwleidyddol go-iawn. Ond yr oedd Eliot yn rhy fyw i fyrhoedledd ac annigonolrwydd pob peth materol iddo ddelfrydu'r cefn gwlad yn llwyr. Rhinweddau cymharol a welodd ef yn y cefn gwlad, nid rhai hanfodol. Er bod y wlad yn amlwg yn well na'r dref i awdur y Four Quartets, noda Steve Ellis, yn ei lyfr The English Eliot, fod cyfeiriadaeth wledig y gerdd yn ddiegni o'i chymharu â'r dathlu delfrydaidd o fywyd gwledig a nodweddodd lenyddiaeth berthnasol arall y cyfnod wrth i hen fywyd y cefn gwlad ddiflannu ym Mhrydain.⁶¹ Dywed fod ple Eliot, yn The Idea of a Christian Society, dros ddychwelyd at natur yn deillio'n fwy o'i atgasedd tuag at fywyd trefol, modern, masnachol, nag o unrhyw ddiwinyddiaeth natur: 'The Quartets never lose sight of the fact that the realm of nature is "fallen" and provisional.'⁶²

Yr oedd gan Eliot, felly, agwedd ddeublyg tuag at y syniad "'n ôl i'r tir', fel yr oedd at gynifer o raglenni gwleidyddol ffurfiol. Er iddo rannu'n gryf y dynfa naturiol tuag at y wlad fel lleoliad gwerthoedd gwâr, a rhannu hefyd ddadrith y dosranwyr â gwleidyddiaeth gyfoes, yr oedd yn ddigon o realydd i beidio â cheisio hyrwyddo eu rhaglen yn ymarferol. Yr oedd yn ddigon parod i nodi gwendidau gwrthddiwydiannaeth,⁶³ ac i ymwrthod â'r syniad.⁶⁴ Yr oedd mor gyndyn i ymroi i unrhyw achos gwleidyddol ac mor fyw i wendidau pob achos, fel ei fod hefyd yn gweld gwendidau dosrannaeth, y 'Drydedd Ffordd', ei hunan. Yr oedd greddfau gwleidyddol Eliot ar y cyfan, felly, yn sicr yn geidwadol, ond yn ei syniadaeth ffurfiol ac yn ei weithgaredd gwleidyddol ceisia osgoi eithafion pob carfan, ac osgoi ymuniaethu ag unrhyw garfan hefyd.

'Now and in England': gweledigaeth y Four Quartets

Erbyn 1932 yr oedd Eliot wedi ymwahanu oddi wrth Vivien. Bu Eliot wedi hyn yn byw yn nhai gwahanol ffrindiau yn Llundain tra ei fod yn osgoi ymgeisiau truenus Vivien i'w weld. Ym 1938, anfonwyd hi i ysbyty meddwl preifat; ni wyddys yn sicr pwy a'i hanfonodd yno'n ffurfiol, ond bu gan Eliot rywfaint o ran yn y trefniadau.⁶⁵ Bu Vivien yno tan ei marwolaeth ym 1947. Yr oedd y toriad, i Eliot, yn un llwyr. Ni cheisiodd weld Vivien unwaith wedyn. Serch hynny, y mae'n debyg iddo ddioddef teimladau o euogrwydd a methiant mawr am flynyddoedd lawer wedyn. Ymroddodd i batrwm o fywyd a oedd bron yn fynachaidd, neu bron yn benyddiol. Yr oedd ei Eingl-Gatholigiaeth yn ei wahardd rhag ailbriodi tra bod ei wraig gyntaf yn fyw.

Yn awr, dechreuodd fentro i feysydd newydd, yn eu plith y ddrama fydryddol, gan ysgrifennu *Murder in the Cathedral*, a fu'n gychwyn gyrfa eithaf llwyddiannus iddo fel dramodydd. Ond er bod modd dilyn yn y dramâu sawl trywydd sydd yn berthnasol i grefydd a bywyd personol Eliot, nid ydynt yn ganolog i astudiaeth o'i safbwynt diwylliannol.[66] Carwn ganolbwyntio, felly, ar ei farddoniaeth, a gymerodd, ym 1936, gyfeiriad newydd gyda chyhoeddi'r gerdd 'Burnt Norton', a ddaeth maes o law i fod y cyntaf o'r *Four Quartets*.

Rhwng 1934 a 1937 ymwelodd Eliot â Burnt Norton, maenordy yn Swydd Gaerloyw,[67] â Little Gidding, safle cymuned Anglicanaidd a chwalwyd gan y Rhyfel Cartref, ac ag East Coker, y pentref yr ymfudodd ei gyndad Thomas Eliot ohono i'r Byd Newydd. Ynghyd â'r creigiau o'r enw The Dry Salvages ar arfordir Massachusetts lle treuliodd Eliot ei wyliau yn blentyn, fe roddodd y lleoliadau hyn eu henwau i bedair cerdd newydd a gyhoeddwyd ganddo rhwng 1934 a 1942, ac a gasglwyd fel *Four Quartets* ym 1944. Yn lle arddull aml-leisiol cyfnod *The Waste Land* ac elfen gyffesiadol a phersonol cerddi fel 'Ash Wednesday' a 'Marina', arddelodd yn awr lais mwy amhersonol, clasuraidd a bwysleisia unoliaeth athroniaeth y gerdd. Cadarnhaodd y cerddi, a dderbyniwyd yn frwd gan ddarllenwyr, safle Eliot fel prif fardd ei gyfnod. Ymhlith pethau eraill, maent yn fyfyrdodau ar hanes, ar ddirgelwch amser, ac ar yr angen am ddarganfod y canol llonydd. Yn y cerddi hyn, sylweddolodd Eliot ei weledigaeth ddyfnaf a chyflawnaf o berthynas y tragwyddol â byd amser. Ysgrifennwyd llyfrau cyfan ar y *Four Quartets*, ac yma bodlonaf ar ganolbwyntio ar yr agweddau sy'n bwrw golwg ar safbwynt diwylliannol Eliot neu sy'n dangos beth sydd ganddo yn gyffredin â'r tri llenor arall dan sylw.

Cyfriniaeth

Y mae *Four Quartets* wedi ei lywio gan, ac wedi'i seilio ar, y profiad cyfriniol o amgyffred unoliaeth ddiamser o dan anhrefn y materol. Dyna'r angen sydd ynghudd o dan boleitrwydd Prufrock, neu'r golled sy'n cryfhau poen *The Waste Land*, neu'r gobaith ansicr sy'n denu chwilwyr 'Marina', 'The Journey of the Magi' ac 'Ash Wednesday'. Yn

Four Quartets, yn lle bod yn un ochr i ddeuoliaeth arw fel cynt, fe blethir effaith yr eiliadau trosgynnol hynny mewn gweledigaeth gyfannol lle gwerthfawrogir y materol fel rhywbeth israddol i'r tragwyddol ond, serch hynny, fel rhywbeth angenrheidiol. Fel y gwelir yng ngeiriau Julian o Norwich a ddyfynnir deirgwaith yn 'Little Gidding': 'Sin is Behovely, but / All shall be well, and / All manner of thing shall be well', ac yn 'Burnt Norton': 'Only through time time is conquered'.

Y mae profiadau o'r fath yn gwthio adnoddau geiriol unrhyw weledydd i'w heithaf, ac y mae'r cerddi hyn yn llawn paradocsau: 'at the still point of the turning world . . . at the still point, there the dance is'; 'the light is still at the still point of the turning world'; 'darkness shall be light, and the stillness, the dancing' ('Burnt Norton'); 'the unattended / Moment, the moment in and out of time' ('East Coker'); 'The end is where we start from' ('The Dry Salvages'); 'A condition of complete simplicity / Costing not less than everything'; 'The fire and the rose are one' ('Little Gidding'). Ond os cyrhaeddwyd pen eithaf mynegiant geiriol, nid ieithwedd ymchwil nac ymwahaniad sydd yma ond ieithwedd myfyrio ar wirionedd a brofwyd.

Serch hynny, nid crefydd arwynebol, gysurlon sydd yma. Nid fel person y gwelir y tragwyddol gan amlaf yma, ond yn nelweddau amhersonol byd natur. Duw cudd yw Duw Eliot yn aml, ac mae Eliot yn gwneud cryn ddefnydd o ieithwedd cyfrinwyr y *via negativa,* a gwaith Sant Ioan y Groes yn benodol. Yn 'Burnt Norton' ceir hyn:

> Descend lower, descend only
> Into the world of perpetual solitude,
> World not world, but that which is not world,
> Internal darkness, deprivation
> And destitution of all property,
> Desiccation of the world of sense,
> Evacuation of the world of fancy,
> Inoperancy of the world of spirit . . .

Ond rhan yn unig o'r profiad o'r tragwyddol a geir yn y gerdd yw'r ffordd negyddol. Y mae Eliot yn sicr wedi ei phrofi, ond y mae hefyd wedi profi eiliadau o weledigaeth fwy cadarnhaol, fwy trosgynnol, fel y rhai a ddyfynnwyd yn gynharach. Y rhain sy'n ffurfio calon gweledigaeth gyfriniol y gerdd – patrwm athronyddol sydd yn cyfannu'r *via negativa* a chyfriniaeth weledigaethol. Mae'r cyfannu'n unioni camweddau a ffaeleddau'r gorffennol ac ansicrwydd y dyfodol, yn uno dulliau traddodiadol o amgyffred y dwyfol â rhai anuniongred, ac yn cynnwys yr elfennau gwahanol hyn i gyd yng nghyflwr cadwedig y presennol tragwyddol diamser. Yn y cerddi hyn gwelir cyflawnder cyfriniaeth Eliot.

Gweledigaeth o'r genedl

Os cyrhaeddir y cyfanrwydd tragwyddol hwn drwy'r materol a'r amserol – 'only through time, time is conquered' – yna gellir tybio bod y materol a'r amserol yn gyfryngau i'r dwyfol. Pwysig, felly, yw fod y gweledigaethau trosgynnol hyn wedi eu lleoli yn benodol yn Lloegr, a bod Eliot wedi disgrifio'r tri phedwarawd olaf fel 'primarily patriotic poems'.[68] Gwerthodd bamffled 'East Coker' 12,000 o gopïau ym 1940.

Y mae'r cyd-destun hanesyddol hwn yn allweddol. Ysgrifennwyd y tair cerdd olaf yn ystod blynyddoedd duaf yr Ail Ryfel Byd, ac nid yw amser cynharach cyfansoddi 'Burnt Norton' yn ei heithrio o ysbryd y cyfnod, a ddisgrifir yn dda gan Steve Ellis: 'in the 1930's, with the threat of the Second World War casting a long shadow back over the decade, with the emergence of a militaristic nationalism on the continent and with . . . an ever-growing encroachment of town on country, the search for "England" is probably more intense than at any other period of the twentieth century.'[69] Yn ystod y rhyfel ei hun, wrth gwrs, fe gryfhawyd yr ysfa i chwilio am ddelweddau oesol o Loegr. T. S. Eliot, y dieithryn o St Louis, a roddodd i'r ysfa hon ei mynegiant dyfnaf. Yr oedd y wlad y daeth ef iddi, gan ymhyfrydu yn ei diwylliant, yn awr dan fygythiad dilead. Safbwynt neilltuedig Eliot a'i galluogodd i weld heibio i rethreg ac ymatebion greddfol y cyfnod hyd at graidd gwladgarwch Seisnig.

Gwladgarwch *Four Quartets* yw ymdriniaeth lawnaf a dwysaf Eliot â phwnc y genedl; yn sicr, ni cheir ynddi'r gwladgarwch syml ac ymosodol, yn ymhyfrydu mewn nerth ymerodrol, a nodweddai lawer o rethreg wleidyddol gyhoeddus y cyfnod. Pwysleisir y wlad gan Eliot nid fel uned wleidyddol ac imperialaidd, ond fel *lle*, fel lleoliad i fywydau ac ysbrydolrwydd pobl. Ar un wedd, cerddi lle yw'r pedair, fel a awgryma eu teitlau. Yn 'Burnt Norton', pwysleisir sut y mae'r tirwedd yn cydweithio â'r dynol a'r dwyfol mewn undod cyfriniol:

> To be conscious is not to be in time
> But only in time can the moment in the rose-garden,
> The moment in the arbour where the rain beat,
> The moment in the draughty church at smokefall[70]
> Be remembered; involved with past and future.
> Only through time time is conquered.[71]

Enwir bryniau Llundain hefyd, i bwysleisio'r lleoliad Seisnig. Eto, er hyn, y mae'r gerdd yn osgoi rhethreg wleidyddol emosiynol. Y mae'r bryniau yn 'gloomy', ac ar ôl eu rhestru, meddai'r bardd: 'Not here / Not here the darkness, in this twittering world', sy'n awgrymu annigonolrwydd y materol. Disgrifir y lleoliadau cefn-gwlad hefyd mewn termau llai na delfrydol: 'the drained pool. / Dry the pool, dry concrete, brown edged' ('Burnt Norton'); 'flesh, fur and faeces' ('East Coker'); 'when you leave the rough road / And turn behind the pig-sty to the dull facade / And the tombstone' ('Little Gidding'). Gwrthwyneba ieithwedd y gerdd unrhyw ddelfrydu gwlatgar; dibynna cryfder ei gwladgarwch ar reswm nid rhethreg. Yn 'East Coker' wedyn, ceir disgrifiad o leoliad cyffredin Seisnig, a disgrifir gwladwyr y dyddiau gynt yn dawnsio; ond unwaith eto, fe danseilir y ddelwedd hon o barhad cadarnhaol wrth i'r bardd ddisgrifio'r dawnswyr fel rhai trwsgl, â thraed budron, ac wrth iddo grynhoi eu miri fel 'Dung and death'. Cyfeirir hefyd yma at y rhyfel – 'conditions / That seem unpropitious' – mewn ffordd a bwysleisia ddiflastod y profiad, nid y cyffro: 'a raid on the inarticulate / With shabby equipment always deteriorating . . . Undisciplined squads of emotion.' Y mae'r gerdd yn osgoi symleiddio perthynas yr unigolyn a'r darllenydd â'r genedl, hyd yn oed mewn sefyllfa o ryfel pan mae tuedd gyffredin i symleiddio agweddau. Y mae'n dewis ieithwedd foel, wrthrychol ac athronyddol.

Gyda 'The Dry Salvages', gadewir Lloegr er mwyn cyrchu arfordir Massachusetts, golygfeydd ieuenctid Eliot a ffynonellau dwfn ei bersonoliaeth fel disgynnydd arloeswyr America. Dengys yr ieithwedd o arwriaeth forwrol mor bwysig oedd greddf Eliot i fentro ac i ymchwilio – yn ddiwylliannol ac yn grefyddol – ac mor Americanaidd oedd gwreiddiau'r reddf hon ynddo. O fewn fframwaith y *Quartets*, mae'r deunydd Americanaidd hwn yn dangos mor bwysig i'r broses o ffurfio personoliaeth rhywun yw profiad o'r wlad fel lle. Y mae i Eliot gydnabod a dangos mor bwysig oedd y lleoliadau Americanaidd hyn i'r rhan ohono a oedd yn Americanwr yn ategu ei ddadl dros bwysigrwydd y lleoliadau Seisnig i'r rhan ohono a oedd yn Sais.

Yn 'Little Gidding' wedyn, dychwelir i Loegr, gan fynd i'r afael â'r wlad honno yn ddyfnach nag yn y cerddi blaenorol. Disgrifir y cefn gwlad y tro hwn fel lleoliad a gofiai ddioddefaint rhyfel a dwyster gweddi. Dyma lle y daw'r bardd i'w weledigaeth ddyfnaf o'r tragwyddol. Ni wneir unrhyw ble arbennig fod Seisnigrwydd yn gyfrwng unigryw i'r fath brofiad – 'There are other places / Which also are the world's end' – ond iddo ef, dyma'r fan, am y rheswm syml ei fod o dras Seisnig, yn byw yn Lloegr, ac yn deall ei hanes – 'But this is the nearest, in place and time, / Now and in England'. Wrth ymdeimlo â hanes y lle, ac â chenedlaethau'r gorffennol, fe ddaw i weledigaeth o'r tragwyddol, gweledigaeth y gallasai rhywun o ddiwylliant gwahanol fod wedi'i chael mewn lle gwahanol, ond gweledigaeth a ddaw, i'r Sais, mewn ffordd hanfodol Seisnig drwy'r amgylchedd Seisnig hwn.

> You are not here to verify,
> Instruct yourself, or inform curiosity
> Or carry report. You are here to kneel
> Where prayer has been valid . . .
> . . . Here, the intersection of the timeless moment
> Is England and nowhere. Never and always.

Nid am ei fod yn well nag unrhyw genedligrwydd arall y mae Seisnigrwydd yn bwysig, felly, ond am ei fod yn perthyn i'r Sais fel ei briod gynefin. A dyma'r berthynas sydd dan fygythiad gan y rhyfel y cyfeirir ato yma gyda'r sôn am 'the death of air' a 'the dark dove with the flickering tongue', sef delweddau o'r bomio y bu Eliot mor gyfarwydd â hwy fel rhywun a weithiodd yn Llundain yn ystod y *blitz* ac a fu ar oruchwyliaeth sawl noson fel gwyliwr tanau. I Eliot, yn syml, y mae gwladgarwch yn estyniad ar frogarwch: 'love of country / Begins as attachment to our own field of action'. Yn rhan olaf y gerdd, pwysleisir sut y mae'r trosgynnol, yn cynnwys holl gyfoeth ysbrydol y canrifoedd, i'w amgyffred yn neunydd di-nod y Lloegr gyfoes:

> . . . history is a pattern
> Of timeless moments. So, while the light fails
> On a winter's afternoon, in a secluded chapel
> History is now and England.

Y mae, wrth gwrs, lawer mwy yn y cerddi hyn na dim ond y trywydd o Seisnigrwydd yr wyf wedi ei amlinellu uchod. Ond peth neilltuol iawn yw gwladgarwch y cerddi hyn; gwladgarwch sy'n gweld y wlad yn gyfrwng i'r dwyfol a Lloegr yn lle i'w amddiffyn a'i werthfawrogi nid am ei fod yn rhagori ar leoedd eraill ond am ei fod yn gyd-destun lle gall y tragwyddol gwrdd â'r materol mewn ffordd well, i'r Sais, nag yn unman arall. Ym meddwl Eliot, felly, y mae elfen sagrafennol i ddiwylliant. Fel bara a gwin y cymun, gall diwylliant fod yn gyfrwng i'r dwyfol heb fod yn dragwyddol ynddo'i hunan. Tynnir sylw'r darllenydd at yr egwyddor hon gan ieithwedd y gerdd: 'daunsinge . . . a dignified and commodious sacrament', a 'We must be still and still moving . . . into a deeper communion', a 'the rest is incarnation'.[72]

Y mae gwladgarwch y cerddi hyn yn llawer iachach nag unrhyw imperialaeth wleidyddol jingoistaidd. Ni welai'r genedl fel gwerth absoliwt, dim ond fel cyfrwng i rywbeth arall, uwch-genedlaethol. Y mae gweledigaeth Eliot yn debyg i eiddo Weil yn L'Enracinement, lle gwelir elfennau hanfodol cymuned y genedl fel pontydd, 'metaxu', yn cysylltu â'r tragwyddol. Y wir henwlad yn Four Quartets yw'r tragwyddol. Deuir ati drwy Loegr – a haws yw i'r Sais ddod at y tragwyddol trwy Loegr na thrwy unman arall ('Home is where one starts from') – ond o gyrraedd y trosgynnol, fe gymathir Lloegr â rhywbeth y tu hwnt i genedligrwydd – 'England and nowhere'. Â'i wlad fabwysiedig dan fygythiad mewnol ac allanol, fe ddaeth Eliot i weledigaeth greadigol o genedligrwydd ac o natur a swyddogaeth cenedl sydd bron iawn yn unigryw yn llenyddiaeth y wlad honno. Gan fod Lloegr, bellach, yn gorfod ailddiffinio natur Seisnigrwydd yn sgil datganoli, gall wneud yn waeth yn hynny o beth nag edrych o'r newydd ar waith Eliot.

Four Quartets yw uchafbwynt gweledigaeth genedlaethol Eliot, ond dylem ystyried ei ymdriniaeth â chenedlaetholdeb mewn mannau eraill hefyd. O wneud hynny, fe welwn, er iddo ffoli ar ddiwylliant Lloegr a cheisio ei arbed a'i hyrwyddo mewn modd greddfol geidwadol, ni syrthiodd i'r fagl o gyfranogi o'r imperialaeth amrwd a nodwedda genedlaetholdeb Seisnig. Bu'n euog o ormodedd yn ei Seisnigrwydd artiffisial ac o ddiffyg goddefgarwch achlysurol tuag at elynion tybiedig y diwylliant hwnnw, mae'n wir. Ond ni threiddiodd y fath gamsyniadau at graidd ei syniadaeth, yn rhannol am fod Ewrop a thraddodiad clasurol cyffredin y Gorllewin yn rhy bwysig i'w syniadaeth iddo fedru arddel goruchafiaeth un wlad. Gellir priodoli ei ddiffyg imperialaeth hefyd, wrth gwrs, yn rhannol i'w amharodrwydd i ymuniaethu ag unrhyw wleidyddiaeth ymarferol.

Wrth i Eliot ymdrin o ddifrif yn ei ryddiaith â pherthynas cenhedloedd â'i gilydd, y mae, o'i ystyried o safbwynt cenedl leiafrifol fel Cymru, yn eithaf goleuedig ac eangfrydig. Pwysigrwydd 'undod mewn amrywiaeth' yw ei neges droeon mewn ysgrif a llyfr. Y mae'r gred hon, mae'n wir, yn cystadlu yn Eliot â'i reddf tuag at drefn, rheolaeth ac undod, a olyga fod ei Seisnigrwydd yn gyfyngedig i ddosbarth canol de-ddwyrain Lloegr i raddau helaeth. Serch hynny, ei eangfrydedd deallusol ac egwyddorol a drecha, gan mwyaf.

Y ffynhonnell orau yn hyn o beth yw *Notes Towards the Definition of Culture*, a gyhoeddwyd ym 1948. Dechreua'r bennod 'Unity and Diversity: the Region' gyda dyfyniad o lyfr A. N. Whitehead, *Science and the Modern World*: 'A diversification among human communities is essential for the provision of the incentive and material of the human spirit. Other nations of different habit are not enemies: they are godsends.'[73] Ymhelaetha Eliot: 'The absolute value is that each area should have its characteristic culture, which should also harmonise with, and enrich, the culture of the neighbouring areas.'[74] Dywed ei fod yn siarad am 'the particular constellation of cultures which is found in the British Isles . . . The clearest among the differences to be considered is that of the areas which still possess languages of their own.' Dengys gryn ddealltwriaeth o sefyllfa a gwerth diwylliannau lleiafrifol:

> When we consider what I call the satellite culture, we find two reasons against consenting to its complete absorption into the stronger culture. The first objection is one so profound that it must simply be accepted: it is the instinct of every living thing to persist in its own being . . . It would be no gain whatsoever for English culture for the Welsh, Scots and Irish to become indistinguishable from Englishmen – what would happen, of course, is that we should all become indistinguishable featureless 'Britons', at a lower level of culture than that of any of the separate regions.[75]

Dywed y byddai diflaniad diwylliannau ymylol Prydain yn 'calamity', ac y dylid astudio 'the ecology of cultures' gan y byddai unffurfiaeth ddiwylliannol ym Mhrydain yn golygu diwylliant israddol.[76] Dywed hefyd fod rhywfaint o anesmwythder rhwng dosbarthiadau a diwylliannau yn beth iachus, a bod angen cadw cydbwysedd rhwng y reddf i uno a'r reddf i ymwahanu. Y mae fel petai'n defnyddio ar gyfer cenhedloedd y dechneg o dyndra parhaol yr oedd ef wedi ei harfer yn ei fywyd personol:

> The universality of irritation is the best assurance of peace. A country within which the divisions have gone too far is a danger to itself: a country which is too well united . . . is a menace to others.[77]

Ym 1941, cyhoeddodd Eliot ei ddetholiad o gerddi'r arch-imperialydd Rudyard Kipling, ond ni chanolbwyntiodd ar ei imperialaeth, ond yn hytrach ar ei safbwynt diwylliannol amwys rhwng Lloegr ac India: 'a universal foreignness'[78] a wnaeth ymwybyddiaeth Kipling o natur ei genedl yn fwy effro. Yn *Notes Towards the Definition of Culture*, y mae atgasedd Eliot at imperialaeth yn amlwg. Dywed fod Prydeinwyr wedi ymyrryd yn niwylliannau traddodiadol India gan dybio mai eu diwylliant hwy oedd y gorau yn y byd a chan geisio yn reddfol droi'r dieithr yn rhywbeth dealladwy; yr oedd hyn wedi andwyo, yn lle gwella, diwylliant India: 'no man is good enough to have the right to make another over in his own image . . . the ill effects of the disturbance of a native culture by an alien one will remain . . . the deliberate destruction of another culture as a whole is an irreparable wrong, almost as evil as to treat human beings as animals.'[79]

Gwell gan Eliot yw'r syniad o wladgarwch diwylliannol, lleol – 'love of country' fel y'i disgrifir yn *Four Quartets*. Mewn erthygl yn y *Christian News Letter* ar 3 Medi 1941, 'The Christian and Natural Virtues', haera fod gwladgarwch animperialaidd yn rhinwedd naturiol sylfaenol, gan ei ddiffinio fel hyn: 'the attachment to natural as well as constructed surroundings, to place as well as to people, to the past as well as to the future; the attachment of a people to its own culture, and to its ability to make that specific and voluntary contribution to Christendom and the world.'[80]

Gellir gweld pam yr apeliodd yr erthygl yn *The Norseman*, y soniwyd amdani yn gynharach, gymaint at Saunders Lewis, gan i Eliot sôn am bwysigrwydd y tyndra a'r cydweithrediad rhwng gwahanol ieithoedd a hiliau Prydain. Â ymlaen:

industrialism (of which totalitarianism is a political expression) tends to obliterate these differences, to uproot men from their ancestral habitat, to mingle them in large manufacturing and business centres, or to send them hither and thither as the needs of manufacture and distribution may dictate. In its political aspect, industrialism tends to centralise the direction of affairs in one large metropolis, and to diminish that interest in, and control over, local affairs by which men gain political experience and sense of responsibility. Against this tendency 'regionalism' – as in the demand, from time to time, for greater local autonomy in Scotland or in Wales – is a protest.[81]

Dengys Eliot gryn ddiddordeb yn hunaniaeth ddiwylliannol Cymru: yn ei ragarweiniad i'w gasgliad o gerddi Kipling, cyfeiria at ffurfiau cywrain barddoniaeth Gymraeg; ac yn ei ddarlithiau i gynulleidfa yn Virginia, cyfeiria at y gwahaniaeth rhwng taleithiau'r Gogledd a thalaith ddeheuol Virginia, gan ddweud: 'to cross into Virginia is as definite an experience as to cross from England to Wales'[82] (diffiniad a fuasai, o bosibl, braidd yn annelwig i gynulleidfa Americanaidd). Wedyn yn yr erthygl o'r *Norseman* uchod, dywed:

The majority of Welsh, I have no doubt, would regard themselves as both 'good Welsh' and 'good Britons' (apart from the fact that the Welsh have a better ancestral claim than most of us in this island, to regard themselves as Britons) . . . the question for them is, whether Welsh culture can maintain and develop itself, against the pressure towards indifferentiated uniformity which is exerted from London? The same question is asked in Scotland; the same question should be asked in every county of England which has not already been absorbed by London or by some great provincial industrial town. And if all the parts of Britain lose their local cultures, they will have nothing to contribute to the formation of British culture, and, consequently, Britain will have nothing to contribute to European culture.[83]

Ac yn *Notes Towards the Definition of Culture*, ceir hyn:

The question we may ask about such a language as Welsh, is whether it is of any value to the world at large that it should be used in Wales. But this is really as much as to ask whether the Welsh, *qua* Welsh, are of any use? not, of course, as human beings, but as the preservers and continuers of a culture which is not English.[84]

Honna fod Cymreictod llenorion Eingl-Gymreig yn cyfoethogi eu gwaith mewn ffordd unigryw ac yn cyfoethogi diwylliant Lloegr o'r herwydd. Agwedd nawddoglyd yw hon, braidd, mae'n wir, ac y mae'n rhyfedd i Eliot syrthio i'r fagl hon oherwydd yr oedd ef ei hunan, yn ei draethawd 'The Use of Poetry and the Use of Criticism' ym 1933 wedi cyhuddo Matthew Arnold o'r un diffyg yn union yn ei agwedd tuag at y Celtiaid, gan ddweud: 'Perhaps I have a partiality for small oppressed nationalities like the Scots that makes Arnold's patronising manner irritate me.'[85] Ond beth bynnag am y sylw nawddoglyd hwnnw, y mae Eliot, ar y cyfan, yn gefnogwr annisgwyl, ond pwysig, i hawl Cymru i'w harwahanrwydd diwylliannol, a hynny ar adeg pan nad oedd y fath agweddau yn gyffredin ymhlith ei gydwladwyr o bell ffordd. Yn wir, cydymdeimlodd â gwleidyddiaeth gwledydd lleiafrifol fel y cyfryw: sonnid uchod iddo gydnabod ei ddyled i ysgrifeniadau cenedl-aetholwyr Albanaidd.[86] Y mae nifer o wladgarwyr Cymreig wedi dyfynnu Eliot i atgyfnerthu eu dadleuon.[87] Nid oes sicrwydd ar ba brofiad y seiliodd Eliot ei sylwadau ar Gymru. Gall mai yn unig o'i ddarllen eang y deilliant, ond mae'n bosibl hefyd y daethant o brofiadau mwy penodol: treuliodd wythnosau lawer o wyliau gyda'r teulu Faber yn eu hail gartref yn Abergwaun, a chyn hynny, yr oedd gan deulu Vivien ail gartref yn Sir Fôn. Awgrym yn unig yw'r cysylltiad hwnnw, wrth gwrs.

Nid yw cydymdeimlad Eliot â rhanbarthiaeth ac â diwylliannau lleiafrifol wedi ei wahanu oddi wrth realiti gwleidyddol. Yn yr erthygl a grybwyllwyd o'r *Norseman*, dywed nad yw annibyniaeth ddiwylliannol lwyr yn gydnaws â bodolaeth diwylliant Ewropeaidd cyffredin, ond bod angen rhywfaint o annibyniaeth wleidyddol er mwyn cadw arwahanrwydd diwylliannol neu ieithyddol. Y mae'r cyd-destun Ewropeaidd yn hanfodol i'w weledigaeth o Loegr, a cheisiodd hyrwyddo'r ymwybyddiaeth ehangach hon mewn erthyglau fel y rhai uchod, a thrwy geisio gwneud *The Criterion* (y cylchgrawn a olygodd o 1922 hyd 1939) yn gyfnodolyn o rychwant ac o safbwynt Ewropeaidd. I Eliot, y mae gwlad yn werthfawr ynddi'i hunan – Lloegr *qua* Lloegr – nid o'i chymharu ag eraill. Ei safle fel Americanwr, fel un a deithiodd ac a ddarllenodd yn eang yn Ewrop cyn dod i Loegr, a'i galluogodd i weld y wlad honno fel dim ond un o nifer o wledydd a gyfrannai at batrwm cyfoethog diwylliant Ewrop, ac a esgorodd ar weledigaeth o werth ysbrydol cenedl o fewn fframwaith o werthoedd uwch-genedlaethol. Y mae hon, hyd yn oed heddiw, yn agwedd anarferol yn Lloegr. Ond y mae, wrth gwrs, yn agwedd sy'n cysylltu T. S. Eliot yn gryf â Saunders Lewis, R. S. Thomas a Simone Weil.

'Le monde moderne avilit': bygythiad modernrwydd

Gellir gweld mor anarferol yw cymhelliad gwladgarwch Eliot hefyd o ystyried yr hyn a welir ganddo fel gelyn pennaf hunaniaeth ddiwylliannol unrhyw genedl, sef tuedd y byd modern tuag at ddileu amrywiaeth a gwreiddiau. Er gwaethaf y bygythiad allanol o du'r Almaen Natsïaidd a rydd fin ar yr ymwybyddiaeth o werth y genedl yn *Four Quartets*, gwelir y gelyn mewnol, modernrwydd, fel rhywbeth llawer anos ei drechu. Gwyddai y gall gormes gwleidyddol ddileu diwylliant, ond y bygythiad pennaf oedd dirywiad diwylliannol, peth llai amlwg ond mwy hydreiddiol. Gwelodd fod Lloegr, mewn gwirionedd, yn wynebu'r un bygythiadau â chenhedloedd lleiafrifol, ond bod y ffaith iddi seilio ei hunanddelwedd ar rym a chynnydd – ar draul cenhedloedd gwannach yn aml iawn – yn cuddio rhagddi y ffaith bod y cynnydd hwnnw yn rhwym o'i dinistrio hi hefyd yn y pen draw:

The Englishman, for instance, does not ordinarily think of England as a 'region' in the way that a Scottish or Welsh national can think of Scotland or Wales; and, as it is not made clear to him that his interests also are involved, his sympathies are not enlisted. Thus the Englishman may identify his own interests with a tendency to obliterate local and racial distinctions, which is as harmful to his own culture as to those of his neighbours.[88]

Yn gyson drwy waith Eliot, felly, gwelir mai'r byd diwydiannol modern di-wreiddiau a'i werthoedd yw'r bygythiad i bob diwylliant. Gwelodd gynnydd materol yn bla ar genhedloedd y Gorllewin i gyd, pla a gyrhaeddodd eithafbwynt yn y rhai a ildiodd i dotalitariaeth, sef pen eithaf y broses ddiwydiannol o greu undod a threfn: 'industrialism (of which totalitarianism is a political expression).' Yn yr erthygl yn *The Norseman* collfarna'r meddwl 'peirianyddol' na fedr amgyffred undod mewn amrywiaeth rhwng diwylliannau lleol a rhai cyffredinol. Dywed y gwelid, wedi'r rhyfel, deyrnasiad effeithlonrwydd a fyddai'n diystyru amrywiaeth diwylliannol Ewrop. 'The relentless pressure of modern industrialism' oedd y prif berygl i holl seiliau diwylliant, meddai. Ymatebion i'r perygl hwn oedd cenedlaetholdeb a rhyng-genedlaetholdeb eithafol, meddai, ond yr oeddynt ill dau wedi eu ffurfio gan feddylfryd diwydiannaeth, ac ill dau'n andwyol i iechyd diwylliannol Ewrop hefyd.

I Eliot, y mae mecanyddiaeth yn elyn nid yn unig i ddiwylliannau ond i grefydd. Ym 1940 dywed fod Cristnogion wedi anwybyddu'r her fwyaf i'w ffydd, sef: 'the social changes, the mobility, the insecurity, the mechanisation of minds and the atomisation of individuals in an industrial age, which have operated unconsciously upon the mass of human beings.'[89] Ym 1943, dywed nad oedd modd i bobl y byd modern deimlo'r un fath tuag at Dduw ag yr oedd eu cyndeidiau.[90] Ceir sôn hefyd yn 'The Dry Salvages' am 'worshippers of the machine' yn anwybyddu dwyfoldeb; geiriad sydd yn rhag-gysgodi defnydd R. S. Thomas o ddelwedd y 'machine' i'r un perwyl. Ym 1940, fe gwynai: 'social organisms have broken down and been replaced by the mechanisation which increases, while it manipulates, the atomization of individuals.'[91] Neu yn ei erthygl ar 'Revelation', ym 1937, sonia am werthoedd crefyddol dan fygythiad gwerthoedd 'the cinema, or the press, or the wireless, or the degrading influences of a mechanized civilisation'.[92] Rhannai ofnau llawer o ddeallusion y cyfnod o'r grymoedd a'r dyfeisiadau newydd hyn, a welwyd fel cyfuniad sinistr o reolaeth oligarchaidd a grym torfol. Dywedodd Eliot mewn llythyr at gyfaill ei fod yn dirmygu democratiaeth.[93] Yn *The Criterion* ym 1930, dywed fod papurau newydd modern yn llygru meddyliau'r darllenwyr i'r fath raddau fel eu bod yn llai abl i bleidleisio na phe byddent yn anllythrennog.[94] Ac ym 1938, yn yr un cylchgrawn, dywed fod y papur newydd yn troi'r dorf yn:

> complacent, prejudiced and unthinking mass, . . . ready to be inflamed to enthusiasm or soothed to passivity, perhaps more easily bamboozled than any previous generation upon earth.[95]

Un o'r testunau pwysicaf yma, wrth gwrs, yw *The Waste Land*, lle tanseilir dilysrwydd y byd modern drwy gyfosod llinellau adnabyddus o lenyddiaeth, neu gyfeiriadau diwylliannol, â rhyw olygfa israddol o'r presennol, fel bod cynodiadau diwylliannol awdurdodol y dyfyniadau yn creu'r argraff eu bod yn rhagori ar y presennol o ran eu ceinder a'u gwerthoedd. Y mae'r dyfyniadau'n feirniadaeth ensyniedig ar y byd modern. Wrth wneud hyn gyda dyfyniadau o sawl iaith a sawl cyfnod, y mae Eliot yn herio'r darllenydd i gydnabod delfryd o undod Ewropeaidd hanesyddol. Cawn weld yr effaith yn yr enghreifftiau canlynol o lenyddiaeth Saesneg. Nodir mewn cromfachau yr awdur a ddyfynnir.

> The nymphs are departed
> Sweet Thames, run softly, till I end my song.
> The river bears no empty bottles, sandwich papers,
> Silk handkerchiefs, cardboard boxes, cigarette ends.[96]
>> (Spenser, 'Prothalamion')

> But at my back from time to time I hear
> The sound of horns and motors.[97]
>> (Marvell, 'To his coy mistress')

> I remember,
> Those are pearls that were his eyes,
> 'Are you alive, or not? Is there nothing in your head?' But
> O O O O that Shakespeherian Rag.[98]
>> (Shakespeare, *The Tempest*)

> When lovely woman stoops to folly and
> Paces about her room again, alone,
> She smoothes her hair with automatic hand,
> And puts a record on the gramophone.[99]
>> (Goldsmith, 'The Vicar of Wakefield')

Daw'r rhagfarnau gwrth-fodern yn amlwg iawn yn 'The Fire Sermon' lle ceir *vignette* o garwriaeth clerc a theipyddes, a lle defnyddir y dechneg gyfeiriadol y sonnir amdani uchod er mwyn collfarnu'r ddau gynrychiolydd hyn o'r byd modern. Ond cyn troi at yr olygfa honno, y mae'n werth sylwi i Eliot roi'r disgrifiad o'r digwyddiad hwn yng ngenau Tiresias, sef ffigwr pwysica'r gerdd, yn ôl nodiadau Eliot i *The Waste Land*.[100] Cyflwyna Tiresias ei safbwynt fel hyn:

> I Tiresias, though blind, throbbing between two lives,
> Old man with wrinkled female breasts, can see
> At the violet hour . . .[101]

Dywed James McFarlane[102] fod y llinellau hyn yn ganolog i'r gerdd, gan eu bod yn tanlinellu pwysigrwydd cyflwr ffiniol. Y mae Tiresias ar y ffin rhwng y benywaidd a'r gwrywaidd, bywyd a marwolaeth, dallineb a gweledigaeth, a rhwng dydd a nos – 'the violet hour'. Y mae felly'n ymgorffori problemau diffinio hunaniaeth, sef rhan fawr o ddeunydd y gerdd.

Ond i droi yn ôl at y clerc a'r deipyddes, dyma beth welodd Tiresias: 'At the violet hour, the evening hour that strives / Homeward, and brings the sailor home from sea, / The typist home at teatime.' Y mae'r ddwy linell gyntaf yn rhai gosgeiddig, traddodiadol, gydag adlais, mi gredaf, o feddargraff Robert Louis Stevenson, 'Home is the sailor, home from sea', ond mae trydedd linell Eliot yn cyflwyno, nid y ffigwr a ddeuai nesaf yn y beddargraff – 'and the hunter home from the hill' – ond, o bawb, 'the typist'. Dyma ferch sengl, yn gweithio, ac yn byw ar ei phen ei hun yn unigrwydd amhersonol y ddinas fodern. Y mae hi'n cynrychioli haen gynyddol y dosbarth gweithiol llythrennog, dosbarth a oedd, yn nhyb y deallusion, yn ddiddiwylliant. Y mae hi hefyd yn gweithio gydag un o ddyfeisiadau chwyldroadol y cyfnod modern, y teipiadur. Y mae hyd yn oed ei harferion bwyta yn ei nodi fel rhywun israddol yn ôl y rhagfarnau y ceisia'r gerdd eu creu: caiff ei bwyd allan o dùn, a galw ei phryd gyda'r nos yn 'tea', yn lle 'dinner'.

Y mae ei hymwelydd hyd yn oed yn fwy bygythiol i safonau uchel-ael Eliot: 'the young man carbuncular. . . / A small house agent's clerk, with one bold stare, / One of the low on whom assurance sits / As a silk hat on a Bradford millionaire.' Unwaith eto, dyma aelod o'r dosbarth hwnnw a gynyddodd yn aruthrol ym mlynyddoedd cynnar yr ugeinfed ganrif, sef y clercod llythrennog. Y mae'n ymgorffori un o ofnau mawr deallusion adweithiol y cyfnod, sef y byddai twf llythrennedd yn cipio diwylliant o ddwylo'r elît chwaethus ac yn ei ddiraddio yn ôl gofynion y farchnad fwyaf. Yn waeth byth, y mae'r dyn hwn yn gweithio i asiantiaeth gwerthu tai – un o gasbethau eraill llawer o ddeallusion y cyfnod. Yr oedd y gwerthwyr tai yn gwasanaethu twf y dosbarth gweithiol mwy ffyniannus drwy adeiladu maestrefi mawr a lyncai'r cefn gwlad ar raddfa aruthrol. A gwaethaf oll, nid yw'r clerc hwn hyd yn oed yn gwybod ei le: y mae ganddo 'one bold stare' i bawb. Ceir awgrym o'r rheswm am ei hyder, sef sicrwydd economaidd, yn y sôn am 'Bradford': y mae ganddo hyder dyn y seiliwyd ei gyfoeth ar fasnach a menter, fel y gwnaed gan feistri diwydiannau Gogledd Lloegr wrth i rym symud o ddwylo'r bonedd i ddwylo masnach. Er gwaethaf ymdrechion y sylwebydd i fychanu'r clerc – 'small', 'low' – gellir dirnad bod y bardd yn teimlo yng ngrym a menter rywiol y dyn dosbarth gweithiol hwn rywfaint o ofn yr elît o ffrwythlonedd y dorf – 'he assaults at once; / Exploring hands encounter no defence'.

Os ystyrir fersiwn gwreiddiol y gerdd a olygwyd gan Ezra Pound, fe welir y tueddiadau a'r rhagfarnau hyn hyd yn oed yn fwy eglur. Cyn dechrau'r darn sy'n cychwyn gydag 'At the violet hour', ceir, yn y fersiwn gwreiddiol, ran sy'n agored ei hatgasedd tuag at y dinesig a'r torfol, a lle defnyddir enwau deunyddiau adeiladu newydd y ganrif i leoli'r weledigaeth yn gadarn yn y presennol. 'London, the swarming life you kill and breed, / Huddled between the concrete and the sky; / . . . Phantasmal gnomes, burrowing in brick and stone and steel!'[103]

Ceir wedyn hanes carwriaeth y clerc a'r deipyddes, ond gyda'r dychan a'r feirniadaeth yn y gwreiddiol dipyn yn fwy amrwd: 'these crawling bugs', yw'r cariadon,[104] ac mae'r darlun o'r dyn ifanc hefyd yn llawer mwy atgas, gyda'r rhannau canlynol yn enghreifftiau o'r deunydd a hepgorwyd o'r fersiwn terfynol:

A youth of twentyone, spotted about the face . . .

His hair is thick with grease and thick with scurf . . .
a cheap house agent's clerk . . .

Impertinently tilting back his chair
And dropping cigarette ash on the mat[105]

– Bestows one final patronising kiss,
And gropes his way, finding the stairs unlit;
And at the corner where the stable is,
Delays only to urinate, and spit.[106]

Yr oedd Eliot yn ffodus fod ganddo olygydd craff i'w arbed rhag yr ormodiaith amrwd a'r dychan llawdrwm ar y dosbarth gweithiol a geir uchod. Hepgorodd Pound yr amlwg gan adael yr awgrymog.

Wrth i'w yrfa fynd yn ei blaen, tueddai atgasedd Eliot at y byd modern i ymamlygu yn ei ryddiaith yn hytrach na'i farddoniaeth, er wrth gwrs y gellid gweld crefyddoldeb cynyddol ei farddoniaeth fel tystiolaeth o'i awydd i ffoi rhag y byd modern. Egyr Eliot ei ragair i *After Strange Gods* gyda'r geiriau: '*Le monde moderne avilit*.[107] It also provincialises, and it can also corrupt', datganiad cwbl eglur o'i safbwynt. Hanfod dadl y llyfr yw fod llenyddiaeth a beirniadaeth yn symud tuag at anhrefn gan fod darganfyddiadau seicolegol y byd modern, ynghyd ag anwybyddiaeth o grefydd, wedi dinistrio cred mewn safonau moesol. Sonia am y bygythiad i wahaniaethau diwylliannol a ddaw oddi wrth: 'the immense pressure towards monotony exerted by the industrial expansion of the latter part of the nineteenth and the first part of the twentieth century',[108] 'the living death of modern material civilisation',[109] ac fe wna gyfuniad ysgubol o nifer o'i gasbethau wrth gondemnio 'Liberalism, Progress and Modern Civilisation'.[110]

Nid oedd ei wrth-fodernrwydd yn adwaith dros-dro i erchyllterau'r Rhyfel Byd Cyntaf nac yn enciliad byrhoedlog a ysgogwyd gan yr ysgytwad o brofi'r ddinas a'r bywyd modern; yr oedd yn elyniaeth ideolegol gynhenid barhaus. Mewn cyfweliad yn *Horizon* ym mis Awst 1945, dywedodd fod barbariaeth yn wynebu Ewrop gan fod goruchafiaeth technoleg ar fin dod i rym, ac mewn sgyrsiau radio ym 1946 sonia am yr angen i gadw trefniant ysbrydol yn Ewrop gan fod y Cyfandir yn wynebu 'centuries of barbarism'.[111] Yn syml iawn, fel y dywed Stephen Spender: 'Fundamentally, Eliot had no faith in modern civilisation.'[112]

Yn gyson yng ngwaith Eliot, y byd modern, mecanyddol, yw'r grym dinistriol sydd yn bygwth y gwerthoedd oesol, gan greu undod unffurf diflas ac arwahanrwydd unig a marw ar yr un pryd. Yn erbyn hyn gesyd Eliot gyfuniad o werthoedd crefyddol a diwylliannol lle ceir hunaniaeth heb hunanoldeb ac undod mewn amrywiaeth. Yn y strategaeth hon o wrthwynebiad i'r peiriant, y mae gan y genedl swyddogaeth bwysig fel cymuned hanesyddol, ddiwylliannol, grefyddol a chymdeithasol; y mae'n fframwaith cryf lle gall unigolion, ym mha ddiwylliant bynnag, gwrdd â'r dwyfol yn eu ffordd eu hunain. Os cedwir y genedl a'i helfennau mewn rhyw fath o gyfanrwydd, yna cedwir bygythiad deublyg y byd modern – y chwalfa a'r cymhathiad – draw i gryn raddau. Â'r bygythiad hwnnw a'r weledigaeth honno yn cymell ei syniad o werth Lloegr, gwelir bod Eliot, er gwaethaf ei ddelwedd gyhoeddus o Seisnigrwydd trwyadl, mewn gwirionedd yn 'Sais' ac yn 'wladgarwr' go anarferol.

'Metoikos': y dieithryn trigiannol

Gyda chyhoeddi Four Quartets yr oedd gwaith llenyddol mwyaf Eliot wedi ei gyflawni. Ond ar ôl yr Ail Ryfel Byd, fe fedodd ef ffrwyth ei weithgaredd gynt, gan gyrraedd anterth ei enwogrwydd. Yr oedd rhai o leiaf o'i ddramâu yn llwyddiannus; fe'i hanrhydeddwyd gyda Gwobr Nobel a'r Order of Merit ym 1948; gyda Gwobr Goethe Hanseatig ym 1954; a chyda doethuriaethau ac anrhydeddau niferus eraill. Ym 1956 traddododd ddarlith, 'The Frontiers of Criticism', mewn stadiwm pêl-fas ym Minneapolis gerbron tyrfa o 14,000 – y gynulleidfa fwyaf erioed i ddod ynghyd i wrando ar feirniadaeth lenyddol, fe gredir. Ym 1957, daeth datblygiad mawr arall yn ei fywyd, ac un annisgwyl iawn i lawer o'i gydnabod, sef iddo briodi Valerie Fletcher, ei ysgrifenyddes, a oedd 38 mlynedd yn iau nag ef. Bu'n briodas hapus iawn yn ôl pob tystiolaeth, ac fe ymddengys i Eliot ymlacio llawer yn ystod y blynyddoedd canlynol ac iddo ddod i delerau o'r diwedd â llawer elfen drafferthus yn ei bersonoliaeth, yn ei gynhysgaeth ddiwylliannol ac yn ei orffennol. Ymddengys iddo ganfod bodlondeb syniadol, crefyddol a phersonol a fu'n amhosibl iddo ynghynt. Cafodd saith mlynedd ddedwydd yn y berthynas newydd. Bu farw ar 4 Ionawr 1965, yn 76 oed.

Erbyn blynyddoedd ei henaint a'i enwogrwydd mawr, cafodd Eliot ei drin yn aml iawn fel rhyw fath o broffwyd diwylliannol a llenyddol. 'Proffwyd' yw'r term a ddefnyddir i ddisgrifio ei safle a'i swyddogaeth gan ei gofianwyr Lyndall Gordon[113] a Stephen Spender.[114] Yn wir, edrychid arno yn y termau hynny yn ystod ei fywyd gan, ymysg eraill, Ambrose Bebb, a'i disgrifiodd yn ei lyfr Yr Argyfwng fel un o 'broffwydi barn a dinistr' y cyfnod.[115] Ac nid priodoli nodweddion anghymwys i Eliot mo hyn. Yr oedd ef ei hun wedi meithrin delwedd ac arddull feirniadol oraclaidd, awdurdodol, a cheisiodd yn hollol fwriadol roi arweiniad syniadol ac ysbrydol cyhoeddus i'w gymdeithas, gan weld y gorchwyl yn nhermau proffwydoliaeth. Nid annheg, felly, yw meddwl am ei yrfa gyhoeddus mewn termau proffwydol, hyd yn oed os na chytunir â'r gwerthoedd yr oedd ef yn eu hyrwyddo.

Anodd yw mesur pa effaith a gafodd ymdrechion Eliot i lywio cymdeithas yn ôl ei ddymuniad. Yn sicr, ni wireddwyd ei freuddwyd o elît grefyddol yn rheoli cymdeithas a gwarchod gwerthoedd a safonau traddodiadol. Ond haws yw mesur ei statws fel cynrychiolydd safbwynt arbennig: fel prif ladmerydd Saesneg y safbwynt diwylliannol clasurol, traddodiadol a cheidwadol yn y cyfnod modern. At yr asesiad cyffredinol hwnnw, carwn ychwanegu'r sylw penodol a wneuthum yn gynharach yn y drafodaeth ar *Four Quartets*, sef mai Eliot, yn anad yr un llenor creadigol arall o bwys yn yr ugeinfed ganrif, a roddodd i Loegr y weledigaeth ddyfnaf, fwyaf gwreiddiol, a mwyaf pellgyrhaeddol o wladgarwch Seisnig ac o werth a swyddogaeth diwylliant y wlad honno. Yn hynny o beth, felly, yr oedd yn wir yn broffwyd i genedl y Saeson.

Serch hynny i gyd, wrth gwrs, nid Sais oedd Eliot o gwbl, a dyna a'i galluogodd i weld diwylliant Lloegr yn y modd y gwnaeth. Fel y soniwyd yn gynharach, bu ei sefyllfa ddiwylliannol yn amwys erioed, gyda'i gyflwr troedrydd ar un llaw yn ei ryddhau rhag cael ei hawlio'n hawdd gan unrhyw ddiwylliant, ond ar y llaw arall yn golygu bod ynddo angen parhaol am gartref. Dyna, felly, rywfaint o'r rheswm pam y ceir y tyndra yn ei fywyd rhwng perthyn ac ymneillltuo. Er iddo ddefnyddio arwyddion allanol perthynas, fel y gwnaeth drwy feithrin yr hyn a dybiai oedd acen a moesau Seisnig[116] neu fel y gwnaeth drwy wisgo yn union fel y disgwylid gan fanciwr, yr oedd ynddo ysfa lawn mor gryf i encilio rhag perthynas, boed gyda phobl, carfanau llenyddol, pleidiau gwleidyddol neu genhedloedd. Cydymffurfiai o ran rhai agweddau allanol, ond nid oedd yn ymuniaethu ar lefel ddyfnach, a gellir tybio bod hynny efallai yn bolisi bwriadol ganddo: yr oedd anallu unrhyw garfan i'w hawlio'n llwyr yn sicrhau mai ef a reolai delerau'r berthynas. Y mae lle i gredu iddo feithrin amwysedd er mwyn pellhau peryglon, beirniadaeth a chyfrifoldebau a allasai drethu ei bersonol-iaeth sensitif.[117] Tueddai i wisgo 'mygydau' amddiffynnol; a chanlyniad hyn i gyd oedd nad edrychai yn gwbl gartrefol yn unman. Dywedodd un o'i gydnabod i Eliot ymddangos fel dyn busnes tra'n ymhél â'i ddyletswyddau eglwysig, ac fel clerigwr wrth wneud ei waith busnes.[118]

Cadwodd ei bellter oddi wrth ei ddau ddiwylliant. Er gwaethaf ei ymlyniad ffurfiol a daearyddol wrth Loegr, a'i arddull a'i ddeunydd Seisnig, yr oedd llawer o'i fenter arloesol a'i reddfau moesol a chrefyddol yn deillio o'i gefndir mewn teulu piwritanaidd a fu ymhlith arloeswyr cyntaf yr Unol Daleithiau. Dim ond tua diwedd ei yrfa, ac yn enwedig yn 'The Dry Salvages', y bu'n barod i dynnu ar y ffynhonnell Americanaidd hon yn fwy agored, ac i gyfaddef yn gyhoeddus wreiddiau emosiynol ei farddoniaeth yn America. Ceir enghraifft o'i arferion gochelgar wrth inni ystyried y sylwadau a wnaeth tra oedd yn darlithio yn y dalaith ddeheuol, Virginia: ymbellhaodd hawliau tylwythol y gynulleidfa arno drwy ddisgrifio'i hunan fel 'New Englander' ac fel 'Yankee'.[119] Yr oedd amwyster yn reddfol iddo fel modd o amddiffyn ffynonellau dyfnaf ei feddwl, ei ysbryd a'i farddoniaeth ac i hogi ei gyneddfau a'i gymhellion creadigol ac ysbrydol. Y mae Peter Ackroyd wedi crynhoi sefyllfa Eliot yn dda:

> his attitude is one of pervasive ambiguity: he was never completely at home anywhere, and, even after he had adopted British citizenship, he would sometimes sign himself *'metoikos'*, the Greek for 'resident alien'. He cultivated such distance and detachment as if, by not fully belonging, or wholly participating, something of himself was preserved – something secret and inviolable which he could nourish . . . for many people a quality of detachment or remoteness was his most visible characteristic.[120]

Yr oedd i Eliot ddefnyddio'r enw *'metoikos'* a'r llysenw 'Possum' arno ef ei hunan yn dangos ei fod yn ymwybodol o'i reddfau a'u potensial creadigol, ac iddo felly fanteisio ar ei safle yn nhir neb, safle a fodolai'n rhannol trwy ddamwain ac yn rhannol o ddewis.[121] Dywedodd Christopher Ricks amdano: 'the extent to which Englishness became him . . . remained both a question and a hiding-place of his power.'[122] Disgrifiodd Lyndall Gordon alwedigaeth Eliot fel hyn: 'To live like a visionary in the dangerous space between two worlds.'[123] Teimlodd Eliot mai neilltuedd oedd y cyflwr ffrwythlonaf i'w fywyd personol ac ysbrydol, ac o gyflyrau o dyndra y deilliodd ei waith mwyaf.

Yr oedd Eliot, y dyn o'r ffin rhwng y gwyllt a'r gwâr, wedi dod i Ewrop yn rhannol er mwyn canfod gwerthoedd a fuasai'n bodloni ei angen am drefn ac ystyr. Fe'u cafodd, ond dim ond erbyn cyfnod pan oeddynt fel petaent yn dadfeilio dan bwysau modernrwydd. Y mae rhyw ofn i'w deimlo o dan wyneb ei waith, felly; cymhellir ei greadigrwydd gan fygythiad, boed yn fewnol, yn ei ofn o ddiymadferthedd ysbrydol, neu'n allanol, yn ei ofn o ddinistr y gwerthoedd a fframiai ei fyd. Dewisodd fwrw ei goelbren gyda chymdeithas a oedd yn dadfeilio dan amodau modernrwydd, a dyna sydd yn gyfrifol am angerdd a brys llawer o'i waith. Da y dywedodd Ackroyd am Eliot: 'His work represents the brilliant efflorescence of a dying culture.'[124] Mabwysiadodd Eliot geidwadaeth a thraddodiad fel rhagfur yn erbyn modernrwydd – gyda'r genedl yn rhan hanfodol o fframwaith diwylliannol, hanesyddol, traddodiadol ac ysbrydol a gadwai farbariaeth draw. Y mae cymhellion gwladgarol Eliot, felly, yn wahanol iawn i eiddo'r rhan fwyaf o Saeson naturiol; ond yn y gwahaniaeth hwnnw y mae gwerth unigryw ei gyfraniad.

Nodiadau

1 Dylanwadodd ar Saunders Lewis yn drwm ac ar R. S. Thomas i raddau llai, ac er na ellir dangos ei ddylanwad ar Weil, cyfrannodd Eliot ragair sensitif a chraff i gyfieithiad Saesneg o *L'Enracinement* ym 1951 (gw. *The Need for Roots* (Llundain, 1987), v–xii), a dangosodd werthfawrogiad o'i syniadau'n gyffredinol, fel y gwelir yn William Turner Levy a Victor Scherle, *Affectionately T. S. Eliot* (Llundain, 1968), 86.

2 Yr oedd yna erlidiwr ymhlith cyndeidiau T. S. Eliot ar ochr ei fam hefyd; yr oedd ei hen nain, Charlotte Blood, yn ddisgynnydd i'r Barnwr Blood a adwaenir fel 'Hanging Judge Blood'. Lyndall Gordon, *Eliot's Early Years* (Rhydychen, 1977), 71.

3 Llythyr at Herbert Read: Allen Tate (gol.), *T. S. Eliot: The Man and His Work*, 20, dyfynnwyd yn Christopher Ricks, *T. S. Eliot and Prejudice* (Llundain, 1988), 201, hefyd yn R. Gerallt Jones, *Y Meddwl Modern. Eliot* (Dinbych, 1982), 10.

4 Rhagair, Edgar Ansel Mowrer, *This American World* (Llundain, 1928), xiii–xiv, dyfynnwyd yn Ricks, op. cit., 202.

5 Yr oedd llwythau o Indiaid yn dal yn byw yng nghyffiniau'r dref yn ystod ieuenctid tad Eliot. Gw. Peter Ackroyd, *T. S. Eliot* (Llundain, 1991), 19.

6 Fel y byddwn yn awgrymu gydag R. S. Thomas, gellir tybio a effeithiodd byddardod y tad ar y ffaith mai duw cudd, pell, fyddai duw'r mab.

7 Disgrifir hyn mewn cerdd anghyhoedd. Ceir yr hanes yn *Eliot's Early Years*, 15.

8 Ibid., 28, 58–62, 65 a 143.

9 Yr oedd gan deulu'r Haigh-Wood ail gartref ar Ynys Môn, ac ymddengys i Eliot feddwl ar un adeg fod hyn yn golygu eu bod rywsut yn Gymreig. Dywedodd Eliot unwaith fod Vivien yn siarad gyda 'strong Welsh shriek' (*Eliot's Early Years*, 73). Ond mewn gwirionedd, Saeson oedd y teulu, a'u hunig gysylltiad Cymreig oedd y tŷ haf.

10 *Selected Poems* (Llundain, 1982), 53.

11 Teimlai bob amser angen i herio clydwch y byd cyfforddus y ganwyd ef iddo. Tra oedd yn ddyn ifanc yn Boston a Pharis, ac yn ddiweddarach yn Llundain, byddai'n gadael ei glwystr academaidd i gerdded strydoedd rhannau tlota'r ddinas ac amsugno'r argraffiadau. Dyma ffynhonnell llawer o'r delweddau o dlodi a bryntni yn y cerddi cynnar fel 'Rhapsody on a Windy Night' a 'Preludes'.

12 Lyndall Gordon, *Eliot's New Life* (Rhydychen, 1988), 6.

13 Valerie Eliot (gol.), *The Letters of T. S. Eliot* (Efrog Newydd, 1988), 297. Nid oes dyddiad ar y llythyr, ond ei gyfnod tebygol yw 1919.

14 Ackroyd, op. cit., 281.

15 M. Wynn Thomas, *Internal Difference* (Caerdydd, 1992), 108.

16 *Letters*, cyflwyniad, xvii.

[17] Ackroyd, op. cit., 109.
[18] Yn ei gyflwyniad i *The Idea of a Christian Society, and Other Writings* (Llundain, 1982), 28.
[19] Ackroyd, op. cit.,114.
[20] Ibid. 192.
[21] Ibid.
[22] Ceir toreth o waith tebyg yn llenyddiaethau gwledydd eraill a fu'n diwydiannu ac yn moderneiddio, gan gynnwys Cymru. Gweler Hywel Teifi Edwards 'O'r Pentre Gwyn i Laregyb' yn *DiFfinio Dwy Lenyddiaeth Cymru*, op. cit., 7.
[23] *Eliot's Early Years*, 126.
[24] Ackroyd, op. cit., 41.
[25] Ibid., 163. Y cyfaill oedd Hugh Sykes Davies.
[26] Er enghraifft: *After Strange Gods* (Llundain, 1934), 18, 19.
[27] *Selected Prose* (Harmondsworth, 1958), 23.
[28] Ackroyd, op. cit., 76.
[29] 'The Diversity of French Opinion', *Christian News Letter*, 28 Awst 1940; ceir yn y casgliad *The Idea of a Christian Society*.
[30] Stephen Spender, *Eliot* (Glasgow, 1975), 216.
[31] Ackroyd, op. cit., 143.
[32] Nodwyd gan David Edwards, *The Idea of a Christian Society*, 13.
[33] 'Rhagfur a Rhagfarn: Agweddau tuag at yr Iddewon yng ngwaith T. S. Eliot, Saunders Lewis a Simone Weil', *Taliesin*, 100, Gaeaf 1997, 61.
[34] *Selected Poems*, 39, 42 a 46. Valerie Eliot (gol.), *The Waste Land, a facsimile and transcript of the original drafts including the annotations of Ezra Pound* (Llundain, 1971), 29, 39 a 119. Gw. hefyd Ricks, op. cit., 29 a 38.
[35] Noda Ackroyd, op. cit., 303, bedwar achlysur pryd y gwyddys i Eliot wneud sylwadau negyddol am Iddewon, y cyfan mewn llythyron anghyhoedd, at ffrindiau, ac i gyd cyn 1929.
[36] *After Strange Gods*, 19, 20. Gw. hefyd Ricks, op. cit., 40.
[37] Wedi ei ddyfynnu yn Ricks, op. cit., 44; yr oedd Eliot yn ysgrifennu mewn llythyr at J. V. Healy, 1–10 Mai, 1940.
[38] Gellir meddwl am nifer o wleidyddion a fu â'u llach – i wahanol raddau – ar fewnfudwyr neu ddieithriaid i genedl arbennig, ond a oedd eu hunain, mewn gwirionedd, â chysylltiad cryf â gwlad arall, megis y Llydawr Jean Marie Le Pen, yr Awstriad Adolf Hitler, y Cymro Enoch Powell, neu'r Ffrancwr Hilaire Belloc.
[39] *Eliot's New Life*, 22 (mewn llythyr at J. V. Healy, 19.6.40.), a 54.
[40] Mewn erthygl yn *The Christian News Letter* ar 3 Medi 1941 'The Christian Education of France', yn *The Idea of a Christian Society*, 138. Gw. hefyd ibid., 131; Ricks, op. cit., 62, a Levy a Scherle.
[41] Wedi ei ddyfynnu yn Ricks, op. cit., 64; yr oedd Orwell yn ysgrifennu at Julian Symons, 29.10.48. Ceir y llythyr yn George Orwell, *Collected Essays, Journalism and Letters* (1968), rhifyn 1970, iv, 509. Gw. hefyd Spender, op. cit., 60.
[42] Spender, op. cit., 55.
[43] Ibid., 218, 224.
[44] *The Idea of a Christian Society*, cyflwyniad, 15.

45 Wedi ei ddyfynnu gan Edwards, cyflwyniad i *The Idea of a Christian Society*, 15. Ailargraffwyd yn *Essays Ancient and Modern* (Llundain, 1936).

46 *The Norseman* (Gorffennaf/Awst, 1944), 244.

47 Ackroyd, op. cit., 166.

48 Y mae'n bosibl mai un rheswm am wrthwynebiad Eliot i'r Tuduriaid oedd oherwydd mai nhw a weithredodd y Diwygiad Protestannaidd ym Mhrydain, gan dorri'r undod crefyddol a diwylliannol â Rhufain ac â'r Cyfandir. Yr oedd Saunders Lewis hefyd yn beio'r Tuduriaid yn fwy am y Diwygiad nag am eu Deddf Uno. Gresyna R. S. Thomas hefyd at y Diwygiad, a hynny efallai o dan ddylanwad dehongliad Lewis o'r cyfnod, er mai'r Ddeddf Uno yw prif gasbeth Thomas cyn belled â bod yr adeg dyngedfennol hon yn hanes Prydain yn y cwestiwn.

49 Wedi ei ddyfynnu gan Edwards, cyflwyniad i *The Idea of a Christian Society*, 15.

50 Ceir trafodaeth helaethach ar y dosranwyr yn y bennod ar Saunders Lewis, a oedd dan eu dylanwad i gryn raddau.

51 *The Waste Land*, 9.

52 *The Idea of a Christian Society*, 29.

53 *Four Quartets* (Llundain, Faber, 1944; adargr. 1983), 38.

54 *Criterion*, 17, 1937/8, 483; wedi ei ddyfynnu yn Steve Ellis, *The English Eliot* (Llundain, 1991), 80.

55 *Eliot's Early Years*, 111.

56 *After Strange Gods*, 15.

57 Ibid., 19.

58 *The Idea of a Christian Society*, 62.

59 Wedi ei ddyfynnu gan Edwards, cyflwyniad i *The Idea of a Christian Society*, 12.

60 *The Norseman* (Gorffennaf/Awst, 1944), 243.

61 Ellis, op. cit., 96.

62 Ibid., 103.

63 Mewn adolygiad yn *The Spectator*. Wedi ei ddyfynnu gan Edwards, cyflwyniad i *The Idea of a Christian Society*, 14.

64 *The Idea of a Christian Society*, 31.

65 Ackroyd, op. cit., 233.

66 Er y dylid nodi bod ei ddefnydd o fydryddiaeth yn ei ddramâu, a'i ddewis i'w lleoli mewn cymdeithasau traddodiadol a boneddigaidd, yn dangos ei reddf tuag at draddodiad a threfn.

67 Aeth yng nghwmni cyn-gariad o'r America, Emily Hale. Ceir hanes diddorol perthynas y ddau yn *Eliot's New Life*, yn y bennod 'Lady of Silences'.

68 Ellis, op. cit., 26.

69 Ibid., 88.

70 Y mae'r ieithwedd yn adleisio cerdd Kipling 'The Recall', a gynhwyswyd gan Eliot yn *A Choice of Kipling's Verse* (Llundain, 1941), 240; casgliad a gyhoeddwyd tua'r un adeg â chyfansoddi'r *Quartets*. Sonia Kipling fel hyn am Loegr: 'I am the land of their fathers . . . scent of smoke in the evening, / Smell of rain in the night, / The hours and days and seasons / Order their souls aright.'

71 *Four Quartets*, 15.

72 Gellir cymharu hyn â syniad J. R. Jones o gydymdreiddiad pobl, iaith a thir. Soniodd Eliot yn 'Marina' am 'This grace dissolved in place', ac mewn darlith

a gynhwyswyd yn *After Strange Gods*, 17, dywedodd mai'r gwledydd dedwyddaf yw'r rhai: 'in which a long struggle of adaptation between man and his environment has brought out the best qualities of both; in which the landscape has been moulded by numerous generations of one race, and in which the landscape in turn has modified the race to its own character.' Dyddia'r ddarlith honno o 1933, wrth gwrs, ac nid arddelwyd ieithwedd hil gan Eliot yn aml wedi hynny. Yn sicr, ni cheir mo'r ieithwedd honno yn *Four Quartets*. Ond efallai y gellir dirnad y tu ôl i ieithwedd fwy athronyddol y cerddi hynny syniadau cynharach mwy elfennol a mwy greddfol am berthynas cymuned arbennig o bobl â'i chynefin.

[73] *Notes Towards the Definition of Culture* (Llundain, 1948), 50.

[74] Ibid., 54.

[75] Ibid., 55.

[76] Ibid., 58.

[77] Ibid., 59.

[78] *A Choice of Kipling's Verse*, 23.

[79] *Notes Towards the Definition of Culture*, 64.

[80] *The Idea of a Christian Society*, 125.

[81] *The Norseman* (Gorffennaf/Awst, 1944), 244–5.

[82] Ibid., 16.

[83] Ibid., 246.

[84] *Notes Towards the Definition of Culture*, 56.

[85] *The Use of Poetry and the Use of Criticism* (Llundain, 1933), 106.

[86] *After Strange Gods*, 21.

[87] Er enghraifft, Bobi Jones, *Language Regained* (Llandysul, 1993), 40.

[88] *Notes Towards the Definition of Culture*, 52.

[89] Erthygl yn *Christendom*, X (1940), 228–9; wedi ei ddyfynnu yn Ricks, op. cit., 48.

[90] Wedi ei ddyfynnu gan Edwards, cyflwyniad i *The Idea of a Christian Society*, 38.

[91] Erthygl 'Education in a Christian Society' yn y *Christian News Letter*, 13 Mawrth 1940. Ceir yn *The Idea of a Christian Society*, 144.

[92] Ibid., 184.

[93] Ackroyd, op. cit., 109.

[94] *Criterion*, IX (1930), 184. Wedi ei ddyfynnu yn Ricks, op. cit., 272.

[95] *Criterion*, XVII (1938), 688; ceir yn Ricks, op. cit., 272.

[96] *Selected Poems*, 58.

[97] Ibid., 58.

[98] Ibid., 55.

[99] Ibid., 60.

[100] Ibid., 70.

[101] Ibid., 59.

[102] 'The Mind of Modernism', James McFarlane yn Malcolm Bradbury a James McFarlane (goln.), *Modernism* (Sussex, 1978), 89, 90.

[103] *The Waste Land*, 31.

[104] Ibid., 33.

[105] Ibid., 45.

[106] Ibid., 47.

[107] 'Y mae'r byd modern yn diraddio.'

[108] *After Strange Gods*, 16.

[109] Ibid., 60.

[110] Ibid., 61.

[111] Wedi ei ddyfynnu, Ackroyd, op. cit., 272.

[112] Spender, op. cit., 235.

[113] *Eliot's New Life*, 39, 41, 46–7, 223; *Eliot's Early Years*, 102–3, 137.

[114] Spender, op. cit., 95.

[115] W. Ambrose Bebb, *Yr Argyfwng* (Llandybïe, 1955), 87.

[116] Ricks, op. cit., 189. Dyfynna ysgrif gan gyn-ysgrifenyddes i Eliot a ddisgrifiodd natur ei lais fel hyn: 'extraordinarily flat . . . He had acquired a perfect educated English accent – I don't think any Englishman, nor an American either, could have guessed he was American by birth and childhood education, but he had overlooked the rise and fall that is particularly typical of English English speech.'

[117] Sonia Ackroyd, op. cit., 166 am odrwydd Seisnigrwydd Eliot. Er enghraifft, dywed iddo synnu cyfaill o Sais drwy godi ei het i filwr ar ddyletswydd gard: 'It was the wrong gesture to the wrong person, suggesting that he did not yet understand the society he wished to join. In addition, it became his practice to wear a white flower, and to hear Mass, on the anniversary of the battle of Bosworth – he supported the Yorkist cause and wore the flower in memory of Richard III whom he considered to be the last English king. In other words, as one of his close friends admitted "he wasn't a bit like an Englishman". Since his commitment to English life and history was self-willed and therefore artificial, it is not difficult to see why he should get it wrong. But probably he understood that fact, and played upon it: it was his way of fitting in and yet not fitting in, the external sign of his own sense of himself as a "resident alien".'

[118] Ackroyd, op. cit., 211.

[119] *After Strange Gods*, 20.

[120] Ackroyd, op. cit., 88.

[121] Yr oedd Eliot yn ymwybodol o'r modd y gallai arwahanrwydd ddwysáu amgyffred llenorion creadigol o natur rhyw amgylchedd mabwysiedig. Meddai am Kipling: 'undoubtedly the difference of early environment to which Kipling's foreignness is due gave him an understanding of the English countryside different from the understanding of a man born and brought up in it, and provoked in him thoughts about it which the natives would do well to heed.' (*A Choice of Kipling's Verse*, 28).

[122] Ricks, op. cit., 188.

[123] *Eliot's Early Years*, 53.

[124] Ackroyd, op. cit., 335.

2

Saunders Lewis

Ffigwr cwbl hynod yng Nghymru yw Saunders Lewis. Gall hanes ei fywyd ddarllen fel braslun o genedlaetholdeb Cymreig yr ugeinfed ganrif. Dyma un o brif sylfaenwyr Plaid Cymru, a'i llywydd mwyaf beiddgar; dyma gynllunydd protest Penyberth; dyma'r arloeswr llenyddol a adfywiodd ddrama a beirniadaeth Gymraeg; a dyma'r gweledydd a symbylodd, gyda darlith herfeiddiol, y mudiad a ddygodd fflam ei weledigaeth ymlaen i'r dyfodol. Ac y mae Saunders Lewis yn hynod hefyd, fel y sylwyd yn aml, yn ei ddieithrwch i brif nodweddion y wlad y bu'n weledydd iddi: dyna'i fagwraeth yn Lerpwl, ei addysg ysgol-fonedd, ei radd Saesneg o brifysgol Seisnig, ei yrfa fel swyddog yn y Rhyfel Byd Cyntaf, ei geidwadaeth hierarchaidd elitaidd, a'i Gatholigiaeth. Daeth yn dipyn o wireb i ddweud mai proffwyd heb anrhydedd yn ei wlad ei hunan ydoedd.

Serch hynny, er mor unigryw yw ei safle yng Nghymru, y mae ymhell o fod yn unigryw o'i gymharu â rhai mewn gwledydd eraill a rannai ei ymateb ceidwadol i fodernrwydd. Gellir gwerthfawrogi safle Saunders Lewis yn well o ystyried nid yn unig beth sy'n hynod iddo yn y byd Cymreig, ond beth sydd ganddo yn gyffredin â deallusion gwrthfodern y cyfnod mewn diwylliannau eraill.

'Arall yw fy ngwaed'[1]: magwraeth Saunders Lewis[2]

Ganed John Saunders Lewis ar Lannau Merswy ym 1893, yr ail o dri o feibion yr Parch. Lodwig Lewis, gweinidog gyda'r Methodistiaid

---

Calfinaidd â'i wreiddiau yn sir Gaerfyrddin, a Mary Margaret Lewis, a oedd â'i gwreiddiau ar Ynys Môn. Bu hi farw pan oedd Saunders yn saith oed, ac fe fagwyd y brodyr gan chwaer eu mam. Cymraeg oedd iaith yr aelwyd, gyda'r Parch. Lewis yn ddyn diwylliedig a fynnodd fod ei feibion yn Gymry rhugl.[3] Pwysleisiai Saunders Lewis, yn ddiweddarach, fywiogrwydd a chryfder Cymreictod Glannau Merswy'r cyfnod, gan amcangyfrif fod tua chan mil o Gymry Cymraeg yno, a thua hanner ohonynt yn uniaith Gymraeg. Dywedodd iddo fynd i'r ysgol heb fedru Saesneg.[4]

Ond y mae mwy i Gymreictod nag iaith. Dieithriwyd Lewis rhag llawer o elfennau bywydau'r Cymry Cymraeg fel y cyfryw. Nid oedd ganddo fro Gymreig, nac acen leol ychwaith: esboniodd fod ei dad wedi bwrw ymaith iaith sir Gaerfyrddin, 'a siaradai ar yr aelwyd yn naturiol iaith y pulpud'.[5] Hefyd, yr oedd elfen o ddewis yn ei Gymreictod: fel R. S. Thomas, pwysleisiodd ei gysylltiad teuluol â'r gogledd er bod ganddo wreiddiau cryf hefyd yn y de.[6] A thrwy berthyn i garfan fwrgeisiol, mwynhaodd freintiau a fu'n ddieithr i lawer o Gymry'r cyfnod.[7]

Ond os dieithriwyd Saunders Lewis rhag Cymru, fe'i rhyddhawyd rhag ei chyfyngiadau hefyd. Fel y dywed Gareth Miles, yr oedd ganddo: 'the thoroughly bourgeois characteristics which make him such a different creature from any of his contemporaries – his energy, his fearlessness, his self-confidence, his arrogance, his uncompromising individuality, his wide culture and his occasional animosity.'[8] Bendith a melltith oedd y fagwraeth hon – a'i rhyddhaodd i gyrchu gweledigaethau uchelgeisiol, ond a'i dieithriodd rhag gwrthrych a deunydd y gweledigaethau hynny. Dywed Miles i Lewis fod yn *bourgeoisie* genedlaethol un-dyn i Gymru rhwng y rhyfeloedd, ond iddo fethu yn ei genadwri, nid oherwydd ei Babyddiaeth na'i eithafiaeth, ond am iddo wthio delfrydau bwrgeisiol cefnog na fedrai ffeithiau economaidd a chymdeithasol Cymru eu cynnal.[9]

Cafodd fagwraeth drefol, profiad a'i galluogodd i ramanteiddio bywyd y tir, fel y gwnaeth gyda *Deg Pwynt Polisi Plaid Cymru*, a ddisgrifiodd amaethyddiaeth a bywyd y wlad fel sylfaen gwareiddiad a llenyddiaeth Cymru, ac fel yr unig drefn draddodiadol Gymreig a Christnogol.[10] Diddorol yw sylwi na cheir gan Saunders Lewis gymaint o anogaeth o'r fath ar ôl iddo geisio crafu byw yn ffermio yn Llanfarian ar ôl colli ei swydd brifysgol. Rhamanteiddiodd wlad ei dadau a'i delfrydu hefyd, a hynny gyda'r hiraeth amherthnasol sy'n rhoi i'r *déraciné* y teimlad – ond nid y profiad – o fod â gwreiddiau. Tebyg oedd ei brofiad i eiddo R. S. Thomas, ac yntau'n blentyn ar y Wirral, pan ddangosodd ei dad Gymru iddo, yn wlad hudolus yn y pellter.[11] Gwelir y rhamanteiddio hwn yng ngwaith cynnar Saunders Lewis, wrth iddo, dan ddylanwad y llenorion Eingl-Wyddelig W. B. Yeats a J. M. Synge, geisio creu, yn ei ddrama Saesneg *The Eve of St John*, fersiwn Gymreig o'u delfryd o werin ffraeth, farddonol. Yn y Saesneg y dechreuodd lenydda, er gwaethaf Cymreictod ei gartref.

Aeth i ysgol fonedd Liscard High School for Boys, a chyfranogi yno o ddelfrydau uchelwrol, rhamantus y dosbarth breiniol Seisnig a oedd yn anterth ei rym ymerodrol. Yr oedd yn dipyn o misffit yn yr ysgol, gan fod y rhan fwyaf o'i ffrindiau'n Saeson ac yn gyfoethocach. Crëwyd, felly, agendor rhwng ei chwaeth a'i fodd, gan wneud ei awydd am yr uchelwrol yn gryfach nag y buasai pe byddai'n wir wedi perthyn i'r bonedd. Hwyrach mai dyna un rheswm pam y daeth yn obsesiwn bron ganddo i dynnu sylw at nodweddion 'uchelwrol' hyd yn oed mewn mannau annisgwyl. Dim ond â llygaid ffydd, er enghraifft, y medrid cyd-weld â Lewis fod clasur gwerinol D. J. Williams, *Hen Dŷ Ffarm*, yn ddogfen uchelwrol.[12]

Â thuedd naturiol plentyn i gydymffurfio, nid syndod oedd i'r Saunders ifanc ddilyn delfrydau Seisnig ac ysgrifennu ei gerddi cyntaf yn null Kipling. Yr oedd dan ddylanwad esthetiaeth diwedd y bedwaredd ganrif ar bymtheg, a'r gred fod gan bendefigaeth o ddynion chwaethus a moesol ddyletswydd i arwain y werin.[13] Naturiol hefyd oedd iddo astudio llenyddiaeth Saesneg yn y brifysgol, ac iddo, wedi cyfnod fel milwr cyffredin yn y Rhyfel Mawr, gael ei ddyrchafu'n swyddog. Dilynai Saunders Lewis y miloedd o Gymry dros y blynyddoedd a ddenwyd i galon bywyd Lloegr wrth gael y cyfle i gyfranogi o'i breintiau hudolus. Y mae ei lythyrau cynnar at ei gariad ac wedyn ei wraig, Margaret Gilcriest, yn gyforiog o arddull, ieith-wedd, delfrydau a rhagfarnau dosbarth canol Seisnig y cyfnod, cyfnod cyffordus a gobeithiol, cyfnod beirdd y Sioriaid, gyda'u delfrydau gwledig, esthetaidd, mursennaidd braidd. Byddai angen profiad go gryf i wrthdroi'r duedd gynyddol Seisnig hon yn ei fywyd.

Y rhyfel

Daeth y profiad hwnnw yn ystod erchyllterau'r rhyfel, a Saunders yn swyddog gyda'r South Wales Borderers yn y ffosydd. 'Borderer' yn wir fu Saunders yno, fel mewn cynifer o sefyllfaoedd: fe'i didolwyd, fel swyddog dosbarth-canol, rhag y milwyr cyffredin Cymreig, ac fe'i dieithriwyd, fel Cymro, rhag ei gyd-swyddogion o Saeson. Ond bu dieithrwch mwy fyth yn ei wynebu wrth iddo ddod wyneb-yn-wyneb ag argyfwng y byd modern: cenhedloedd ymerodrol yn diraddio poblogaethau cyfan a'u bwrw fel manus i wyntoedd y rhyfel; holl ddyfeisgarwch technolegol y byd modern yn cael ei gyfeirio i ddifa dynion; a hen werthoedd ysbrydol a chymdeithasol yn diflannu yn wyneb y grymoedd torfol newydd. Yn ddyn ifanc yn yr amgylchiadau enbyd hynny, ar y ffin rhwng deufyd, gyda hen wirioneddau gwareiddiad Ewrop yn deilchion o'i gwmpas, fe deimlodd yr angen i wneud dewis, i gymryd ochr, i wneud penderfyniad a fyddai'n diffinio ei hunaniaeth a'i ddyfodol ac a fyddai'n rhoi ystyr a sicrwydd i'w fywyd. Y catalydd, fel y tystiodd ef ei hunan, oedd iddo ddarllen yn y ffosydd gyfres o nofelau Maurice Barrès, *Le Culte du moi*,[14] a ddiffiniodd iddo'r ddelfryd o fywyd cenedlaethol, gwerinol, gwledig.

Cafodd dröedigaeth, gan benderfynu clymu ei ddyfodol wrth Gymru, delfryd a gynigiodd gyflawnder iddo fel unigolyn, ac a gynigiodd achos iddo ymladd drosto gyda chydwybod glir. Gwireddai broffwydoliaeth ei dad iddo tua'r cyfnod hwn, sef na ddeuai dim ohono nes iddo fynd yn ôl at ei wreiddiau.[15] Dywed D. Tecwyn Lloyd i Saunders Lewis ddilyn y cyngor hwn:

> mewn ffordd na buasai unrhyw Gymro o Gymru ei hun byth yn ei chymryd. Mae'n demtasiwn dweud mai dehongliad Cymro alltud, Cymro a aeth ati yn odidog fwriadus i fabwysiadu gwlad ei dadau a'i deidiau fel mamwlad yw'r holl athroniaeth a pholisïau gwleidyddol a diwylliannol a greodd ac a ledaenodd ef wedyn . . . Fe'i siomwyd wrth gwrs; llysfam ac nid mam fu Cymru iddo.[16]

Nid yn unig ysfa'r alltud i gysylltu â'i wreiddiau a gymhellodd ei dröedigaeth, ond ysfa'r enaid dynol am sicrwydd ac ystyr, ysfa debyg i'r hyn a briodolodd Lewis i Williams Pantycelyn: 'meddyliwr cryf yn wynebu distryw ac anobaith ei oes ac yn ceisio codi allan o'r caos o'i amgylch adeilad disigl a threfnus y byddai ei enaid yn llonydd ynddi.'[17] Nid ffoi yn unig rhag tyndra Cymro alltud yr oedd Lewis wrth ddod yn genedlaetholwr, ond ffoi rhag profiad cyffredin i gynifer o'i gyfoedion deallus a sensitif drwy gydol gwledydd y Gorllewin, sef dinistr ei amgylchfyd moesol a syniadol.[18] Cymru oedd enw ei loches, ond nid perygl unigryw i Gymru a'i gyrrodd ati.[19]

Bu'r rhyfel yn fawr ei effaith ar y pedwar llenor yn y llyfr hwn, ond Saunders Lewis oedd yr unig un â phrofiad go-iawn o ryfela – heblaw am yr ychydig amser a dreuliodd Simone Weil yn Sbaen. Mwynhaodd Lieutenant Lewis sawl agwedd o'i brofiad rhyfel: y cyfrifoldeb, y cyffro, y statws, a'r teimlad o berthyn i frawdoliaeth filwrol uchelwrol. Nid ymadawodd y balchder hwnnw fyth ag ef. Yn groes i heddychiaeth cynifer o'i gyd-genedlaetholwyr, pwysleisia yn aml bwysigrwydd ac anrhydedd galwedigaeth y milwr. Wrth ystyried dewrder rhyfygus gyrfa wleidyddol Lewis, y mae'n werth cofio mai cyn-filwr ydoedd, a oedd wedi wynebu marwolaeth, wedi derbyn cymeradwyaeth am ei ddewrder, wedi cael ei glwyfo'n arw,[20] ac wedi lladd.[21]

Gall rhyfel effeithio ar bersonoliaethau gwahanol mewn ffyrdd gwahanol wrth gwrs – trodd David Jones yn feudwy mewnblyg. Ond yn achos Saunders Lewis cadarnhaodd a miniogi ei annibyniaeth a'i fenter. Os ystyriwn y Tân yn Llŷn, y mae'n amlwg mai Saunders y cynswyddog oedd dyfeisiwr, trefnydd a symbylydd y cynllun, ac na fuasai'r ddau heddychwr dewr D. J. Williams a Lewis Valentine byth wedi bwrw ymlaen â'r llosgi oni bai am ei benderfyniad ef. Yr oedd Lewis yr alltud yn rhydd i raddau helaeth oddi wrth y cymhlethdod israddoldeb a allasai fel arall fod wedi ei rwystro rhag mentro herio ymerodraeth â thân.

Y gwrthryfel gwrth-fodern: gwleidyddiaeth Saunders Lewis

Man cychwyn yr yrfa a arweiniodd at Benyberth oedd tröedigaeth Lewis at genedlaetholdeb. Wedi iddo ddychwelyd o'r rhyfel aeth ati i berffeithio ei Gymraeg a gwneud enw iddo'i hun ym meysydd gwleidyddiaeth a llenyddiaeth, gan gael swydd darlithydd yn adran Gymraeg Coleg y Brifysgol Abertawe ym 1922. Priododd â Margaret Gilcriest ym 1924, a chawsant un ferch, Mair. Erbyn 1925, yr oedd Lewis yn un o sylfaenwyr Plaid Genedlaethol Cymru. Dros y blynyddoedd a ddilynodd, bu'n llywydd y blaid a golygydd ei chylchgrawn, yn erthyglwr toreithiog a dylanwadol, yn siaradwr cyhoeddus cyson, yn wleidydd mentrus, egwyddorol a beiddgar, tra ar yr un pryd yn llwyddo i fod yn fardd, yn nofelydd, yn ddramodydd ac yn feirniad llenyddol tra phwysig ac arloesol. Ym 1936, cyflawnodd ef, D. J. Williams a Lewis Valentine brotest drwy losgi deunydd adeiladu ysgol fomio arfaethedig Penyberth, protest a arweiniodd at eu carcharu am naw mis. O ganlyniad, collodd Saunders Lewis ei swydd, a bu'n rhaid iddo'i gynnal ei hun drwy newyddiadura, dysgu a ffermio nes iddo gael swydd ddarlithio drachefn ym 1952 yn Adran y Gymraeg Coleg Prifysgol Cymru, Caerdydd. Ymddeolodd ym 1957, ond parhaodd â'i weithgaredd llenyddol a gwleidyddol, gan ddraddodi'r ddarlith radio herfeiddiol *Tynged yr Iaith* ym 1962 a sbardunodd anufudd-dod suful radicalaidd y mudiad iaith modern. Bu farw ym 1985. Afraid ailadrodd holl ffeithiau hysbys ei yrfa. Digon at ddibenion y llyfr hwn fydd tynnu sylw at yr agweddau hynny sy'n ei ddangos fel cynrychiolydd Cymru o'r duedd wrth-fodern.

Fel y dywedais eisoes, nid peth unigryw Gymreig oedd tröedigaeth Saunders Lewis ond, yn hytrach, gwedd Gymreig ar brofiad digon cyffredin ymhlith deallusion Gorllewinol y cyfnod. Yn wir, wrth ailddarganfod rhinweddau ei famwlad a delfrydu bywyd cefn-gwlad traddodiadol dan ddylanwad y Barrès adweithiol, yr oedd yn adleisio profiad Ffrancwr, ac yn arddangos y cysylltiad organig rhyngddo a'r mudiad gwrth-fodern ehangach.[22]

Hoffai Saunders Lewis gydnabod ei ddyled i Ffrainc, ond bu'n llawer llai parod i gydnabod ei ddyled i ddylanwad pwysicach ar ei wrth-fodernrwydd, sef *distributism*, neu 'dosrannaeth', fel y'i galwodd hi yn ei ychydig gyfeiriadau agored ati. Dosrannaeth oedd y syniadaeth a ledaenwyd ym Mhrydain a thu hwnt o tua 1908 hyd at yr Ail Ryfel Byd gan bobl fel y llenorion Catholig Saesneg Hilaire Belloc a G. K. Chesterton, arweinwyr mudiad y Distributist League. Gwraidd y syniadau oedd cylchlythyr y Pab Leo XIII ym 1891, *De Rerum Novarum*, sef ymateb yr Eglwys Gatholig i'r gymdeithas dorfol ddiwydiannol a'r grymoedd economaidd enfawr newydd. Awgrymodd y gellid sicrhau rhyddid ac annibyniaeth i'r unigolyn a'r teulu drwy ledaenu perchnogaeth eiddo mor eang â phosibl, yn lle i berchnogaeth eiddo gael ei chrynhoi un ai yn nwylo'r wladwriaeth ormesol neu yn nwylo cwmnïau cyfalafol enfawr anghyfrifol.

Profodd D. Tecwyn Lloyd[23] fod syniadau gwleidyddol Saunders Lewis yn dilyn y dosranwyr bron ymhob hanfod, a hynny heb i Lewis gydnabod ffynonellau ei ddeunydd, ond yn hytrach awgrymu mai syniadau Ewropeaidd oeddynt, os nad rhai cynhenid a thraddodiadol Gymreig.[24] Yn *Deg Pwynt Polisi Plaid Cymru*, un o ddogfennau pwysicaf syniadaeth wleidyddol Lewis, a luniwyd ganddo ym 1933, gwelwn fod Pwynt 6 yn osodiad canolog i ddosrannaeth:[25]

Dylai teuluoedd mewn cenedl fod yn rhydd, yn ddiogel, ac mor annibynnol ag y galler. Er mwyn peri hynny rhaid deddfu a chynllunio i rannu meddiant yn helaeth iawn, oblegid dyn a chanddo feddiant yn unig a eill fod yn ddyn rhydd. Dylai meddiant fod wedi ei wasgaru yn helaeth rhwng teuluoedd y genedl fel na allo na'r wladwriaeth nag unigolyn neu gasgliad o unigolion ormesu'n economaidd ar deuluoedd gwerin.

Yr oedd hyn yn wahanol iawn i syniadau'r rhan fwyaf o Gymry gwleidyddol y 1930au, a arddelai wahanol fersiynau o sosialaeth ddemocrataidd dorfol. Ceir hefyd un arall o gredoau mawr dosrannaeth yn y Deg Pwynt, sef pwysigrwydd bywyd y tir: Pwynt 7: 'Amaethyddiaeth a ddylai fod yn brif ddiwydiant Cymru ac yn gongl-faen ei gwareiddiad.' Ac os anymarferol hyn mewn gwlad lle'r oedd trwch y boblogaeth yn gysylltiedig â diwydiant, yna y mae Pwynt 8 yn rhagori arno: 'Er mwyn iechyd moesol Cymru, ac er lles moesol a chorfforol ei phoblogaeth, rhaid yw dad-ddiwydiannu Deheudir Cymru.' Yr oedd hyn yn anghyson â ffeithiau economi Cymru, ond yn berffaith gyson â delfrydau'r dosranwyr. Ceir syniadau tebyg ganddo ar ffurf helaethach yn ei erthygl 'Cenedlaetholdeb a Chyfalaf'.[26] A cheir ar dudalen flaen *Y Ddraig Goch*, Medi 1933, erthygl ganddo dan y teitl digyfaddawd 'Chwalwn y Diwydiannau Mawr', a'r gosodiad plaen: 'os gofynnir inni beth ddylai fod bwriadau'r Blaid Genedlaethol Gymreig ynglŷn â diwydiannau trymion a chanolog Deheudir Cymru, ein hateb yn ddifloesgni yw: eu chwalu hwynt.' Ni cheir yn y Deg Pwynt nac yn yr erthyglau hyn unrhyw beth sydd yn hanfodol wahanol i ddelfrydau'r dosranwyr.[27]

Felly yr oedd syniadau creiddiol gwleidyddiaeth Saunders Lewis yn agos iawn at hanfodion mudiad gwrth-fodern amlycaf y cyfnod, ac y mae hyn yn hanfodol i ddeall ei safle ar y sbectrwm gwleidyddol. I'w elyniaeth at y bywyd torfol modern y gellir priodoli llawer o'i atgasedd tuag at sosialaeth, fel a geir yn y llythyr hwn at Margaret Gilcriest: 'Labour is to my mind the devil himself, and in south Wales is destroying language, nationality and traditions. In fact, with the sweep of south Wales by Labour, I look on this part as lost to Welsh civilisation.'[28] Dengys ei lythyrau at Kate Roberts a David Jones hefyd ei elyniaeth at sosialaeth.[29] Ym 1964 mewn llythyr at Nina Wynne, gwraig ei noddwr Robert Wynne, mynega'r gobaith y bydd aelodau ifanc Plaid Cymru yn gollwng eu sosialaeth: 'and begin again to be nationalists. Their socialism cuts no ice and it is contrary to all our early principles.'[30] Ceir yr agwedd hon yn ei erthyglau cyhoeddus hefyd, fel yn 'Cwrs y Byd' 27 Mehefin 1945: 'Grym sy'n rheoli mewn materion rhyngwladol . . . ac nid yw Chwith ond yn Chwith tra bo ef yn gynffonllyd. Fe dry'n Ffasgydd ac yn gi ffiaidd pan ddaw hi'n ddangos dannedd.'[31] Dyna hefyd ei gerdd 'Y Dilyw', sy'n dirmygu diwylliant torfol sosialaidd y de:[32] 'Cripiodd eu dylif proletaraidd / Yn seimllyd waraidd i'r tefyrn tatws.' Yn yr un gerdd, ceir hyn, sy'n dangos atgasedd Lewis at y ffenomenâu torfol a gysylltwyd ganddo â sosialaeth:

> A'r frau werinos, y demos dimai,
> Epil drel milieist a'r *pool* pêl-droed,
> Llanwodd ei bol â lluniau budrogion
> Ac â phwdr usin y radio a'r wasg.

Gwelodd Lewis ddemocratiaeth fel cynnyrch anffodus modernrwydd: 'I'm getting to detest all democratic forms of government. I quite seriously believe in absolute monarchy as the only efficient, logical method.'[33] Monarchiaeth oedd un o syniadau Belloc a Chesterton, a dybiai fod democratiaeth wedi ei llygru a'i phrynu gan rymoedd economaidd, ac a ystyriai y byddai unbennaeth yn fwy penderfynol, yn fwy gweladwy ac yn fwy atebol.[34] Fel gyda chynifer o syniadau'r dosranwyr, haniaeth oedd monarchiaeth, na cheisiwyd ei gwireddu na'i hybu o ddifrif; ond serch hynny, tybiaf mai dyna ffynhonnell syniad Lewis yma.[35]

Y mae ymosodiadau Lewis ar sosialaeth a'i ddifrawder ymddangosiadol ynglŷn â ffasgaeth wedi creu'r argraff ymhlith rhai pobl fod ei wleidyddiaeth yn ideolegol adain-dde.[36] Er nad oedd yn ffasgydd o bell ffordd,[37] roedd ei ragfarnau elitaidd Catholig a cheidwadol yn ddigon ag i wneud iddo gydymdeimlo â Franco yn Rhyfel Cartref Sbaen. Y mae'n sicr hefyd iddo ganfod pethau i ddweud o blaid Hitler pan oedd gwleidyddion eraill a fu'n edmygwyr cynnar o'r ffasgydd wedi hen droi i'w drin fel yr unben dieflig ag ydoedd. Er enghraifft, yn ei erthygl olygyddol ar dudalen flaen *The Welsh Nationalist* ym mis Hydref 1938, beia 'bropaganda' Lloegr am ddarlunio Hitler fel gwallgofddyn rhyfelgar, a dywed fod araith gan Hitler yn Nuremberg, a ddisgrifiwyd yn y wasg fel gwallgofrwydd, mewn gwirionedd yn 'powerful, energetic, clear, reasonable, and above all restrained and most suggestive in its new ideas'. Y mae erthyglau 'Cwrs y Byd' hyd yn oed mor ddiweddar â diwedd y rhyfel yn dangos cydymdeimlad â rhai o amcanion Hitler os nad at ei ddulliau. Fel y dywed Dafydd Glyn Jones, er i Saunders Lewis feirniadu llawer ar ffasgaeth ers ei ddyddiau cynnar, yr oedd y feirniadaeth am gyfnod maith, er yn drylwyr, yn rhyfedd o academaidd. Er nad oedd Lewis wedi'i swyno gan ffasgaeth, meddai Jones, fe rydd yr argraff nad yw'n arswydo digon rhagddi.[38]

Gwir hynny, ond er cydnabod diffygion sylweddol amgyffred Saunders Lewis o beryglon ffasgaeth, ni ddylid anghofio mai *gwrthwynebu* ffasgaeth yr oedd ef. Yr hyn sydd i'w drafod yw gwahaniaeth ansawdd ei wrthwynebiad i ffasgaeth a chomiwnyddiaeth, gwahaniaeth a ddarlunnir yn ei ddramâu ar bwnc totalitariaeth. Yn *Brad* a *1938* cyflwynir grym a chymhelliad Hitler fel pethau cyntefig, barbaraidd a gwallgof, pethau a wrthsefir gan draddodiad ac anrhydedd corfflu'r swyddogion Prwsaidd. Gwrthdaro allanol ydyw, rhwng dau ddull o ymddwyn, rhwng dau deyrngarwch. O'i gymharu, mae'r perygl comiwnyddol yn *Gymerwch Chi Sigarét?* yn tynnu ar adnoddau dyfnaf y dramodydd fel meddyliwr gwleidyddol a chrefyddol: mae'r gelyn yn gyfrwys, yn soffistigedig ac yn argyhoeddiadol ei ideoleg; yn ei erbyn gosodir rhesymeg a ffydd grefyddol. Y mae'n frwydr rhwng dwy ffydd, rhwng materoliaeth a'r ysbrydol. Ymgodyma gelynion Hitler â'u llwon o deyrngarwch. Y mae gelynion comiwnyddiaeth yn gorfod brwydro â'u hanghrediniaeth. Deuant wyneb-yn-wyneb ag argyfwng gwacter ystyr, sef gelyn gwaeth na Hitler. Materoliaeth oedd prif elyn Saunders Lewis erioed, ac yr oedd comiwnyddiaeth, a gynigiai anffyddiaeth gyda grym rhesymeg a ffydd grefyddol, yn elyn mwy peryglus yn hynny o beth nag oedd ffasgaeth, nad oedd ond yn farbariaeth noeth. Yr oedd Lewis yn barod i fod yn nawddoglyd tuag at ffasgaeth fel gelyn, ond yr oedd comiwnyddiaeth fel gelyn yn haeddu parch.

Er ei fod yn sicr yn arddangos digon o agweddau mwy adweithiol deallusion ceidwadol y cyfnod, rhaid hefyd ystyried elfennau mwy rhyddfrydol ei syniadaeth. Er enghraifft, er iddo ddirmygu diwylliant torfol y cymoedd mewn cerddi fel 'Y Dilyw', bu yntau ac aelodau eraill o Blaid Cymru yn gweithredu'n ymarferol i leddfu dioddefaint y diwaith yno trwy gynnal clwb cinio llwyddiannus ym Merthyr, un o'r trefi lle'r oedd y Dirwasgiad ar ei waethaf. Yr oedd hefyd, yn wahanol i Belloc a Chesterton, yn cynnig lle blaenllaw yn ei syniadaeth wleidyddol i'r undebau llafur. Fe'u rhoddir ar ben y rhestr o grwpiau cydweithredol a fyddai, yn ôl *Deg Pwynt Polisi*, yn llywio economi Cymru. Ac wrth gwrs, dyna ei ddramâu *Brad*, *1938*, ac i raddau llai *Esther*, sy'n dangos gelyniaeth agored a digamsyniol tuag at ffasgaeth.

Dylid cofio hefyd i'r ddosrannaeth y tynnodd Saunders Lewis gymaint o'i faeth syniadol ohoni geisio troedio llwybr annibynnol, heb ochri'n derfynol â'r chwith na'r dde. Ymylai ar sosialaeth yn ei gelyniaeth tuag at fusnesau mawrion a thuag at imperialaeth, ond fe ymylai ar awdurdodaeth yn ei thraddodiadaeth a'i drwgdybiaeth o ddemocratiaeth. Disgrifiodd Harri Pritchard Jones bolisi Plaid Cymru dan ddylanwad Saunders Lewis a D. J. a Noëlle Davies, fel: 'math o sosialaeth gydweithredol, ar batrwm syniadaeth Grundvig a Llythyrau Bugeiliol y Pabau. Ond y ddelwedd a grëwyd oedd o bobl a oedd yn arswydo rhag sosialaeth yn hytrach na rhag ceidwadaeth.'[39] Y mae'n wir bod ffrwd gref o geidwadaeth ym mudiad dosrannaeth, bod tipyn ganddi yn gyffredin ag egin-ffasgaeth y cyfnod a bod rhai o'r deallusion a dueddai ati wedi troi at ffasgaeth ei hunan, fel y gwnaeth Ezra Pound a Wyndham Lewis; ond nid yw hynny'n gyfystyr â dweud bod ffasgaeth yn nodweddu'r duedd na'i dilynwyr fel y cyfryw. Cymhellwyd hwy, yn enwedig y ffrwd Gatholig y bu Saunders Lewis ynglŷn â hi, gan ddelfryd ysbrydol o ryddid a gallu'r unigolyn. Mynnent greu fframwaith lle gallai doniau a chyfrifoldeb unigol ffynnu mewn cydbwysedd â gofynion cymdeithasol. Ceir gan Saunders Lewis yn y *Deg Pwynt Polisi* ieithwedd rhyddid ac annibyniaeth unigol a theuluol, nid ieithwedd ffasgaidd o beri i'r hunan ymgolli yn y dorf nac yn yr hil nac yn unrhyw uned dorfol arall. Nid tuedd a fynnai gaethiwo dynion mohoni. Ei harswyd mwyaf oedd y grymoedd materol hynny a ddiraddiai bobl trwy eu torfoli, boed trwy eu proletareiddio dan gyfalafiaeth neu eu cyfundrefnu o dan dotalitaraeth boed o'r chwith neu'r dde.

Mwy buddiol na diffiniadau chwith/de i ddealltwriaeth o safle gwleidyddol Lewis, felly, yw ei weld yn rhan o fudiad syniadol nad oedd am ochri gyda'r un o athroniaethau'r byd modern, na chyfalafiaeth benrhydd, na chomiwnyddiaeth, na ffasgaeth, a hynny gan mai yn erbyn y byd modern ei hunan yr oedd ei frwydr. O ddeall dyfnder gelyniaeth wrth-fodern hanfodol y syniadaeth hon, gwelir mai gwahaniaeth pwyslais yn unig sydd yng nghryfder cymharol ei wrthwynebiad i sosialaeth ac i ffasgaeth, a'i fod, mewn gwirionedd, yn sylfaenol elyniaethus i'r ddwy.[40]

Y gwrth-fodern, a'r gwrth-Iddewig[41]

Rhaid yma ystyried pwnc arall sydd, gwaetha'r modd, yn cysylltu Saunders Lewis â'r dosranwyr ac ag elfennau o fudiad gwrth-fodern y cyfnod, sef ei agwedd tuag at yr Iddewon. Fel yn achos Eliot a Weil, yr wyf wedi delio'n helaethach â'r mater hwn mewn man arall, felly braslun a geir yma. Yn ddiamau, rhannodd Lewis am gyfnod ddamcaniaeth gynllwyn y dosranwyr a'u tebyg mai'r Iddewon a reolai gwrs y byd, ac mai 'arianwyr rhyngwladol sydd wedi bod y tu ôl i gythrwfl y gwledydd oll', chwedl yntau – syniad a fu'n ffasiyniol ymhlith carfanau yn Lloegr, yn gryf ar adain dde Ffrainc ac, wrth gwrs, yn rhemp yn yr Almaen. Cyhuddwyd Lewis o wrth-semitiaeth sawl tro, ac fel gydag Eliot, fe geisiodd ei edmygwyr liniaru'r feirniadaeth.[42]

Gellir crynhoi tystiolaeth yr erlyniad fel a ganlyn. O tua 1926 tan 1938, honnodd Saunders Lewis o bryd i'w gilydd fod Iddewon rhyngwladol di-wreiddiau, di-Gristnogaeth yn rheoli economi'r byd modern yn y dirgel.[43]

> Sylwer mai Iddewon sy'n llunio syniadau economaidd y byd modern, gwŷr fel Marx a Lenin[44] a Mond,[45] gwŷr nad etifeddasant un traddodiad gwlad a bro, a gwŷr hefyd – a phwysicach hyn, – nad etifeddasant draddodiadau Cristionogaeth.

Cyfunir Iddewiaeth, comiwnyddiaeth a chyfalafiaeth yn ei feddwl fel bygythiadau uwch-genedlaethol i werthoedd gwâr y Gorllewin.[46] Beiai 'usuriaeth' ryngwladol am y rhyfelgarwch a fygythiai Benyberth.[47] Ac yn ei gerddi 'Y Dilyw' (a soniai am 'y duwiau . . . / A'u ffroenau Hebreig yn ystadegau'r chwarter') a 'Golygfa Mewn Caffe', efelychai ragfarnau a delweddaeth ffasiynol Eliot i ensynio dylanwad Iddewig sinistr ar farwolaeth ysbrydol Cymru ymhlith hunllef o rymoedd torfol y byd modern.[48] Parhaodd i gefnogi'r damcaniaethau cynllwyn rhagfarnllyd a di-sail hyn pan ddechreuodd Hitler erlid yr Iddewon. Awgrymodd mai propaganda anwir oedd yr hanesion.[49]

Anos yw priodoli rhagfarn i'w agwedd tuag at yr Iddewon wedi dechrau'r rhyfel. Y mae'n wir iddo fwy nag unwaith awgrymu mai propaganda oedd rhai o'r straeon am erchyllterau'r gwersylloedd angau, ond mesur o'i ddrwgdybiaeth o gymhellion a dulliau'r Cynghreiriaid oedd hyn yn y bôn – credai fod Lloegr ac America ar fin troi'n wladwriaethau totalitaraidd cwbl ddiegwyddor. Gwir hefyd yw iddo seilio'i wrthwynebiad i Hitler, yn ystod y rhyfel ac yn *Brad* a *1938*, yn llai ar bechodau hil-laddiad a gormes nag ar y ffaith i Hitler ddirmygu Cristnogaeth a thraddodiad milwrol uchelwrol Prwsia, gan agor y drws i'r Dwyrain comiwnyddol ddod i galon Ewrop. Serch hynny, ni chredaf mai rhagfarn wrth-semitaidd sydd i gyfrif am flaenoriaethau ei wrthwynebiad i Hitler, ond yn hytrach rhagfarn *o blaid* elitiaeth draddodiadol Ewropeaidd – rhagfarn a wnaeth iddo deimlo pechod Hitler yn erbyn yr elitiaeth honno i'r byw. Ceir ceidwadaeth adweithiol gul yng ngwaith Lewis yn aml, mae'n sicr, ond 1938 yw'r dyddiad diweddaraf pryd y ceir tystiolaeth i gyfiawnhau priodoli rhagfarn wrth-semitaidd iddo.

O tua 1938 ymlaen y dyddia'r rhan fwyaf o dystiolaeth yr amddiffyniad yn y mater hwn, sef gosodiadau cadarnhaol gan Saunders Lewis tuag at yr Iddewon.[50] Ym 1938, disgrifia wrthsemitiaeth fel 'ysbryd dieflig . . . sy'n un o heintiau hanes'. Ym 1939, dywedodd fod deddfau gwrth-Iddewig yr Almaen yn 'groes i holl egwyddorion cyfiawnder'. Ym 1940, beirniadai agwedd grintachlyd llywodraeth Prydain tuag at hawliau'r Iddewon ym Mhalesteina. Cwynai ym 1942 am 'erchyllterau newydd tuag at yr Iddewon' yn yr Almaen; ac yn ei anerchiad etholiad ar gyfer sedd y Brifysgol, ym 1943, dywed iddo gondemnio erlid Iddewon yr Almaen: 'dair neu bedair gwaith yn glir a phendant.' Ym 1945 disgrifiodd gred Hitler am ddylanwad byd-eang yr Iddewon fel 'rhywbeth yn debyg i wallgofrwydd'. Yn yr un flwyddyn, soniai am Max Jacob, a laddwyd gan y Natsïaid, fel un a 'unodd yn ei berson ei hun brif elynion Nazïaeth, yr Iddew, y Catholig, yr Artist'. Wedi'r rhyfel, soniai am:[51] eangfrydedd yr Iddew Victor Gollancz yn annog cymorth i'r Almaen; am greadigrwydd yr Iddewon wrth lunio eu gwladwriaeth newydd; am y Gymraeg fel un o'r llinynnau sy'n ein cadw rhag y bwystfileidddra a arweiniodd at Belsen a Dachau, ac am y perygl o wrth-semitiaeth wrth ymdrin â therfysgaeth Iddewig ym Mhalesteina. Ym 1950, canmolodd 'Yr Iddew cyfoethog' Syr Alfred Mond (a feirniadywd ganddo ynghynt) am ei gefnogaeth i ddatgysylltiad yr Eglwys yng Nghymru. Ceir hefyd, wrth gwrs, ei ddrama *Esther* o 1958, sy'n delio â phwnc erledigaeth yr Iddewon.

I grynhoi, nid oes gwadu na chyfranogodd Lewis, am ryw ddegawd, o'r ddamcaniaeth gynllwyn am yr Iddewon, cred a fu'n rhan o rodres ffuantus rhai carfanau neo-Gatholig ac a gadarnhaodd eu hunanddelwedd fel elît craff – yn debyg yn hynny o beth i Ffrancoffilia cynnar nifer o aelodau Plaid Cymru. Peth cyffredin yw i ddamcaniaethau cynllwyn dyfu ymhlith grwpiau gwleidyddol ymylol.[52] Syrthiodd Belloc, Chesterton, Eliot a Lewis i'r un fagl.[53] Gwadent droeon eu bod yn wrth-semitaidd ('Peth gwael a thaeogaidd yw ceisio maeddu dyn drwy ei alw yn Iddew', rhybuddia Lewis yn ei erthygl gondemniol ar Mond), a haerent elyniaeth at Iddewon 'anghyfrifol' rhyngwladol yn unig. Ond methent â gweld bod lleisio drwgdybiaeth o'r fath – a oedd yn ddamcaniaeth yn unig, nid yn ffaith – yn tarddu ynddo'i hunan o'r rhagfarn oesol yn erbyn yr Iddewon ac yn ychwanegu'n anochel at y rhagfarn beryglus honno. Ni fynnent greu casineb hiliol, ond cyfrannent serch hynny at hinsawdd lle gallasai'r fath gasineb ffynnu, ac erys hynny'n ddiffyg difrifol i'w osod yn y cofnod o'u bywydau a'u gwaith.

Ewrop

Peth arall a gysylltai Saunders Lewis â'r gwrth-fodernwyr oedd ei ymlyniad at werthoedd hanes, trefn a thraddodiad, a'i syniad o Ewrop. Crynhodd y gwerthoedd hyn yn ei *Egwyddorion Cenedlaetholdeb* o 1926 pan ddywedodd nad oedd yr un wlad yn rhydd nac yn annibynnol yn yr Oesoedd Canol, a bod pob un yn cydnabod goruchafiaeth Cristnogaeth Eglwys Rufain mewn unoliaeth foesol a ddiogelai ddiwylliant pob gwlad a bro. Credai fod hyn wedi caniatáu cyflwr o unoliaeth mewn lluosowgrwydd lle na fynnodd hyd yn oed goresgynwyr ddinistrio priodoleddau gwledydd eraill, a lle'r oedd y gwareiddiad Cymreig a'r iaith Gymraeg yn ddiogel.

Credai i'r Diwygiad Protestannaidd chwalu'r undod honedig hwn trwy greu eglwysi cenedlaethol a chenedlaetholdeb gwladwriaethol. Gweledigaeth ddethol a delfrydyddol iawn yw hon o eiddo Lewis, ac yn debyg iawn i ddelfryd Belloc o ddiwylliant aml-hiliol Ewropeaidd, wedi'i uno gan werthoedd ymerodraeth ac Eglwys Rhufain. Yn ôl Belloc, fe ddinistriwyd yr undod hwn gan Brotestaniaeth, gan gynnydd oligarchiaeth a chan ddibyniaeth gynyddol ar rym yn hytrach nag ar awdurdod er mwyn cynnal sefydliadau.[54] Tebyg hefyd oedd gweledigaeth David Jones[55] a dybiai, gyda Saunders, mai'r Cymry yn unig o blith holl genhedloedd Prydain oedd disgynyddion yr *Imperium* Rhufeinig Gorllewinol, ffaith a wnâi Gymru yn wlad ganolog i draddodiad y Cyfandir.

Ffigwr canolog i neo-Gatholigiaeth y cyfnod oedd Belloc. Fe'i ganed yn Ffrainc yn fab i Saesnes alltud a Ffrancwr. Wedi marw ei dad, fe'i magwyd yn Lloegr ond gan gadw cysylltiad agos â Ffrainc. Y mae'n bosibl mai ymgais i gyfannu elfennau ei fagwraeth oedd ei syniad o Ewrop fel cartref cyffredin a unai wahaniaethau'r cenhedloedd. Llafurus, braidd, yw'r sôn yn ei lyfr dylanwadol o 1902 *The Path to Rome*, am 'our Europe'[56] a 'we Europeans'.[57] Peth annaturiol yw i rywun seilio ei hunaniaeth ar haniaeth fel Ewrop. Y mae fel bod yn falch o fod yn Orllewinwr neu o fod yn groenwyn – yn ffaith ond nid yn ddiffiniad. Dynion di-fro oedd Saunders Lewis, David Jones a T. S. Eliot hefyd, a thebyg yw mai dyna pam y delfrydent Ewrop fel eu plwyf. Arwydd o ddigartrefedd diwylliannol yw hawlio cyfandir yn fro.

Ceir agweddau Bellocaidd iawn gan Saunders Lewis yn ei lythyrau at Margaret Gilcriest adeg y rhyfel. Ddiwrnod wedi'r cadoediad, soniai wrthi am y wefr a gâi wrth ymweld â Chymru a theimlo uniaethiad â Chymry cyfnod Llywelyn a Glyndŵr (nid, sylwer, â Chymry'r presennol): 'And in going over these old countries of western Europe, it is the continual contact of a tradition, of a civilisation, that enraptures me.'[58] Y mae'n debyg i ymateb Belloc yn *The Path to Rome*, pan welai wladwr mewn rhyw ardal ddiarffordd a sylweddoli ei gysylltiaid bywiol â hynafiaid y dyn hwnnw: 'and I felt the changeless form of Europe under me like a rock.'[59] Bu Saunders Lewis yn darllen *The Path to Rome* tua'r adeg yma.[60]

Er i rywfaint o ramant ifanc agwedd Saunders Lewis at Ewrop bylu gydag amser, daliodd i ddelfrydu traddodiad y Cyfandir, a lle Cymru ynddo, drwy gydol ei waith. Dyma ef ym 'Marwnad Syr John Edward Lloyd':

> Gwn, tra pery Ewrop pery'r
> Cof am y rhain; ni byddant feirw oll,
> Seiri ymerodraethau'r Groes a'r Eryr;
> Eu breuddwyd hwy, a glymodd dan un doll,
> Un giwdod ac un maen,
> Fôn a Chyrenaica, fu sail gobeithio
> Dante a Grotius, bu'n gysgod dros anrheithio
> Ffredrig yr Ail a Phylip brudd o Sbaen.[61]

Yn ei feirniadaeth, haerodd fod dylanwadau a phwysigrwydd Ewropeaidd gan lu o lenorion Cymraeg y gorffennol, megis Twm o'r Nant, William Williams Pantycelyn, Jeremy Owen, Lewis Morris, Goronwy Owen ac Emrys ap Iwan. Ymhyfrydai mewn canfod, mewn mannau annisgwyl yn llenyddiaeth Cymru, olion Ewrop neu draddodiad uchelwrol yr Oesoedd Canol, a welwyd ganddo fel oes aur i lenyddiaeth ac i iechyd ysbrydol y genedl. Yn ei lyfr pryfoclyd *Braslun o Hanes Llenyddiaeth Gymraeg hyd 1535*, dywed: 'Trwy gydol yr Oesoedd Canol a hyd at 1535, mi gredaf fod llên Cymru yn un o'r tair llenyddiaeth bwysicaf yn Ewrop.'[62] Serch hynny, Ewrop gyfyng iawn oedd eiddo llenorion ceidwadol fel Lewis a Belloc, fel y nodwyd droeon. Dadleuodd Gareth Miles ym 1993 nad Ewropead mawr mo Lewis, a bod ei Ewrop wedi'i chyfyngu i'r Ewrop Ladin, i Ffrainc gan mwyaf, ac i Baris yn benodol, a'i fod yn anwybyddu tueddiadau rhyddfrydol hanfodol Ewropeaidd.[63] Dihangfa wrth-fodern, yn y bôn, oedd Ewrop Lewis.

Saunders Lewis a David Jones

Byd bach oedd byd y gwrth-fodernwyr mewn gwirionedd, a bu Lewis yn rhan ohono nid yn unig trwy ei ddarllen a'i syniadaeth ond trwy ei gyfeillgarwch ag un o'r gwrth-fodernwyr pwysicaf. O tua 1937 ymlaen, fe ddaeth yn gyfeillgar gyda David Jones, y bardd a'r artist a drodd at Gatholigiaeth. Yr oedd Jones yntau wedi byw mewn cymuned gelfyddydol/Gatholig yng Nghapel y Ffin ganol y 1920au gydag Eric Gill, a oedd yn Babydd trwy dröedigaeth, yn ddosrannydd brwd, yn ffrind i Chesterton a Belloc, ac yn ymwelydd cyson â chyfarfodydd y dosranwyr yn Llundain.[64] Bu Jones yn trafod dosrannaeth gyda Gill, ac aeth gydag ef i glywed Chesterton yn siarad.[65] Gellir ymestyn y cysylltiadau yn ehangach: yr oedd Jones yn un o awduron Faber ac yn adnabod T. S. Eliot, a oedd wedi troi at Eingl-Gatholigiaeth, a oedd yn gyfaill i'r llenorion adweithiol Ezra Pound a Wyndham Lewis ac a oedd yn edmygydd brwd o Charles Maurras.[66] Yr oedd Saunders Lewis yn ddilynydd brwd i Eliot, yn ei efelychu yn llenyddol, ac yn ei ddyfynnu yn aml. Ym 1926, fe ystyriodd ysgrifennu erthygl i gylchgrawn Eliot, *The Criterion.*[67] Gwahoddwyd Eliot ddwywaith i ddarlithio yng ngŵyl ddrama Garthewin, cartref noddwr Lewis, Robert Wynne, ym 1952 a 1956, ac er iddo wrthod, fe dderbyniodd Martin Browne, cyfarwyddwr dramâu Eliot, wahoddiad i ddarlithio yno ym 1962, a hynny ar ddramâu Eliot.[68] Yr oedd Saunders Lewis hefyd yn gydweithiwr, ym Mhlaid Cymru, gydag Ambrose Bebb, un a oedd wedi cyfarfod â Maurras fwy nag unwaith, ac a oedd â'i edmygedd ohono yn ymylu ar addoliad. Gellir lluosogi'r cysylltiadau hyn ac ymhelaethu arnynt lawer mwy pe bai angen. Wrth gwrs, nid wyf yn honni bod pob un o'r cysylltiadau hyn yn arwyddocaol nac yn ddylanwadol o bell ffordd. Ond y mae'r ffaith y gellir llunio rhwydwaith o'r fath mor hawdd yn dangos ynddo'i hunan i ba raddau yr oedd Saunders Lewis yn rhan o'r *milieu* dan sylw. Gallwn olrhain rhai o'r themâu hyn yn fanylach yn ei berthynas â David Jones.

Daeth y ddau i gysylltiad am y tro cyntaf ym Mehefin 1937, ar ôl i Jones ddarllen yn y *Catholic Herald* am salwch Lewis yng ngharchar Wormwood Scrubs, ac wedyn gysylltu ag ef drwy'r Pabydd Cymraeg Charles Edwards.[69] O hynny ymlaen, buont yn llythyra'n aml nes cyfarfod am y tro cyntaf ym 1954, pan oedd Jones yn 58 a Lewis yn 60 oed. Ar ôl hynny, daethant yn ffrindiau agos, yn ymweld â'i gilydd, yn siarad ar y teleffôn, yn cyfnewid anrhegion, ac yn ysgrifennu rhagymadroddion i lyfrau ac arddangosfeydd ei gilydd. Cyflwynodd Jones y llyfr *Epoch and Artist* i Lewis, ac mewn gweithiau fel hynny fe fu ef am gyfnod yn 'llais syniadaeth Saunders Lewis yn Saesneg ac yn Lloegr am hanfod a gwerth y traddodiad Cymraeg'.[70]

Dengys eu gohebiaeth[71] fod ganddynt gryn dipyn yn gyffredin: magwraeth yn Lloegr, ymladd yn y ffosydd, a thröedigaethau at Rufain ac at genedlaetholdeb. Rhannent ddiddordeb mewn hanes, celfyddyd, traddodiad a threfn, a hoffent drafod pwyntiau o etymoleg, hanes Cymreig, gwleidyddiaeth eglwysig, a chelfyddyd. Ceir cynhesrwydd neilltuol yn llythyrau'r ddau: 'Well, dear Saunders, again, diolch yn fawr for yr letter.' Ceir Lewis yn cyfarch Jones fel: 'Dafydd Annwyl', 'Fy Annwyl Dafydd', a hyd yn oed 'Dafydd Annwyl iawn'.

Er gwaethaf erchylltra'r ffosydd, ymddengys iddynt fwynhau brawdgarwch, dewrder a chyffro'r rhyfel. Medrent weld gogoniant a deunydd celfyddyd ymysg yr enbydrwydd. Ymdeimlent yn ddwfn ag ethos militariaeth: gwelir hyn yn llythyrau Lewis o'r ffosydd, yn ei erthygl ar yrfa filwrol Guto'r Glyn,[72] ac yn ei ddelfrydu o draddodiad milwrol Prwsia yn *Brad* a *1938*. Gwelir yr un peth gydag *In Parenthesis* David Jones. Yr oedd Lewis yn amlwg yn hapusach yn mynegi'r teimladau hyn i'r Eingl-Gymro David Jones nag ydoedd gyda llawer o genedlaetholwyr Cymraeg.

Fe'u cawn yn hel atgofion am y rhyfel fwy nag unwaith.[73] Yr oedd anffurfioldeb dau gyn-filwr yn nodweddu eu sgwrs.[74] Ceir cip ar naws y berthynas yn y dyfyniad hwn: 'I reread the short Rhagair you kindly wrote for the Tate show in 1954/51[75] & I *still* think it the best thing written about my bothersome activities . . . Nos da, Duw bo gyda chwi. * I wish I bloody knew this language of ours, but I *never* shall master it now: but I try to seek some consolation in Augustine's tag "it is better to love than to know". Though it's poor consolation in this connection.'[76] Ceir hefyd yn y llythyrau enghreifftiau o garedigrwydd a sensitifrwydd personol Lewis tuag at Jones ynglŷn â'i iechyd, ei sefyllfa ariannol[77] a hyd yn oed ynglŷn â materion serch.[78]

Y mae'r ohebiaeth hefyd yn bwrw goleuni ar agwedd Saunders Lewis at Gymru. Dywed ym 1960 ei fod yn hedfan i'r Eidal er mwyn osgoi'r Eisteddfod.[79] Ceir cyfeiriad at ei ddrama deledu *Excelsior*: 'It is a satirical farce on Welsh MP's, and the Welsh Nationalist Party and on Welsh Socialists, – the pent-up anger of twenty years.'[80] Delia yn annisgwyl o ysgafn gyda'i wleidydda. Dyma ef ar ei gynllun i annog anufudd-dod suful yn narlith *Tynged yr Iaith*: 'the moral effect would be delightfully annoying and would give the language and the people themselves a new burst of life. There'd be a lovely shindy and Welsh nationalism would come alive . . . My political swan song.'[81] A dyma ef yn fuan wedi'r ddarlith: 'I'm in a dry period, fed-up and angry, wasting time and no good for anything. My radio lecture made a five-minute stir, and that was that. My play was withdrawn from television because a Welsh MP threatened a libel action. The nationalist party that I partly founded has become a nest of Aldermaston Anglo-Welsh socialists, and I loathe them. I wish I could go to Italy, stay there, and never hear no more ever of Wales.'[82] Ymhyfrydent yn eu Catholigiaeth yn null hunanymwybodol y rhai a ddaeth at y ffydd fel oedolion. Dyddient eu llythyrau gyda gwyliau'r Eglwys, gan gynnwys rhai anghyffredin: 'Dear Saunders. This is the 11th day of December, it happens to be Gaudete Sunday.'[83] Ceir hyd yn oed y cyfarchiad gwreiddiol hwn gan Lewis: 'I wish you a very good Epiphany.'[84] Ond dengys rhai o lythyrau mwy diweddar Saunders Lewis iddo gael ei ddadrithio i raddau gyda'r Eglwys Gatholig ar ôl y diwygio ar y litwrgi a ddaeth yn sgil Fatican II, yn enwedig diddymu'r Offeren Ladin. Ceir hyn o 1967: 'All the clergy seem to be rallying to the "with-it hierarchy", and they are mostly too insensitive even to be aware of the vandalism and the loss . . . I remain hurt, quite soured and angry; I ought to warn Welsh Wales that the Catholic Church has finished for Wales, and for fear of scandal I keep mum.'[85] Yn nes ymlaen ceir hwn: 'I would say Blwyddyn newydd dda, but it can't be very good for a Welsh Catholic, only damn sufferable at best.'[86] Yn ei ohebiaeth â Jones, dadlenna Lewis rywfaint o'r teimladau personol y tu ôl i ffeithiau allanol ei yrfa, fel Cymro ac fel Catholig.

Catholigiaeth

Bu llwybr Saunders Lewis at Rufain yn un eithaf garw. Dyn o reddfau ceidwadol ydoedd, yn hanu o un o deuluoedd mawr Anghydffurfiaeth Gymraeg mewn cyfnod o enwadaeth gref iawn pan oedd rhagfarn wrth-Gatholig yn rhemp. Nid rhyfedd iddo oedi'n hir cyn ymuno â'r Eglwys a oedd wedi ei ddenu am flynyddoedd lawer.

Nid rhyw osodiad syniadol, celfyddydol neu wleidyddol yn unig oedd tröedigaeth Lewis, er bod elfen gref o hynny ynghlwm wrth ei brofiad, a hynny'n bwysig i'r llyfr hwn. Dylid ystyried bob amser y ffaith syml bod Lewis yn caru â merch a drodd yn Babyddes. Ymunodd Margaret â'r Eglwys Gatholig ym 1923 ar ôl rhai blynyddoedd o glosio'n raddol ati. Hanai o deulu o Wyddelod Wesleaidd yn Lerpwl, lle bu cynnen chwerw rhwng Protestaniaid a Chatholigion, a bu ei thröedigaeth yn achos chwerwedd mawr yn ei theulu. Effeithiodd tröedigaeth Margaret ar Saunders yn ddwfn, fel y dengys ei lythyrau ati. Ceir un o'r cyfeiriadau cynharaf at yr atyniad at Rufain yn y llythyr a grybwyllwyd eisoes uchod, o 1919, pan sonnir am lyfr Belloc, *The Path to Rome.*[87] Wedyn, ar 22 Medi 1919, melltithiai Anghydffurfiaeth am ladd hen firi Cymru gynt.[88] Erbyn 1921, dywed Lewis ei fod yn Gatholig o gydsyniad meddyliol, a hynny dan ddylanwad llenorion Eingl-Wyddelig y cyfnod, a borthodd ei wrthryfel personol yn erbyn 'black barbarism' Anghydffurfiaeth werinol. Ond ychwanega: 'But I've a nature utterly irreligious.'[89] Yn ddiweddarach yn yr un flwyddyn, meddai: 'I wish I lived in the fourteenth century. Welshmen had never dreamed of Nonconformity then.'[90]

Y mae elfen o adwaith yn erbyn ei fagwraeth ac yn erbyn ei dad yn ei duedd at Gatholigiaeth. Fel Eliot, yntau'n ŵyr i un o gewri enwad, cysylltai Lewis werthoedd a gwendidau crefydd ei deulu â chymeriad ei dad. Ond fel yn achos Eliot, arwynebol yw gwrthryfel crefyddol Lewis. Y gwir wrthryfel yn erbyn Anghydffurfiaeth fyddai troi at anghrediniaeth neu agnostigiaeth fel y gwnaeth T. H. Parry-Williams ac R. Williams Parry tua'r un cyfnod. Chwiliai Lewis am seiliau bywiol ei ffydd trwy ailddarganfod sagrafennaeth; adnewyddu, nid negyddu, ei Galfiniaeth, yr ydoedd.[91] Y mae lle i gredu i Saunders Lewis ei hunan feddwl fel hyn, yn sicr yn ddiweddarach yn ei fywyd: mewn llythyr ar 24 Medi 1963, soniai am gyhoeddi *Merch Gwern Hywel*, nofel a ddeliai â'r Diwygiad Methodistaidd pan oedd y grefydd honno'n fywiog, a gobaith ganddi o uno'r werin a'r bonedd: 'mi fydd y Methodistiaid yn meddwl fy mod i wedi dyfod yn ôl yn gyfan gwbl atynt. Nid dyna'r gwir. Nes i'r gwir ydy nad ydwyf erioed wedi eu gadael.'[92]

Bu'n ddiflino yn dangos sut yr oedd Catholigiaeth wedi ysbrydoli prif ffrwythau llenyddiaeth Cymru. Ei gyffes ffydd yn hynny o beth yw ei ysgrif ar Ddafydd Nanmor:

> Catholig hefyd i'r gwraidd a'r ddaear oddi tanodd, oedd holl hen fywyd a diwylliant Cymru . . . At hynny, ffurf aristocrataidd a fu erioed ar gymdeithas yng Nghymru Gymreig . . . A heb ddwfn werthfawrogi'r pethau hyn, sef traddodiad mewn meddwl a chelfyddyd, Cristnogaeth Gatholig, a chymdeithas aristocrataidd, a phethau eraill hefyd, ni ellir caru llenyddiaeth Gymraeg y cyfnodau Cymreig yn ddigon llwyr i fyw arni a'i derbyn yn dref-tad ac yn faeth i'r ysbryd.[93]

Cymharer hynny â hyn gan Belloc yn *The Path to Rome* pan ddywed fod gan yr Eglwys Gatholig 'foundations in something other, which something our moderns hate. Yet out of that something other came the art and song of the Middle Ages. And what art or songs have you? She is Europe and all our past. She is returning.'[94] Yr oedd y neo-Gatholig-iaeth hon yn rhyw fath o ddihangfa rhag y presennol bygythiol.

Bu ysfa wrth-fodern gref i Gatholigiaeth Saunders Lewis erioed. Ym mlynyddoedd cynnar ei daith tuag at Rufain, seiliodd ei gefnogaeth i Gatholigiaeth ar ddelfrydu estheteg Catholigiaeth a'i threfniant cymdeithasol. Ar y pryd, ystyriai ef ei hunan, yn breifat, yn 'bagan' o hyd, er iddo fynychu'r offeren yn rheolaidd.[95] Ni cheir ganddo nemor ddim sôn am berthynas â Duw. Rhyw ddiddordeb *dilettante* yn y grefydd a amlygir yn ei lythyrau yn y cyfnod hwn,[96] math o ramantiaeth atafistaidd, nid argyhoeddiad crefyddol. Gydol ei yrfa, daliodd allanolion Catholigiaeth – ei diwylliant, ei defodau a'i hestheteg – i fod yn faeth i'w ysbryd, i'w synhwyrau ac i'w olwg ar y byd. Dyna 'Difiau Dyrchafael',[97] uchel ŵyl o gerdd lle tynnir allan holl baraffernalia'r litwrgi i greu effaith sy'n gyforiog o ddelweddau sagrafennol: gwenwisg, canhwyllbren, y perthi'n penlinio, lleian fedwen, thuser y dolau, yr afrlladen ddifrycheulyd, a chusanu. Gwrthgyferbynnir yr holl rwysg eglwysig cyfoethog hwn â'r 'tai cyngor', ffenomen ddemocrataidd, broletaraidd, fodern.

Neu dyna ei gerdd 'Garthewin. Awdl Foliant i Robert Wynne':

> Yn llys y werin pêr yw'r llaswyrau
> I Fair, Gwenfrewi, i Ddewi'r gweddïau;
> Canlyniad olyniaeth y cenedlaethau,
> Anweledig gôr hen wlad y cwyrau.[98]

Bu Saunders Lewis yn hynod ffodus i ganfod yn Robert Wynne noddwr o reddfau tebyg iawn, bonheddwr a ymunodd ag Eglwys Rufain ym 1931, flwyddyn wedi iddo etifeddu Garthewin, plasty'r teulu ger Llanfair Talhaiarn. Ym 1932, daeth i gysylltiad â Lewis, a rannai ei freuddwyd o adfer Catholigiaeth a chenedligrwydd Cymru mewn ymgyrch ddeublyg yn erbyn materoliaeth fodern,[99] ac a rannai hefyd ei ddelfryd o swyddogaeth yr uchelwr fel arweinydd a noddwr i gelfyddyd a chrefydd. Dywed Hazel Walford Davies yn ei hastudiaeth o'r cyfnod hynod hwn, *Saunders Lewis a Theatr Garthewin*, fod Wynne, a'i fam, Nanette, yn gweld y Blaid Genedlaethol yn foddion i achub Cymru rhag materoliaeth y ganrif ac yn foddion i hyrwyddo trefn Gristnogol dan nawdd Catholigiaeth.[100]

O amgylch y Wynniaid a Saunders Lewis ymgasglodd cylch bychan o Gatholigion Cymraeg. Daeth Garthewin yn ganolfan bwysig hefyd i wyliau drama Cymraeg, gyda gwaith Lewis yn cymryd rhan flaenllaw. Awyrgylch elitaidd delfrydol i Lewis ydoedd: mewn darlith i'r ŵyl yno ym 1952 dywedodd mai i'r ychydig diwylliedig y dylid ymddiried y dasg o sicrhau ffyniant y ddrama yng Nghymru.[101] Noddodd Wynne wleidyddiaeth Gymraeg hefyd, gan helpu i drefnu protest Penyberth, gan helpu cenedlaetholwyr yn ariannol, a chan gynorthwyo i gynnal Saunders Lewis yn ymarferol ym mlynyddoedd ei alltudiaeth o academia.[102] Derbyniodd Lewis gynhaliaeth ysbrydol a materol hollbwysig yn y cyfnod hwn gan Gatholigion Cymraeg eraill hefyd, megis yr Esgob Michael McGrath, a bu'r gwaith o ddysgu Cymraeg i ddarpar-offeiriaid ac o olygu *Efrydiau Catholig* yn gymorth ariannol iddo mewn cyfnod digon llwm.

Yn y cylch Catholig hwn ceir cysylltiadau â byd neo-Gatholigion Lloegr. Magwyd Robert Wynne ar weithiau Chesterton,[103] a phrynodd ei fam gerflun o'r Forwyn a'r Plentyn i gapel Garthewin a oedd yn un o dri yn unig o'i fath, ac un o'r ddau arall yn eiddo i Chesterton.[104] Soniwyd uchod am i Eliot a'i gyfarwyddwr drama Martin Browne gael gwahoddiadau i ddarlithio yng Ngarthewin. Ac ym 1944, ceir Lewis yn ysgrifennu at Wynne ynglŷn â chyfieithiad Wynne o *Amlyn ac Amig*, gan awgrymu y dylid ei anfon at Faber, sef awgrym y dylid ei dwyn i sylw Eliot.[105]

Fel y dywedais, yr oedd allanolion Catholigiaeth yn bwysig i Saunders Lewis, ond daeth gwir argyhoeddiad crefyddol i'w ran yn ddiweddarach, mae'n sicr. Yn ei farddoniaeth ddiweddarach ac mewn dramâu fel *Gymerwch Chi Sigarét?*, gwelir profiad ffydd go-iawn. Ymddengys hefyd iddo werthfawrogi a deall profiadau'r cyfrinwyr, os na chafodd y fath brofiadau ei hunan. Wrth drafod Ann Griffiths mewn darlith ym 1965 ac mewn erthygl ym 1971, cawn ganddo ddadansoddiad treiddgar o natur gweledigaeth Ann o Dduw, gan sôn am 'ffordd y puro a ffordd y goleuo a ffordd yr uno'.[106] Ond siarad am brofiadau pobl eraill y mae Lewis gan amlaf gyda'r pwnc hwn, fe ymddengys, nid siarad o brofiad personol. Mewn llythyr at Kate Roberts ynglŷn â'r ddarlith uchod, gwadai'n bendant yr awgrym ei fod ef ei hunan yn gyfrinydd: 'Mi fedraf ddeall, mi fedraf ddehongli, ond nid fi piau'r pethau.'[107] Yn wir, er bod tystiolaeth iddo geisio'r fath brofiadau ei hunan,[108] nid ymddengys i'w ymdrechion ddwyn ffrwyth, ac er gwaethaf ei ddiddordeb yn y pwnc, ef yw'r lleiaf cyfriniol o'r pedwar llenor dan sylw, o ran treiddio at amgyffred byw o'r tragwyddol.

Ond os nad ymddengys iddo rannu dyfnder profiadau achlysurol y tri arall o bresenoldeb y dwyfol, yn sicr rhannai eu profiad o absenoldeb Duw. Dychwelodd at y profiad droeon wrth ymdrin â gwaith llenorion crefyddol. Dywed iddo ddirnad profiad Nos yr Enaid yng ngwaith Morgan Llwyd,[109] gan ei gymharu â'r cyfrinwyr Catholig; dywed rywbeth tebyg am gerdd Coleridge 'The Ancient Mariner';[110] ac yn ei lyfr *Williams Pantycelyn*, priodola i'r emynydd brofiad Nos y Meddwl.[111] Gellir tybio i Saunders Lewis brofi rhywbeth tebyg i hyn, o leiaf yn ddiweddarach yn ei fywyd crefyddol. Yn ei gerdd 'Gweddi'r Terfyn' ceir llais profiad wrth iddo gydnabod mor amhosibl yw ymgyrraedd at, na chael ymateb gan, y Duwdod 'mud'.[112] Y mae'r gerdd hon yn rhydd oddi wrth ôl yr ymdrechu delweddol a'r tinc o ddyletswydd a geir yn ei gerddi crefyddol dathliadol fel 'Difiau Dyrchafael', ac mae'n argyhoeddi'n fwy fel cerdd grefyddol o'r herwydd. Cymharwyd y gerdd â gwaith Meister Eckhart[113] ac â dirfodaeth. Mewn cyfweliad yn y 1970au, disgrifiodd Saunders Lewis ei hunan fel un a fu'n dwyn baich amheuaeth a thywyllwch ar hyd ei fywyd ac fel un a rwystrwyd gan ei ddeall rhag credu Credo Nicea yn ddidrafferth.[114] Hefyd y mae rhai o'i ddramâu diweddar, fel *Yn y Trên, Cell y Grog* a *Chymru Fydd*, yn dangos diddordeb mewn dirfodaeth, diddordeb a welir hefyd yn y ffaith iddo, ym 1970, gyfieithu clasur Beckett o ddrama ddirfodol, *Wrth Aros Godot*.[115] Yn wir, y mae lle i gredu yn achos Lewis, fel gyda'r tri llenor arall, fod allanolion Catholigiaeth yn cuddio bywyd ysbrydol mewnol dipyn yn fwy cymhleth.

Wrth gwrs, yr oedd goblygiadau allanol i'w fywyd crefyddol hefyd. Er iddo dderbyn maeth a chynhaliaeth o'i Gatholigiaeth, ni allasai fod yn anymwybodol o'r ffaith y buasai ei dröedigaeth yn ei ddieithrio oddi wrth drwch poblogaeth Cymru, gan effeithio ar ei uchelgais wleidyddol. Y peth doeth yn wleidyddol fuasai iddo gadw ei grefydd yn fater personol. Yr oedd un o'i arwyr, Emrys ap Iwan, wedi elwa ar brofiadau Catholigion tra'n aros o fewn prif enwad Cymru ar y pryd; felly hefyd Ambrose Bebb. Ond ni wnaeth Lewis hynny. Ymhell cyn ei dderbyn i'r Eglwys ym 1932, yr oedd yn pledio ei hachos ac yn ymosod ar Ymneilltuaeth,[116] peth a gostiodd yn ddrud iddo yn wleidyddol. Annoeth yn wir oedd gwneud hynny pan oedd dadleuwyr o safon W. J. Gruffydd yn y maes ac yn fodlon ei wrthwynebu, fel y gwnaeth yn y gyfres nodedig o lythyrau rhyngddynt yn *Y Llenor* ar bwnc Catholigiaeth, pan ddywedodd fod Lewis yn 'anwybyddu'n llwyr y gwahaniaeth hanfodol rhwng traddodiad byw a thraddodiad marw, a marw hollol ydyw'r traddodiad Pabyddol yng Nghymru. Pa draddodiad a all fod pan na bo neb yn traddodi?'[117] Lewis a gafodd y gwaethaf yn y ddadl, nid am ei fod yn ddadleuwr gwael, ac nid am nad oedd dilysrwydd i'w safbwynt, ond oherwydd mai safbwynt lleiafrifol ydoedd, ac anos yw i safbwynt lleiafrifol ddioddef beirniadaeth ddeifiol. Gydol ei yrfa, yr oedd y ffaith iddo fod yn agored bleidiol i

Gatholigiaeth yn fan gwan yn ei effeithiolrwydd fel gwleidydd yng Nghymru.

Mentraf ofyn, o wybod bod Saunders Lewis yn ddyn encilgar, dyn yr oedd llawer o elfennau'r ugeinfed ganrif yn gas ganddo, a dyn yr oedd materoliaeth a philistiaeth dybiedig ei gyd-Gymry yn loes iddo, tybed a ydoedd, yn ymwybodol ai peidio, yn coleddu safbwynt a fuasai'n sicr o'i neilltuo? Yr oedd y syniad wedi taro Lewis ei hunan. Mewn llythyr at Kate Roberts ym 1928, ryw bedair blynedd cyn ei dderbyn i'r Eglwys Gatholig, dywedodd: 'Y mae fy ngwaith politicaidd gyda'r Blaid yn fy ngorfodi i fod yn amlwg yn aml, ac yn dwyn imi enw a rhyw fath o bwysigrwydd a sylw gyda'r werin bobl. Ofnaf hynny yn fawr, rhag iddo niweidio fy meddwl i . . . Byddaf hyd yn oed yn ofni tipyn mai er mwyn fy esgymuno fy hun yr wyf yn Gatholigaidd, a byddai hynny yn beth ffiaidd – Fe welwch mai peth cymysg ddigon yw meddwl pob dyn.'[118] Cymysg yn wir oedd perthynas Saunders Lewis â Chatholigiaeth. Yn ogystal â bod yn foddion gras iddo, yr oedd hefyd yn wledd esthetaidd, yn ddatganiad gwleidyddol, ac yn rhagfur gwrth-fodern. Cymhleth hefyd oedd perthynas Saunders Lewis â Chymru, a chredaf fod yn rhaid ystyried y posibilrwydd mai un o swyddogaethau Catholigiaeth iddo oedd bod yn rhwystr ar ffordd y berthynas honno.

Y proffwyd a'r pellter

Daw hyn â ni at un o'r elfennau hanfodol yn yr astudiaeth hon o Saunders Lewis, sef amwysedd ei berthynas â Chymru. Awgrymwyd uchod rai o'r elfennau cymysg yn ei fagwraeth, ond cyn mynd ati i olrhain tyndra creadigol y berthynas rhyngddo a gwlad ei dadau, carwn edrych am funud ar fater cysylltiedig, sef ei berthynas â'i dad.

Tystia bron pawb o gydnabod Saunders Lewis ei fod yn ddyn encilgar, swil, oeraidd mewn cwmni, a heb fân-siarad. Y mae ef ei hun yn cyfeirio droeon at ei anghysur mewn cwmni, a'i anhoffter o fywyd cyhoeddus. Yr oedd yn casáu siarad yn gyhoeddus,[119] ac yr oedd yn osgoi cymdeithasu â'i gydweithwyr ym Mhlaid Cymru. Ymgroesodd rhag y diffyg preifatrwydd a brofodd fel milwr preifat yn y rhyfel.[120] Dyn o'r un anian oedd y Parch. Lodwig Lewis. Fel y dywed D. Tecwyn Lloyd: 'Gŵr yn caru encilio, felly, oedd ei dad i Saunders Lewis . . . gŵr mewnblyg, swil.'[121] Dyfynnir Lodwig Lewis: 'I fod o werth i'r byd rhaid dyfod iddo o bell. Rhaid bod allan o hono cyn bod ynddo i unrhyw bwrpas daionus . . . Mae unigrwydd anialwch eto yn angenrheidiol i wir grefydd. O anialwch y daw diwygwyr pob oes. Y rhai sydd "allan o'r byd" fedr roddi y byd yn ei le',[122] dyfyniad hynod o awgrymog o ystyried gyrfa ddiweddarach y mab. Cred Lloyd i encilgarwch y tad effeithio ar y mab, gan fod: 'rhyw naws ddeddfol, bell, wedi didoli'r Parch. Lodwig Lewis oddi wrth weddill ei deulu . . . Gellir meddwl mai ffurfiol ac anodd oedd ei gyfathrebu â'i blant.'[123] Wrth fynd heibio, diddorol yw nodi yma fod tad Lewis yntau yn fyddar,[124] fel tadau Eliot a Thomas hwythau – ffactor a effeithiodd, efallai, ar ddelwedd y meibion o Dduw.

Bu tensiwn cyson rhwng Saunders a'i dad, dyn a ddisgrifiwyd fel 'ffyndamentalydd o'r dosbarth manylaf' yn ei ddiwinyddiaeth,[125] ac a ddarlunnir yn llythyrau Saunders fel dyn braidd yn galed a digyfaddawd.[126] Nid rhyfedd fod Saunders, yn ei syniadaeth, yn fwy hoff o gywirdeb oer a chaled nag o'r cyfaddawdu poenus a ddeuai o berthynas agos ac agored. Tybed hefyd ai llais profiad a geir ganddo pan gydymdeimla â mewnblygrwydd Theomemphus, testun cerdd gan Williams Pantycelyn: 'meddwl gorfewnblyg, y mwyaf enbydus o'r cwbl yng nghyfnod llanc',[127] ac 'y llanc yw tad y dyn. I'r neb a brofodd fywyd, nid ffarwelio ag ieuenctid sy'n chwerw, eithr gorfod dwyn baich llencyndod tra pharhao einioes. Nid oes newid gwreiddiol ar nemor neb wedi iddo basio llencyndod, ond trwy gydol ei ddyddiau erys profiadau'r llanc yn iau anorfod.'[128]

Felly, yn ei berthynas â'i dad, yn ei bersonoliaeth ac yn ei fagwraeth rhwng deufyd diwylliannol a chymdeithasol, gwelir hadau'r ymneilltuedd personol a syniadol a nodweddai Saunders Lewis y dyn a'r gwleidydd, a hyn oll yn gymysg â gwerthfawrogiad rhwystredig o bwysigrwydd perthyn. Ceisiai arwain y Cymry a chael derbyniad ganddynt, tra'n gwneud yr un pryd bethau a fuasai'n rhwym o'u dieithrio. Dyna ef yn cychwyn plaid wleidyddol ac yn annog polisïau a gweithredoedd di-rif drwy ei newyddiaduraeth, ond ar yr un pryd yn gwrthod cyfaddawdu â sosialaeth neu hyd yn oed â rhyddfrydiaeth, a oedd mor bwysig i'r rhan fwyaf o Gymry gwleidyddol y cyfnod. Sicrhaodd, felly, mai ar gyrion bywyd gwleidyddol Cymru y buasai ei le. Nid oedd yn fodlon addasu ei fath ef ar ffwndamentaliaeth at wirioneddau gwleidyddiaeth Cymru.

Ac yn hyn y gorwedd cryfder a gwendid Saunders Lewis fel gwleidydd. Ni ellir amau ei ddewrder na'i egwyddorion: a chymryd yr enghraifft amlycaf, wrth drefnu'r Tân yn Llŷn mentrodd fwy dros ei wlad nag a wnaeth yr un Cymro arall ers canrifoedd. Dyna wedyn ddarlith *Tynged yr Iaith*. Cynnyrch dyn nad oedd cyfaddawdu yn rhan o'i wneuthuriad oedd y ddau beth. Ond pa fath o berthynas a geir mewn gwirionedd pan fo un o'r ddwy ochr yn gwrthod cyfaddawdu ac yn mynnu gweld yr ochr arall fel delfryd yn hytrach nag fel ffaith? Yn y bôn, nid oedd gan weledigaeth Saunders Lewis o'r Gymru ddelfrydol – Catholig, uchelwrol, Cymraeg, annibynnol – obaith o ennill cefnogaeth eang yng Nghymru. Eto, fe lynodd at y gobaith gwag hwn, gan drin unrhyw sefyllfa nad oedd yn ffitio'r ddelfryd fel methiant ac yn destun dirmyg neu chwerwedd.

Yr oedd Saunders Lewis yn argyhoeddedig, felly, fod Cymru wedi'i wrthod ef a'i syniadau i gyd. Er ei ddylanwad aruthrol fel creawdwr dau brif fudiad cenedlaetholdeb Cymreig ac fel trefnydd gweithred ganolog y cenedlaetholdeb hwnnw yn yr ugeinfed ganrif, yr eironi yw mai rhyw fath o sgil-effaith oedd y mudiadau hynny i'w wir fwriadau. Trodd Plaid Cymru a Chymdeithas yr Iaith ill dwy maes o law yn fudiadau asgell-chwith nad oeddynt wrth fodd calon Lewis o gwbl. Diddorol hefyd yw sylwi, er llwyddiant a photensial y ddau fudiad hyn, i Lewis ymbellhau oddi wrthynt ar ôl iddynt gael eu traed danynt, gan gynnig ymddiswyddo droeon o lywyddiaeth Plaid Cymru, a chan ei beirniadu'n hallt, a chan ymddiswyddo o Gymdeithas yr Iaith oherwydd i'r mudiad wrthwynebu i'r Eisteddfod Genedlaethol dderbyn rhodd gan sefydliad milwrol.

Egwyddor oedd un elfen o'r dieithriad hwn, wrth gwrs, ond credaf fod deinameg arall ar waith hefyd, sef tensiwn rhwng yr awydd i berthyn a'r awydd i ymneilltuo, tensiwn a wreiddiwyd ym magwraeth gymysg Lewis – ei eni yn alltud. Fe'i rhwygwyd rhwng yr awydd i berthyn i ddosbarth llywodraethol Lloegr, a'r awydd i ymuniaethu â diwylliant gwlad ei dadau. Gwelir rhyw fath o sgitsoffrenia yn ei waith yn y cyswllt hwn, yn enwedig yn ei lythyrau. Ar yr un llaw, y mae'n efelychu arddull a moesau mursennaidd y dosbarth canol Seisnig ar y pryd, gan fynd mor bell ag efelychu eu rhagfarnau cyntefig achlysurol tuag at y Cymry.[129] Ar y llaw arall, soniai'n hiraethus a rhamantus am ei wreiddiau Cymreig, gan hyd yn oed ymhyfrydu ei fod yn ddisgynnydd i werinwyr. Mewn gwirionedd, nid oedd yn perthyn yn llawn i na Chymru na Lloegr. Fe ddewisodd Gymru, yn wir, ac ni ellir amau ei ymroddiad iddi; ond ymroddiad i ddelfryd anghymreig, anymarferol, o Gymru ydoedd. Caru delfryd yr oedd Saunders Lewis, nid caru gwlad.

Gallasai fod wedi ymuniaethu â Chymru a chyfranogi o'i chymdeithas a'i gwerthoedd; gwnaethpwyd hyn yn aml gan rai a chanddynt gefndir Cymreig llawer gwannach. Ond ni wnaeth. Daliodd i hybu delfryd o Gymru a fuasai'n sicr o'i bellhau oddi wrth y wlad go-iawn. Ni ellir priodoli hyn i anwybodaeth ar ei ran; ni allasai fod wedi peidio â sylweddoli canlyniadau arddel Catholigiaeth dros Anghydffurfiaeth, na disgwyl y buasai Cymru'n cefnogi mudiad milwriaethus cenedlaetholgar, na disgwyl y derbynnid ei elitiaeth gan gymdeithas a oedd i raddau helaeth un ai yn werinol, yn broletaraidd neu'n fânfwrgeisiol. Yr oedd ei ymosodiadau ar syniadau gwerinol, ac yn wir ar y werin bobl eu hunain, yn gyhoeddus ac yn breifat, yn ddeifiol: 'anwariaid syml' yw ei ddisgrifiad o un grŵp ohonynt mewn llythyr at Kate Roberts.[130] Y mae ei waith yn frith o'r fath sylwadau, fel y canlynol, sy'n atgoffa rhywun o sylwadau R. S. Thomas ar yr un pwnc: 'Gwendid erchyll y diwylliant gwerinaidd hwn yw ei anghyflawnder. Y mae'n resynus o ddifater ynghylch pob dim a berthyn i harddwch natur a harddwch celfyddyd.'[131] Mewn llythyr at Kate Roberts ceir hyn: 'ni ddywedwn air yn dragywydd dros genedlaetholdeb na Chymraeg pedfai modd cadw'n fyw rywsut arall gwmni bach aristocrataidd Cymreig a gadwai lên a chelf yn ddiogel heb falio botwm am y werin daeogion. Ond gan nad oes digon ohonom eto, rhaid i ninnau beryglu ein celfyddyd a byw fel y gallom "*sous l'oeil des barbares*".'[132]

Yr oedd elfen fwriadol yn nieithriad Saunders Lewis oddi wrth Gymru, felly, ac yr oedd elfen o ffuantrwydd yn perthyn i'r agweddau uchelwrol hynny a ddefnyddiodd i'w hynodi ei hunan. Y mae mwy nag un o gydnabod Lewis wedi bwrw amheuaeth ar wir seiliau ei ddelwedd o fod yn *connoisseur* o bleserau a moethau bywyd fel gwin a bwyd da.[133] Yn ei waith beirniadol hefyd, gwelir olion straen ar rai o'i honiadau niferus am ddylanwadau Ewropeaidd ac uchelwrol ar lenyddiaeth Gymraeg; er enghraifft, honnai mai dylanwadau diwylliannau Lladin Ewrop sydd yn cymell barddoniaeth T. Gwynn Jones, pan yw dylanwadau Seisnig a Gwyddelig mewn gwirionedd yn llawer mwy amlwg.[134]

Os am bersbectif didrugaredd ar ddilysrwydd honiadau Saunders Lewis a'i ddyheadau uchelwrol, yna edrycher arno o safbwynt Seisnig. Y ffaith syml oedd ei fod yn fab i weinidog Anghydffurfiol, safle nad oedd yn ei godi i blith bonedd naturiol cenedl y Saeson o bell ffordd, ddim mwy nag yr oedd ei addysg mewn prifysgol ranbarthol na'i ddyrchafiad o safle milwr preifat i'r rheng isaf o gorfflu'r swyddogion yn y fyddin. Gellir tybio y buasai ei ymagweddu uchelwrol yn gwneud iddo edrych braidd yn ffôl yn llygaid aelodau'r dosbarth Seisnig yr oedd yn ymgyrraedd ato; nid yw uchelwyr go-iawn yn sôn o hyd am uchelwriaeth.

Y mae hunanddelwedd hyderus y bonedd Seisnig yn beth meddwol iawn; y mae ganddynt gred heintus mai nhw yw haen uchaf posibl gwareiddiad. Droeon y trowyd pennau pobl o ddosbarthiadau neu genhedloedd eraill wrth iddynt dybio iddynt gael eu derbyn gan y dosbarth hwn. Dyna, mi gredaf, a ddigwyddodd i Saunders Lewis. Yn ei addysg a'i yrfa filwrol, cafodd flas cyfareddol ar fod yn fonheddwr. Ond, ar yr un pryd, gwyddai na fuasai derbyniad llawn iddo yn y dosbarth hwnnw oherwydd ei Gymreictod a'i gefndir cymdeithasol. Tybed ai un o atyniadau Cymru iddo wedyn oedd y ffaith iddi roi'r cyfle iddo actio'r bonheddwr? Yn sicr, delwedd bonheddwr a feithrinwyd ganddo yn ei wisg, ei ymddygiad a'i syniadau. Yr oedd ei neo-Gatholigiaeth ffasiynol hefyd, wrth gwrs, yn fath arbennig iawn o snobyddiaeth.

Os ystyrir ei waith llenyddol, hefyd, daw darlun y bonheddwr *manqué* yn fwy eglur. Yn ofer y cribinnir ei waith am feirniadaeth ar fonedd Lloegr. Beirniadai lywodraethau, pleidiau, corfforaethau, Iddewon neu rymoedd materol ac ariannol, ond nid bonedd Lloegr na'u gwerthoedd. Mor wahanol ydoedd i'r bardd hwnnw o Gymro Cymraeg gwerinol Idris Davies, a fu hefyd yn ysgrifennu am ansicrwydd ac adfyd y cyfnod rhwng y rhyfeloedd; yr oedd barddoniaeth Davies yn symlach ei harddull ond yn llawer sicrach ei haneliad, gan feirniadu'r bonedd llywodraethol mewn modd deifiol. Ni fynnai Saunders Lewis ymosod ar y dosbarth yr oedd yn ymgyrraedd ato. Ymddengys yn beth od i'w ddweud, ond mewn llawer o'i ymwneud â Chymru, y mae'n lled bosibl ei fod yn bodloni angen mewnol i fod yn Sais.

Dyna felly, o bosibl, un rheswm pam nad oedd yn fodlon ymdoddi i fywyd Cymru – yr oedd ganddo ormod i'w golli. Drwy gydol ei yrfa, bob tro y deuai i amlygrwydd drwy fenter lenyddol neu wleidyddol, byddai'n atal unrhyw ymgais gan y cyhoedd, neu gan garfan ohono, i glosio ato. Yr oedd ei Seisnigrwydd breintiedig yn rhan ry annatod o'i hunaniaeth iddo fedru ei wadu trwy droi'n Gymro cyflawn. Felly hefyd yr oedd ei Gymreictod gwerinol: ni fynnodd gael ei gymathu'n Sais. Nid oedd modd cyfannu elfennau mor wrthgyferbyniol, a cheisiodd felly fyw fel Cymro, ond gyda breintiau Sais, mewn ymgais i ganfod *modus vivendi* mewn sefyllfa boenus o ddiffyg perthyn. Troediai, yn hanner bwriadol, lwybr cul rhwng derbyniad a dieithriad. Bu'r amwysedd hefyd yn fodd i'w bersonoliaeth encilgar gadw ei phellter rhag hawliau cymdeithasol anghysurus y ddau ddiwylliant arni.

Ni cheir ymdriniaeth agored gan Saunders Lewis â'r rhwyg fewnol hon. Tuedda i ymhél â'r profiad mewn beirniadaeth ar weithiau llenorion eraill yn hytrach nag yn ei waith hunangofiannol. Ymddidd-orai'n fawr mewn llenorion a ddieithriwyd o'u gwreiddiau, megis gwrthrychau ei gyfrolau *Yr Artist yn Philistia*: Ceiriog yr alltud a Daniel Owen yr Anghydffurfiwr amheuol. Dyna wedyn y ffaith iddo ddewis gweld ymrafael Cymru a Lloegr yn yr Oesoedd Canol o safbwynt y Saesnes Gymreigedig, Siwan. Ceir dyfyniad dadlennol iawn ganddo hefyd mewn erthygl ar y bardd Eidaleg Giuseppe Ungaretti, a fagwyd yn Eidalwr yn Alecsandria: 'A phan aeth ef o Alecsandria rhoes fynegiant i'r ymwybod o rwygiad sy'n etifeddiaeth barhaus i bob un ohonom a fagwyd mewn dinas estron: "Arall yw fy ngwaed, ac ni chlywn dy golli / Ond yn unigedd y llong / Dwysach na'r arfer y dychwelai'r dychymyg / Trist mai tydi, O estrones, / Yw fy ninas enedigol i".'[135] 'An internal exile' yw disgrifiad Harri Pritchard Jones ohono.[136] Y tyndra hwn yw hanfod cyfraniad unigryw Lewis. Y pellter hanner-damweiniol a hanner-bwriadol hwnnw, a fodolai yn rhannol am resymau diwylliannol ac yn rhannol am resymau personoliaethol, a'i galluogodd i weld sefyllfa Cymru yn gliriach; fe'i rhyddhawyd o'r rhwystrau seicolegol ar weithredu cenedlatholgar a gyfyngai gynifer o Gymry brodorol. Yr oedd y rhwyg yn boenus, ond, fel y dywedodd ef wrth R. S. Thomas, o'r tyndra y daw creadigrwydd.[137]

'Apostol arbennig Mr Eliot'

Yn y cyswllt hwn, buddiol yw cymharu Saunders Lewis â T. S. Eliot, y dyn a fu'n fodel iddo mewn sawl ffordd, un a fu'n ddylanwadol iawn ym mywyd cyhoeddus ei wlad fabwysiedig, ac un y bu deuoliaeth barhaol ei sefyllfa yn allweddol i'w waith. Y mae'r hyn a ddywedodd cofiannydd Eliot, Lyndall Gordon, am ei alwedigaeth ef yn wir am Saunders Lewis hefyd: 'To live like a visionary in the dangerous space between two worlds.'[138] Yr oedd Lewis yn hoff o ddyfynnu Eliot, a sylwodd nifer o feirniaid ar y tebygrwydd rhwng y ddau lenor. Yn *Y Llenor* ym 1934, sonia Iorwerth Peate am rai fel Maritain ac Eliot, a fynnai, yn ei dyb ef, ddychwelyd at yr Oesoedd Canol, ac ychwanega: 'Mr Saunders Lewis yw apostol arbennig Mr Eliot a'r dull hwn o feddwl yng Nghymru.'[139] Dyna daro'r hoelen ar ei phen. Wedyn dyna Tony Bianchi yn disgrifio beirniadaeth elitaidd a thraddodiadaidd Lewis fel 'frequently no more than an elegant reworking of Eliot and Leavis'.[140] Dywed Emyr Humphreys, wedyn, fod 'strikingly similar critical and cultural attitudes' gan y ddau.[141]

Ceisiodd Pennar Davies amddiffyn Lewis yn erbyn y dehongliad ohono fel disgybl meddyliwr Seisnig, gan honni mai'r neo-glasurwyr Ffrengig oedd y prif ddylanwad arno,[142] bod Lewis wedi coleddu clasuraeth cyn i Eliot wneud hynny ym 1928,[143] a bod Eliot yn frenhinwr ac yn uchel-eglwyswr a Lewis ddim. Nid wyf yn cytuno, gan i Lewis ddyfynnu Eliot yn edmygus *cyn* 1928, pan soniai yn ei ragair i *Williams Pantycelyn* ym 1927 am 'y beirniad llenyddol Saesneg Mr T. S. Eliot', gan ei ddyfynnu a chan ddweud mai'r un yw eu huchelgais a'u hawydd mewn beirniadaeth, sef adfywio'r presennol ag adnoddau'r traddodiad Ewropeaidd clasurol. Yr oedd Lewis hefyd, ym 1926, fel y soniwyd yn gynharach, wedi bwriadu ysgrifennu erthygl i gylchgrawn Eliot, *The Criterion*.[144] Hefyd, y mae Eingl-Gatholigiaeth a Chatholigiaeth ar yr un pegwn yn union o'r sbectrwm crefyddol. Eto byth, ac eithrio'r dyfyniad enwog 'royalist . . . Anglo-Catholic . . . classicist', nid oedd brenhiniaeth yn rhan fawr o syniadaeth gyhoeddus Eliot, tra bod Lewis wedi ysgrifennu'n ffafriol fwy nag unwaith am berthynas Cymru â'r Goron.

Yr oedd, mewn gwirionedd, yn dilyn Eliot yn agos iawn yn syniadol, gan ei ddyfynnu yn aml fel awdurdod, a chan efelychu ei ddelfrydau a'i safonau yn ei feirniadaeth.[145] Anodd hefyd yw peidio â gweld llawer o'i farddoniaeth yn efelychiad agos o waith enwocaf Eliot: dyna ei ddewis o ŵyl eglwysig fel teitl ei gerdd 'Difiau Dyrchafael', yn atgoffa rhywun o 'Ash Wednesday'. Dyna hefyd y sôn am Teiresias yn y cerddi 'Marwnad Syr John Edward Lloyd' – 'ail Teiresias', ac 'Et Homo Factus Est. Crucifixus' – 'Fi Caiaffas, / Ti Teiresias'. Amhosibl gweld hynny ond fel efelychiad o ffigwr canolog *The Waste Land*. Adleisir gweledigaeth ac arddull gyfeiriadol eclectaidd *The Waste Land* a 'The Hollow Men' hefyd yn 'Y Dilyw' a 'Golygfa Mewn Caffe', lle ceir adlais o ddelwedd Eliot o *The Waste Land*, 'A crowd flowed over London Bridge, so many / I had not thought death had undone so many' yn 'y llu a arllwysid o'r mart ac o'r coleg / Ac o ysgoldai'r capeli ac o'r tafarnau, / Yng nghanol y dyrfa fraith, / Y dyrfa drist a gollasai ddaioni'r deall / Y meirwon byw.' Nid annhebygol ychwaith yw tybio mai dyfyniadau fel 'the Jew is underneath the lot' sydd y tu ôl i'r sôn am y 'duwiau / A'u ffroenau Hebreig yn ystadegau'r chwarter'.[146] Pan gofir mai corff bach o farddoniaeth a gafwyd gan Saunders Lewis, y mae dylanwad Eliot i'w weld arno'n gryfach fyth. Yn ogystal â hyn, byddaf yn dangos yn y bedwaredd bennod fel y gellir gweld, o bosibl, ddylanwad syniadau Eliot ar waith Saunders Lewis yn 'Cwrs y Byd' yn ystod yr Ail Ryfel Byd.

Bu Saunders Lewis yn dilyn Eliot hefyd yn ei statws fel beirniad oraclaidd, pendant ei farn a'i egwyddorion. Tybed hefyd a ddylanwadodd defnydd arloesol Eliot o'r ddrama fydryddol ar ddefnydd Lewis o'r un cyfrwng? Sylwer i *The Rock* a *Murder in the Cathedral* ymddangos ym 1934 a 1935 gan achosi cryn ymateb, ac i Saunders Lewis fentro i'r un maes yn fuan wedyn, ym 1937, gyda *Buchedd Garmon* a *Mair Fadlen*, sef ei ddramâu cyntaf ers ei ymgeisiau anaeddfed ac arbrofol cyntaf dros ddegawd yn gynharach.

Ymuniaethodd Lewis, felly, â phrif eicon y mudiad neo-Gatholig yn Lloegr, os nad yn y Gorllewin i gyd, gan ennill safle tebyg iawn yng Nghymru i eiddo Eliot yn Lloegr – sef, prif gynrychiolydd traddodiadaeth ddiwylliannol genedlaethol, ac arweinydd elitiaeth a chlasuraeth lenyddol ei wlad fabwysiedig. Fel Eliot, ac fel Thomas a Weil, ar adeg pan fu'r genedl dan fygythiad dilead cyflwynodd Lewis weledigaeth ddwys ac argyhoeddiadol o werth ysbrydol y genedl fel costrel gwerthoedd crefyddol a gwareiddiedig. Derbyniwyd a defnyddiwyd y weledigaeth hon yn helaeth gan genedlaetholwyr Cymreig, ond heb iddynt, gan mwyaf, sylweddoli'r wir elyniaeth a'i cymhellodd, sef un wrth-fodern.

Crynhoir gweledigaeth Saunders Lewis yn effeithiol yn *Buchedd Garmon*, a ysgrifennwyd tra bu'n aros i sefyll ei brawf yr eildro am losgi'r ysgol fomio. Yma ceir yr anerchiad teimladwy a gychwyn: 'Gwinllan a roddwyd i'm gofal yw Cymru fy ngwlad, / I'w thraddodi i'm plant / Ac i blant fy mhlant / Yn dreftadaeth dragwyddol.'[147] Wrth weld 'moch' yn bygwth baeddu'r baradwys hon, gofyn y llefarydd, Emrys Wledig, i'w gyd-Gymry: 'Deuwch ataf i'r adwy, / Sefwch gyda mi yn y bwlch, / Fel y cadwer i'r oesoedd a ddêl y glendid a fu.'[148] Y mae'n alwad a ysbrydolodd lawer o genedlaetholwyr Cymreig; ond diddorol yw nodi'r cyd-destun, lle mae barbariaeth yn bygwth gwareiddiad, a lle gwelir Cymru fel rhagfur. Diddorol hefyd yw nad Cymro mo Garmon, ond Galiad, esgob Auxerre, yn ddieithryn a ddaeth i Gymru er mwyn cynorthwyo'r Cymry i gadw purdeb eu ffydd a'u gwareiddiad.

Dieithryn hefyd oedd Saunders Lewis. Er gwaethaf grym a dwyster y weledigaeth honno o'r genedl, fel gydag Eliot, Thomas a Weil, yr oedd dieithrwch parhaol rhyngddo a'r genedl honno, ac yr oedd cymhellion ei wladgarwch yn sylfaenol wahanol i eiddo'r brodorion. Rhyfela yr oedd yn erbyn 'barbariaeth' y byd modern. Os yw llawer o genedlaetholwyr yn trysori geiriau Emrys Wledig a'u gweld yn nhermau deuoliaeth syml rhwng Cymreictod a Seisnigrwydd, y mae'n debyg, serch hynny, mai yn nhermau deuoliaeth rhwng gwareiddiad a barbariaeth y'u gwelwyd gan Saunders Lewis ei hunan. Gwêl cenedlaetholwyr y darn fel gosodiad gwlatgar sy'n digwydd bod yn gain, tra bod Lewis, mae'n debyg, wedi ei fwriadu'n fwy fel gosodiad cain a ddigwyddai fod yn wlatgar. Er iddo'i fwrw ei hunan i mewn i'r ymrafael rhwng Cymru a Lloegr, ni wnaeth hynny am y rhesymau cenedlaetholgar arferol, sef amddiffyn cartref neu hunaniaeth. Yn hytrach, creodd ddelfryd o Gymru rydd fel rhagfur yn erbyn y gelyn pennaf, sef modernrwydd.

Gwrth-fodernrwydd

Angenrheidiol i ddealltwriaeth o yrfa a gwaith Saunders Lewis yw amgyffred mai gelyniaeth tuag at y byd modern oedd un o'i gymhellion sylfaenol. Dyna pam y delfrydai'r Oesoedd Canol, y cyfnod cyn y bu sôn am y rhyddfrydiaeth feddyliol a roddodd dueddiadau'r byd modern ar droed. Dyna hefyd rywfaint o'r rheswm pam y bu iddo goleddu elitiaeth, a oedd yn ddull o gadw rheolaeth safonau'r deallusion dros gymdeithas, a sicrhau parhad eu statws a'u breintiau cymdeithasol. Dyna wedyn ei Gatholigiaeth – iddo ef, fel gyda chynifer o'i gyfoedion, yr oedd y llwybr i Rufain hefyd yn llwybr i ddianc rhag y byd modern.

Mor gynnar â 1923, mewn araith yn Llandrindod, yr oedd yn beirniadu 'moderniaeth' yn gyffredinol, gan feddwl nid am y mudiad llenyddol ond y duedd ryddfrydol o ddarostwng popeth i'r deall dynol.[149] Gwelai 'foderniaeth' syniadol fel rhywbeth a oedd wedi heintio Anghydffurfiaeth Gymraeg drwyddi.[150] Hyn a rydd dân yn ei ddadl yn nhudalennau'r Llenor gyda W. J. Gruffydd. Ceir gan Saunders Lewis yn y cyd-destun hwn, yn ei 'Llythyr Ynghylch Catholigiaeth', ddatganiad clir o'i wrth-fodernrwydd, pan ddyfynna Eliot yn cymeradwyo beirniadaeth Belloc ar 'Fodernwyr'.[151] Wedyn, mewn erthygl ar ysgolion, ceir hyn: 'Canys ni all diwylliant a diwydiannaeth fodern gyd-fyw. Y mae diwydiannaeth, boed dan drefn gyfalafol neu drefn sosialaidd, yn diddyneiddio dyn, yn lladd diwylliant sy'n ffrwyth cymdeithas sefydlog, organig, araf ei threigl.'[152] Ym 1934, wrth annerch Catholigion yng Nghaerdydd, meddai: 'heddiw daeth cyfnod y datblygiad diwydiannol yn Ne Cymru i ben. Ni ddylem ofidio oblegid hynny. Cyfnod creulon a chyfnod o farbareiddio fu hwn i Gymru.' Â ymlaen i ddweud y dylai poblogaeth Cymru ddychwelyd at y tir, ac, yn y broses, ddychwelyd at y Gymraeg.[153] Neu dyma ef ym 1953, mewn darlith ar achlysur marwolaeth Dylan Thomas, yn dweud: 'Diwydiannaeth sy'n distrywio cenhedloedd, yn diraddio dyn i fod yn ddim ond pâr o ddwylo a chymuned i fod yn dorf.'[154] Yn yr un ddarlith, dywed fod 'y bobloedd Geltaidd yn gynhenid anaddas ar gyfer diwydiannaeth', a mynnai mai'r unig nofel a ddeilliai o gyd-destun diwydiannaeth y de ac a haeddai ei hystyried yn rhan o lenyddiaeth Cymru fyddai un a ddarluniai gymdeithas frodorol draddodiadol yn brwydro yn erbyn y peiriant diwydiannol. Hyd yn oed mor ddiweddar â 1980, yn y gerdd 'Gair at y Cymry', gwelai'r bygythiad i Gymru yn nhermau modernrwydd, sef y cyfryngau torfol yn yr achos hwn: 'Heddiw mae pleser a masnach pleser a'i rhaib a'i thruth ym mhob cegin a pharlwr o'n gwlad, / Dan nawdd y llywodraeth, / Yn diffeithio ein teuluoedd a'u ffydd, / Yn cyflawni ein tranc.'[155] Dyma'r elyniaeth a'r bygythiad sydd yn cymell gwaith gwleidyddol a llenyddol Saunders Lewis fel ei gilydd. Brwydrai dros wareiddiad yn erbyn barbariaeth, a thros yr ysbrydol yn erbyn y materol.

Yr oedd pryderon y bobl gyffredin gryn dipyn yn wahanol, a gellir tybio bod y byd modern wedi dod â chymaint o fanteision iddynt ag o golledion. Y rhai a boenai am golledion ysbrydol a diwylliannol, a resynai dros newidiadau mewn safonau, ac a geisiai adfer egwyddorion marw'r gorffennol oedd y deallusion a ynyswyd rhag y ffeithiau economaidd a reolai fywydau'r rhan fwyaf o bobl. Efallai bod amaethwyr yn gresynu wrth roi'r gorau i ffermio gyda cheffylau, ond ni rwystrodd hynny hwy rhag prynu tractorau. Efallai bod gwladwyr yn hiraethu am y gymdeithas wledig wrth ymadael am atyniadau a chyflogau uwch y trefi; ond dim ond deallusion da-eu-byd a fynnai eu gyrru yn ôl at y tir. Yr oedd y ffaith fod Saunders Lewis yn coleddu syniadau gwrth-fodern o'r fath yn ei nodweddu fel rhywun nad oedd mewn gwirionedd wedi profi gwir natur bywyd y rhan fwyaf o'i gyd-Gymry, boed hynny'n ddiwydiannol neu'n wledig.

Y mae hyd yn oed ei amddiffyniad o'r iaith Gymraeg yn dangos iddo ddod at y broblem o gyfeiriad sylweddol wahanol i lawer o Gymry brodorol. Yn ei erthygl 'Dyfodol Llenyddiaeth' gwelai dafodieithoedd a geirfa'r Gymraeg yn dirywio o dan ddylanwad y byd modern. Ond nododd hefyd: 'Hawdd dangos dirywiad cyffelyb mewn ieithoedd eraill, ac yn enwedig yn y Saesneg, yn Saesneg y llenorion ac yn Saesneg llafar y dosbarth llythrennog. Wrth ddinistrio cymdeithas, y mae diwydiannaeth o reidrwydd yn dinistrio iaith.'[156] Ceir hefyd yn ei ohebiaeth â David Jones ddyfyniad sydd yn dangos iddo boeni am golli hunaniaeth Lloegr yn wyneb y byd modern yn union fel y poenai am hunaniaeth Cymru.[157] Diwydiannaeth, y byd modern, materoliaeth, yw'r gelyn felly, nid Lloegr.

I Saunders Lewis, yr oedd cenedlaetholdeb a'r Gymraeg yn elfennau mewn brwydr fwy, yn diriogaeth lle gellid ymladd â'r byd modern materol. Pan brofai chwalfa gwareiddiad ar y Ffrynt Gorllewinol, dewisodd Gymru fel y man lle byddai'n gwneud ei safiad dros yr hen werthoedd. Yn ei areithiau a'i ysgrifeniadau ar adeg Penyberth, y mae'n amlwg iddo weld y frwydr fel un a oedd yn gymaint dros wareiddiad Ewrop Gristnogol yn gyffredinol ag a oedd dros Gymreictod Pen Llŷn. Nid dweud yr ydwyf nad oedd ganddo deimladau naturiol Cymro Cymraeg at ei wlad a'i iaith, ond credaf i'r rhain gael eu cymysgu'n gryf iawn â chymhellion llawer ehangach. Er enghraifft, nid oedd i'w weld, yn ei feirniadaeth lenyddol, yn poeni rhyw lawer am ddarostyngiad milwrol Cymru gan Loegr. Y drosedd fawr yn ei farn ef oedd y seciwlareiddio a'r moderneiddio, a thorri cysylltiad y wlad â Chatholigiaeth, a ddaeth rai canrifoedd wedi'r goresgyniad. Brwydr deallusyn yn erbyn yr hyn a welai yn farbariaeth oedd honno yn y bôn, nid brwydr brodor dros ei fro.

Annigonol, felly, yw diffinio Saunders Lewis mewn termau Cymreig yn unig. Rhaid ei weld mewn cyd-destun ehangach. O'i weld yn unig o safbwynt Cymreig, ymddengys yn ffigwr unigryw mympwyol; ond o edrych ar y darlun ehangach o dueddiadau syniadol y cyfnod, gellir ei ddeall yn well: fel cynrychiolydd Cymreig i fudiad gwrth-fodern eang. Y mae Dafydd Glyn Jones yn crynhoi'r sefyllfa'n dda yn *Presenting Saunders Lewis*, gan leoli Lewis yn bendant yn y duedd feddyliol eang y soniwyd amdani yn y bennod hon: yng nghwmni Pound, T. E. Hulme, Yeats, Wyndham Lewis, Eliot, Chesterton, Belloc, Irving Babbitt a hyd yn oed D. H. Lawrence mewn rhai agweddau. Ymserchodd y rhain mewn disgyblaeth, traddodiad, ac esthetiaeth, a welwyd fel pethau prin yn y byd democrataidd, modern, diwydiannol a chyfalafol.[158]

Ym 1961, pan oedd wedi cilio o fywyd cyhoeddus ers rhai blynyddoedd, fe ddywedodd Saunders Lewis iddo ef a'i syniadau gael eu gwrthod gan Gymru. Ond nid y gair olaf oedd hynny. Gellir gweld ei fod mewn gwirionedd *wedi* ei dderbyn mewn llawer modd gan ei wlad. Ni dderbyniwyd ei Gatholigiaeth, na'i elitiaeth, na chynifer o'i agweddau uchelwrol Seisnigaidd eraill, mae'n wir, ond fe'i derbyniwyd fel symbylydd ac fel ysbrydolwr mudiad cenedlaethol ac ieithyddol cryf a dylanwadol, ac fe'i derbyniwyd hefyd fel llenor, bardd a dramodydd o'r radd flaenaf yn hanes llenyddiaeth ei wlad. Y mae'r wlad wedi dethol yr hyn a ddymunai o'r hyn a gynigiodd Lewis, ac wedi rhoi heibio'r gweddill.

Tueddir i weld Lewis yn gyffredinol yng Nghymru, felly, fel arch-genedlaetholwr ac arch-amddiffynnydd yr iaith, gyda'i elitiaeth a'r gweddill o'i syniadau llai poblogaidd yn rhyw fath o hynodrwydd ymylol, os ystyrir hwy o gwbl. Gobeithiaf fy mod wedi awgrymu, er i'r pethau hyn ymddangos yn ymylol erbyn hyn yn y ddelwedd gyffredin boblogaidd o Saunders Lewis, eu bod, mewn gwirionedd, yn rhan annatod o'r tueddiadau a'i gyrrodd i le blaenllaw ym mywyd y genedl. Y mae ganddo le haeddiannol anrhydeddus a phwysig fel cenedl-aetholwr Cymreig, ond dim ond trwy ystyried ei ddieithrwch i Gymru y gellir yn llawn werthfawrogi deinameg, cymhellion a natur ei berthynas â hi.

Nodiadau

[1] Daw'r dyfyniad o gyfieithiad Saunders Lewis o waith y bardd Eidaleg Giuseppe Ungaretti, a fagwyd yn Eidalwr yn Alecsandria. 'Giuseppe Ungaretti', yn Gwynn ap Gwilym (gol.), *Meistri a'u Crefft* (Caerdydd, 1981), 232.

[2] Y ffynhonnell orau yma yw D. Tecwyn Lloyd, *John Saunders Lewis* (Dinbych, 1988). Yr oedd Lewis yn sensitif ynglŷn â goblygiadau astudiaeth o'i fagwraeth Seisnig, gan iddo ofyn i Lloyd beidio â chynnwys pennod ar y pwnc mewn cyfrol gyfarch iddo.

[3] Dafydd Ifans (gol.), *Annwyl Kate, Annwyl Saunders* (Aberystwyth, 1993), 137; llythyr dyddiedig 21.11.47.

[4] Ibid., 137; llythyr dyddiedig 21.11.47.

[5] Ibid.

[6] Lloyd, op. cit., 29.

[7] Gweler Gareth Miles, 'Saunders Lewis the Man', yn Alun R. Jones a Gwyn Thomas (goln), *Presenting Saunders Lewis* (Caerdydd, 1983), 17.

[8] Ibid.

[9] Ibid., 18.

[10] *Y Ddraig Goch*, Cyfrol 8 (3) (Mawrth 1934), 1, ac Ebrill 1938, 'Y Blaid Genedlaethol a Marxiaeth'.

[11] R. S. Thomas, *Neb* (Caernarfon, 1985), 9.

[12] *Meistri a'u Crefft*, 30–6.

[13] Lloyd, op. cit., 57, 72.

[14] Ceir yn *Baner ac Amserau Cymru*, 24.1.24, 5. Gw. Lloyd, op. cit., 153.

[15] Ibid., 43.

[16] Ibid.

[17] *Williams Pantycelyn* (Llundain, 1927), 22.

[18] Gw. Richard Johnstone, *The Will to Believe* (Rhydychen, 1984), 2.

[19] Yn wir, noda Harri Pritchard Jones gysylltiadau Gwyddelig Margaret

Gilcriest a'r ffaith y bu hi a Saunders yn cydymdeimlo â gwrthryfelwyr Iwerddon y cyfnod. Awgryma y gallasai'r pâr ifanc fod wedi dewis ymgartrefu yn Iwerddon yn lle Cymru ('Saunders Lewis a'r Eingl-Gymry', yn M. Wynn Thomas (gol.), *DiFfinio Dwy Lenyddiaeth Cymru* (Caerdydd, 1995), 154.

[20] Dyfynnir merch Lewis, Mair Saunders, mewn erthygl gan Clive Betts yn y *Western Mail*, 17.8.93, 'Changing Allegiance of Literary Fighter', lle dywed i'w thad gael ei glwyfo mor ddifrifol fel y gadawyd ef ar faes y gad gan i'w gydfilwyr feddwl ei fod yn farw, ond i'w fatmon, Albert Wallace o Abertyleri, fynd allan i'w achub.

[21] Soniodd Lewis mewn llythyr at Margaret Gilcriest tua diwedd Ionawr 1917 (Mair Saunders Jones, Ned Thomas a Harri Pritchard Jones (goln), *Saunders Lewis, Letters to Margaret Gilcriest* (Caerdydd, 1993), 242) am wylio'r Almaenwr yn ei ffos o bell: 'Well, he and the hawks make good game, and occasionally one takes a rifle, aims slowly, caresses the trigger-guard, and presses, – and the man either staggers or makes off.' Cyfeirir at y llyfr hwn o hyn ymlaen fel *Letters*. Dywed Harri Pritchard Jones i ffwrnais y rhyfel ffurfio Saunders Lewis newydd, 'Saunders Lewis (1893–1983): A Neglected Giant', *Trafodion Anrhydeddus Gymdeithas y Cymmrodorion*, 1993, 115.

[22] Cysylltiad arall â'r meddwl Ffrengig yw'r ffaith i gofiant Emrys ap Iwan gan T. Gwynn Jones gadarnhau'r broses a gychwynnwyd yn Saunders Lewis gan Barrès. Yr oedd gan ap Iwan, wrth gwrs, berthynas ffrwythlon iawn â Ffrainc ac â Chatholigiaeth.

[23] Lloyd, op. cit., 249–309.

[24] Gweler Gareth Miles, 'Saunders – Ewropead Mawr?', *Barn*, (Gorffennaf/Awst, 1993), 65: 'O ran theori wleidyddol, perthyn Saunders Lewis yn nes i'r tueddiad crancyddol yng Ngheidwadaeth Lloegr nag i unrhyw ysgol neu fudiad cyfandirol.' Serch hynny, credaf y dylwn nodi nad Ceidwadwyr o ran plaid oedd Chesterton a Belloc eu hunain, ond Rhyddfrydwyr – bu Belloc yn AS Rhyddfrydol. Nid oedd ganddynt lawer i'w ddweud wrth Geidwadaeth, er mor geidwadol oedd llawer o'u hagweddau.

[25] Dyfynnaf o'r fersiwn o'r Deg Pwynt a gyhoeddir ar dudalen blaen *Y Ddraig Goch* ym Mawrth 1934.

[26] Saunders Lewis, *Canlyn Arthur* (Dinbych, 1938), 18–19. Gw. Lloyd, op. cit., 276–7.

[27] Yr oedd G. K. Chesterton, er enghraifft, yn gefnogwr brwd i ymreolaeth Wyddelig ac yr oedd wedi siarad o'r platfform i gefnogi cenedlaetholwr Albanaidd.

[28] *Letters*, 516; llythyr dyddiedig 13.12.23.

[29] Er enghraifft: *Annwyl Kate, Annwyl Saunders*, 87, a Geraint Gwilym Evans, 'The Correspondence of Saunders Lewis and David Jones' (MA, Abertawe, 1987), 116, Llythyr 16, Sul y Pasg, 1962.

[30] Hazel Walford Davies, *Saunders Lewis a Theatr Garthewin* (Llandysul, 1995), 367; llythyr dyddiedig 16.10.64.

[31] *Baner ac Amserau Cymru*, 27.6.45.

[32] R. Geraint Gruffydd (gol.), *Cerddi Saunders Lewis* (Caerdydd, 1992), 10.

[33] *Letters*, 472; llythyr dyddiedig 25.10.21.

[34] John Sullivan (gol.), *G. K. Chesterton: A Centenary Appraisal* (Llundain, 1974),

56; John P. McCarthy, *Hilaire Belloc, Edwardian Radical* (Indianapolis, 1978), 313, 333.

[35] Dull gweithredol o lywodraethu oedd y fonarchiaeth hon i fod. Yr oedd yn wahanol iawn, felly, i'r frenhiniaeth a amddiffynnwyd gan Saunders Lewis mewn erthyglau fel 'Y Blaid Genedlaethol a'r Brenin' yn *Y Ddraig Goch*, Mawrth 1929, nad oedd yn ddim ond mater o deyrngarwch ffiwdal. Ond gyda'r teyrngarwch hwnnw mewn golwg, diddorol yw nodi, wrth fynd heibio, i Dywysog Cymru ddyfynnu Saunders Lewis yn ganmoliaethus wrth draddodi darlith amgylcheddol flynyddol gyntaf Cyngor Cefn Gwlad Cymru ym Mharc Margam ar 10 Rhagfyr 1993. Dywedodd y Tywysog: 'I happen to believe that many communities in rural areas are among the last bastions of truly civilized values and have a cultural distinctiveness which we should treasure. This is particularly true of those rural communities in Wales, especially farming communities, which are strongholds of the Welsh language. Indeed, Saunders Lewis, the well-known dramatist and poet, likened Wales to a vineyard which needs careful nurturing so that it can be bequeathed to succeeding generations: "Gwinllan a roddwyd i'm gofal yw / Cymru fy ngwlad / I'w thraddodi i'm plant / Ac i blant fy mhlant / Yn dreftadaeth dragwyddol".' Rhoddodd y tywysog gyfieithiad Saesneg yn ogystal, a dweud wedyn: 'Having a proper sense of pride in one's own cultural heritage and a sense of belonging to a discrete community are surely vital ingredients in terms of the viability, and ultimately the sustainability, of human societies. And don't let anyone persuade you that these ingredients are old-fashioned and irrelevant. Throw them away, or let them wither and die through lack of nourishment, and we shall have hacked at the very roots of the vineyard, and that Welshness which makes me proud to be the bearer of my own title.' Diddorol yw meddwl beth a fuasai ymateb Lewis i'r nawdd uchelwrol yma.

[36] Gellid hefyd ddehongli fel gwrth-ddemocratiaeth alwad ddadleuol Saunders Lewis ym 1923 am fyddin o genedlatholwyr i ymarfer drilio milwrol heb arfau. Creodd hyn dipyn o sgandal ar y pryd. (Lloyd, op. cit., 220–3). Ond nid yw pob milwriaeth yn ffasgaeth. O ystyried y cyfnod, cydymdeimlad ei ddarpar-wraig â gwrthryfelwyr Iwerddon, a sylw Lewis ym 1921 ei fod yn cadw llawddryll ar gyfer y 'Welsh Sinn Fein', (*Letters*, 472; llythyr dyddiedig 17.10.21.) y tebygrwydd cryf yw mai gwrthryfelwyr Iwerddon oedd ei fodel yma, nid egin-ffasgwyr y Cyfandir. Diddorol yw sylwi fel y crëwyd ffrwgwd debyg gan sylwadau o eiddo R. S. Thomas mewn araith i'r Cyfamodwyr yn 1990.

[37] Ymddengys i gyhuddiad o'r fath gan W. J. Gruffydd adeg etholiad y Brifysgol ym 1943 ei frifo. O. M. Roberts, *Oddeutu'r Tân* (Caernarfon, 1994), 106.

[38] 'Aspects of His Work', *Presenting Saunders Lewis*, 68.

[39] 'Saunders Lewis a'r Eingl Gymry', *DiFfinio Dwy Lenyddiaeth Cymru*, 163.

[40] Yn *Planet*, 97 (Chwefror/Mawrth, 1993), 77–82, ceir ymdriniaeth gan yr awdur presennol ('The Far Right') ar fudiad gwleidyddol ymylol o'r enw The Welsh Distributist Movement, yr WDM, a fu'n weithgar yng Nghymru o 1987 tan ddechrau'r 1990au. Mudiad oedd hwn a ddeilliodd o chwalfa'r National Front yn Lloegr yn yr 1980au, pan holltodd y blaid honno'n ddwy garfan, y naill yn dilyn ffasgaeth noeth filwrol a'r llall yn dilyn syniadau llai eithafol

egin-ffasgaeth y 1920au, gan fabwysiadu enw, a rhai o ddaliadau, dosrannaeth. Ymsefydlodd nifer o aelodau gweithgar y garfan 'ddosranaidd' yng Nghymru, gan sefydlu yr WDM, a chan geisio hawlio perthynas â chenedlaetholdeb Cymreig ac â syniadau Saunders Lewis. Ni fuont yn llwyddiannus. Grŵp bach iawn oeddynt, ac nid oes arwyddocâd mawr i'w gweithgareddau na'u syniadau, ond maent yn enghraifft o'r modd y gellir cysylltu dosrannaeth â ffasgaeth, boed y cysylltiad hwnnw'n gam neu'n gymwys. Ceir hefyd yn *Planet* 65 a 66 erthyglau gan yr un awdur ar ddyddiau cynnar y mudiad hwn.

[41] Ceir ymdriniaeth lawn â'r pwnc hwn gan yr awdur presennol yn 'Rhagfur a Rhagfarn: Agweddau tuag at yr Iddewon yng ngwaith T. S. Eliot, Saunders Lewis a Simone Weil', *Taliesin*, 100 (Gaeaf 1997), 61.

[42] Meredydd Evans, 'Gwrth-Semitiaeth Saunders Lewis', *Taliesin*, 68 (Tachwedd, 1989), 37.

[43] *Y Ddraig Goch*, Rhagfyr 1926.

[44] Yr oedd yn anghywir, wrth gwrs, wrth ddweud bod Lenin yn Iddew.

[45] Dyma'r un Mond a fu dan lach Eliot.

[46] Mewn erthygl ar fân-berchnogaeth yn *Canlyn Arthur*, sonia am greu deddfau i rwystro pentyrru eiddo gan fasnachwyr: deddfau 'ddigon digalon i dorri crib hyd yn oed Iddewon Bangor'.

[47] Mewn araith i aelodau Plaid Genedlaethol Cymru yng Nghaernarfon, 29 Chwefror 1936. Dafydd Jenkins, *Tân yn Llŷn* (Caerdydd, 1975), 36.

[48] *Cerddi Saunders Lewis*, 4.

[49] *Y Ddraig Goch* (Mehefin 1933). Gw. hefyd Lloyd, op. cit., 262–3.

[50] Gw. Meredydd Evans, op. cit.

[51] Gw. Roy Lewis, 'Saunders Lewis a'r Iddewon', *Y Faner*, 9.12.88, 8.

[52] Ceir rhan helaeth o'r rheswm am ragfarn Lewis yn ei gysylltiad â'r gwrth-fodernwyr, a drafodwyd uchod. Ond tybed a geir esboniad ychwanegol hefyd. Wrth ddod yn genedlaetholwr Cymreig, tybed a fyddai Saunders Lewis, a oedd yn gymaint o Sais o ran magwraeth, wedi teimlo mai rhyw fath o frad fyddai gweld ei wrthwynebiad i reolaeth Lloegr yn nhermau greddfol gelyniaeth y Cymro a'r Sais. Tybed ai gwell ganddo, felly, oedd gweld y bygythiad i Gymru mewn termau rhyng-genedlaethol, amhersonol, ac iddo drosglwyddo'i ddicter a'i rwystredigaeth bersonol nid i'r stereoteip haniaethol o Sais ond i'r stereoteip o'r Iddew breintiedig anghyfrifol, a oedd yn gyfleus o estron? Mynnodd Lewis weld protest Penyberth fel rhan o wrthdystiad yn erbyn bygythiad rhyngwladol, rhyng-ddiwylliannol amhersonol, nid yn brotest yn erbyn Lloegr yn unig. Diddorol yw sut y pellheir gwres y frwydr ddiwylliannol hefyd yn sawl un o'i weithiau creadigol drwy iddo leoli'r digwyddiadau mewn sefyllfaoedd dieithr – yr Almaen Natsïaidd, Persia hynafol neu Fienna ac yn y blaen – ac fel na ddarlunnir gelyniaeth at y Saeson nac at Loegr fel y cyfryw. Mewn cyfnod fel y 1930au, pan oedd brwydr bersonol Lewis â gwladwriaeth Lloegr ar ei hanterth, y mae'n bosibl mai bwch dihangol seicolegol oedd yr 'Iddew cyfalafol' ar gyfer y gelyniaethau cenedlaethol elfennol a fuasai'n arbennig o boenus i Saunders Lewis oherwydd ei sefyllfa amwys.

[53] Yr oedd gan hyd yn oed Chesterton a Belloc nifer o ffrindiau oes o Iddewon, a bu gan Lewis gyfeillion Iddewig hefyd. Gw. Meredydd Evans, op. cit., 36–7.

[54] Ceir crynhoad o'r weledigaeth hon ym McCarthy, op. cit., 313.

[55] Jonathan Miles, *Eric Gill and David Jones at Capel y Ffin* (Pen-y-bont ar Ogwr, 1992), 94.

[56] *The Path to Rome* (Llundain, dim dyddiad), 131. Cyhoeddwyd yn wreiddiol gan George Allen ym 1902.

[57] Ibid., 90.

[58] *Letters*, 314; llythyr dyddiedig 12.11.18.

[59] *The Path to Rome*, 111.

[60] *Letters*, 353; llythyr dyddiedig 7.7.19.

[61] *Cerddi Saunders Lewis*, 32.

[62] *Braslun o Hanes Llenyddiaeth Gymraeg hyd 1535* (Caerdydd, 1986), vii.

[63] 'Saunders – Ewropead Mawr?', *Barn*, (Gorffennaf/Awst, 1993), 63.

[64] Rhydd llyfrgell bersonol David Jones syniad o'i ddiddordebau. Ynddi, ceir pump o lyfrau Belloc, pedwar o rai G. K. Chesterton, dau gan ei frawd Cecil Chesterton a phump gan Maritain, ynghyd â nifer gan Saunders Lewis. Nodir hyn yn llyfr Huw Ceiriog Jones, *The Library of David Jones* (Aberystwyth, 1995).

[65] Jonathan Miles, op. cit., 99, 127.

[66] Peter Ackroyd, *T. S. Eliot* (Llundain, 1991), 76.

[67] John Emyr, *Dadl Grefyddol Saunders Lewis ac W. J. Gruffydd* (Pen-y-Bont ar Ogwr, 1986), 25.

[68] Hazel Walford Davies, op. cit., 164, 165, 203, 227, 228, 228.

[69] Gellir nodi tebygrwydd a pherthynas rhwng Saunders Lewis a llenor Eingl-Gymreig arall o dueddiadau cyffelyb, sef Richard Llewellyn, awdur *How Green Was My Valley*, a oedd yn gyn-swyddog ym myddin Lloegr, ac yn un a drodd at Babyddiaeth esthetaidd ac at genedlaetholdeb Cymreig ceidwadol, gwrth-sosialaidd. Edmygai Saunders Lewis yn fawr, a daeth i'w weld yn y carchar ar 25.8.37, gan addo ei ymroddiad i genedlaetholdeb a chan drefnu i gwrdd ag ef eto. Yr wyf yn ddyledus i John Harris, Adran Astudiaethau Gwybodaeth a Llyfrgellyddiaeth Prifysgol Cymru, Aberystwyth, am yr uchod. Ceir hanes cyfarfod Lewis a Llewellyn yn *Letters*, 634.

[70] Harri Pritchard Jones, 'Saunders Lewis a'r Eingl-Gymry', op. cit., 165.

[71] Geraint Gwilym Evans, op. cit.

[72] *Meistri a'u Crefft*, 107.

[73] Geraint Gwilym Evans, op. cit., 67, llythyr 16.

[74] Uchod, 58; llythyr 10, 26.6.54, 97; llythyr 31, 6.12.59; llythyr 30, 13/14.11.59.

[75] Ysgrifennodd Lewis ragair i *Catalogue of an exhibition of paintings, drawings, engravings and inscriptions by David Jones* (Llundain, 1954) ar gyfer arddangosfeydd yn Aberystwyth ac yn y Tate yn Llundain.

[76] Geraint Gwilym Evans, llythyr 30, 13/14.11.59.

[77] Ibid., 118, llythyr 65, 8.1.63; a 130, llythyr 86, 20.12.70.

[78] Ibid., 89; llythyr 28, 19.5.59.

[79] Ibid., 103; llythyr 38.

[80] Ibid., 109; llythyr 49, 19.9.61.

[81] Ibid., 113; llythyr 57, 17.1.62.

[82] Ibid., 116; llythyr 61, 11.3.62.

[83] Ibid., 73; llythyr 19.

[84] Ibid., 100; llythyr 33.

[85] Ibid., 126; llythyr 76, 20.12.67.
[86] Ibid., 129; llythyr 79, 31.12.69.
[87] *Letters*, 353.
[88] Ibid., 367.
[89] Ibid., 441.
[90] Ibid., 468.
[91] Ioan Williams, *A Straitened Stage* (Pen-y-bont ar Ogwr, 1991), 47.
[92] Mair Saunders (gol.), *Bro a Bywyd Saunders Lewis* (Caerdydd, 1987), 97.
[93] Saunders Lewis, yn R. Geraint Gruffydd (gol.), *Meistri'r Canrifoedd* (Caerdydd, 1973), 81.
[94] *The Path to Rome*, 297.
[95] *Letters*, 524, 1924 (heb ddyddiad); a 467, 27.9.21, lle sonia amdano'i hun yn darllen llyfrau diwinyddiaeth Gatholig a theimlo atyniad at yr Offeren, gan weld Catholigiaeth fel crefydd y bobl, crefydd prydferthwch: 'but I have not felt the one impulse which makes a man a Christian.'
[96] *Letters*, 523.
[97] *Cerddi Saunders Lewis*, op. cit. 38.
[98] Ibid., 7.
[99] Hazel Walford Davies, op. cit., 46.
[100] Ibid., 27.
[101] Ibid., 175.
[102] Yn ddiweddarach, cefnogodd ef a dwy o'i ferched Gymdeithas yr Iaith, a gadawodd ef i Fyddin Rhyddid Cymru ymarfer ar ei diroedd. Gw. Hazel Walford Davies, op. cit., 226 a 370.
[103] Ibid.
[104] Ibid., 25.
[105] Ibid., 290; llythyr dyddiedig 28.11.44.
[106] 'Ann Griffiths a Chyfriniaeth', *Meistri'r Canrifoedd*, 321.
[107] *Annwyl Kate, Annwyl Saunders*, op. cit., 212; llythyr dyddiedig 12.09.65.
[108] Lloyd, op. cit., 177.
[109] *Meistri'r Canrifoedd*, 161–3.
[110] Lloyd, op. cit., 175.
[111] *Williams Pantycelyn*, 86.
[112] *Cerddi Saunders Lewis*, 53.
[113] Harri Pritchard Jones, 'Saunders Lewis (1893–1983): A Neglected Giant', 137.
[114] Bruce Griffiths, 77, yn dyfynnu 'Holi Saunders Lewis', *Mabon*, I, 8, (1974–5).
[115] Bruce Griffiths, 'Saunders Lewis: *Francophile*', *Taliesin*, 83 (Gaeaf 1993), 18–33.
[116] *Letters*, 479.
[117] John Emyr, op. cit., 36.
[118] *Annwyl Kate, Annwyl Saunders*, 45.
[119] Emyr Humphreys, 'Outline of a Necessary Figure', *Presenting Saunders Lewis*, 6.
[120] *Letters*, 5; Gaeaf 1914.
[121] Lloyd, op. cit., 75.
[122] Ibid., 75.
[123] Ibid., 78.
[124] *Letters*, 541.
[125] John Emyr, op. cit., 6.

[126] *Letters*, 185; llythyr dyddiedig 12.2.16; a 463; llythyr dyddiedig 25.8.21.

[127] *Williams Pantycelyn*, 114–15.

[128] Ibid., 156.

[129] *Letters*, 258; llythyr dyddiedig 18.8.17.

[130] *Annwyl Kate, Annwyl Saunders*, 16; llythyr dyddiedig 10.2.27.

[131] 'Eisiau Priodi Dau Ddiwylliant', *Y Ddraig Goch*, (Gorffennaf 1928), dyfynnwyd yn *Ati, Wŷr Ifainc* (Caerdydd, 1986), 36.

[132] *Annwyl Kate, Annwyl Saunders*, 4; llythyr dyddiedig 18.3.23.

[133] Lloyd, op. cit., 132. Dyfynnir Thomas Parry a chyn-ysgrifennydd cyffredinol Plaid Cymru, J. E. Jones.

[134] 'The Critical Writings of T. Gwynn Jones,' *Welsh Outlook*, (1920), 265 a 288, wedi ei ddyfynnu yn Lloyd, op. cit., 156–7.

[135] 'Giuseppe Ungaretti', *Meistri a'u Crefft*, 232.

[136] 'Saunders Lewis (1893–1983): A Neglected Giant', 120.

[137] Cafwyd yr hanes mewn cyfweliad rhwng Thomas a'r awdur presennol.

[138] Lyndall Gordon, *Eliot's Early Years*, 53.

[139] John Emyr, op. cit., 46.

[140] 'R. S. Thomas and His Readers', yn Sandra Anstey (gol.), *Critical Writings on R. S. Thomas* (Pen-y-bont ar Ogwr, 1992), 165.

[141] *The Taliesin Tradition* (Pen-y-bont ar Ogwr, 1989), 219.

[142] 'His Criticism', *Presenting Saunders Lewis*, 95.

[143] Ibid., 98.

[144] O wybod hyn, gofynnais i Valerie Eliot, sydd wrthi'n golygu gohebiaeth ei gŵr, a oedd unrhyw ohebiaeth gan Saunders Lewis ymhlith papurau Eliot, ond dywedodd na fedrai ganfod cofnod o unrhyw lythyr ganddo.

[145] Er enghraifft: 'Llythyr Ynghylch Catholigiaeth', *Y Llenor*, (Haf 1927), wedi ei ddyfynnu yn *Ati, Wŷr Ifainc*, op. cit., 7. Yma, ceir Lewis yn dyfynnu Eliot yn amddiffyn agwedd Gatholig Belloc.

[146] 'Y Dilyw', *Cerddi Saunders Lewis*, 11.

[147] *Buchedd Garmon*, (Aberystwyth, 1948), 48.

[148] Ibid., 48.

[149] John Emyr, op. cit., 15.

[150] Ibid., 18.

[151] *Ati, Wŷr Ifainc*, 7.

[152] 'Gwaith yr Ysgolion', ibid., 47.

[153] 'Traddodiadau Catholig Cymru', *Ati, Wŷr Ifainc*, 9.

[154] Dyfynnwyd gan Harri Pritchard Jones yn 'Saunders Lewis a'r Eingl-Gymry', op. cit., 151.

[155] *Cerddi Saunders Lewis*, 57.

[156] 'Dyfodol Llenyddiaeth,' *Meistri a'u Crefft*, 189.

[157] Geraint Gwilym Evans, op. cit., 129; llythyr 79, dyddiedig 31.12.69.

[158] 'Aspects of His Work', *Presenting Saunders Lewis*, 46

3

Simone Weil[1]

Ar un olwg, y mae llawer o wahaniaethau rhwng Simone Weil a'r tri llenor arall dan sylw, a hithau'n fenyw, yn Iddewes, yn Ffrances, ac yn un a fu farw yn 34 oed heb ddod i amlygrwydd yn ystod ei bywyd. Serch hynny, yr oedd hi'n debyg i'r llenorion eraill mewn sawl ffordd, a chredaf y gall astudiaeth ohoni ehangu'r ddadl a dangos sut y cododd, mewn diwylliant gwahanol, ymateb tebyg iawn i eiddo'r tri llenor arall yn erbyn y byd modern.

Cynnyrch yr un cyfnod hanesyddol oedd Simone Weil: yr oedd hi bedair blynedd yn hŷn nag R. S. Thomas, un mlynedd ar bymtheg yn iau na Saunders Lewis ac un mlynedd ar hugain yn iau na T. S. Eliot. Fel hwythau, fe ymatebodd i ddau ryfel byd a mecaneiddio carlamus hanner cyntaf yr ugeinfed ganrif mewn ffordd nodweddiadol wrthfodern, ac fe ddaeth hefyd – dan sbardun bygythiad enbyd i'w gwlad – i weledigaeth o werth ysbrydol y genedl fel rhan o fframwaith o werthoedd traddodiadol a diwylliannol. Fel y llenorion eraill hefyd, miniogwyd gweledigaeth Weil o natur a gwerth diwylliant a hunaniaeth ei chenedl gan y dieithrwch a fodolai rhyngddi a'r wlad honno. Creodd weledigaeth o Ffrainc fel rhagfur yn erbyn modernrwydd, gan greu dadl wladgarol gref nas seiliwyd ar gymhellion gwladgarol arferol. Fel y tri dyn, yr oedd dieithrwch a thyndra'n elfennau hanfodol o'i phrofiad, a chyfunodd hynny â phersonoliaeth naturiol encilgar i liwio natur ei hathroniaeth bersonol.

Dieithriad

Yr oedd elfen gref o ansicrwydd diwylliannol ynghlwm ym magwraeth Weil, yn bennaf oherwydd mai Iddewes oedd hi. Fe'i ganed ym 1909 ym Mharis, yn ferch i'r meddyg Bernard Weil, o Alsás yn wreiddiol, a'i wraig Selma Weil, a oedd o Rwsia. Siaradai'r rhieni Almaeneg gyda'i gilydd, ond Ffrangeg â'u plant.[2] Serch hynny, ers yn blentyn, yr oedd Simone yn medru'r Almaeneg, a'r Saesneg hefyd. Er nad anghyffredin fyddai gwybodaeth o'r Almaeneg i drigolion Alsás, a oedd yn ffinio â'r Almaen, nid heb arwyddocâd i ymddieithriad Simone Weil oddi wrth Ffrainc yw ei magwraeth ar aelwyd lle siaredid iaith y genedl a fu'n fygythiad enbyd i Ffrainc yn y ddau ryfel byd a fframiodd ei bywyd byr.[3]

Iddewon crefyddol oedd teulu tad Simone, ac Iddewon rhyddfrydol oedd teulu ei mam. Peidiasai Bernard a Selma Weil ag arfer defodau'r grefydd, ac ni ddysgent ei harferion i Simone na'i brawd André, a oedd dair blynedd yn hŷn na hi; nid aent i'r synagog, a thueddent i ddibrisio ac anwybyddu eu cefndir Iddewig. Ni ddysgodd Simone ei bod yn Iddewes nes iddi fynd i'r ysgol; ni ddarllenodd yr Hen Destament tan 1938, pryd y cafodd ei hysgwyd gan yr hyn a welodd fel yr annhegwch a'r trais ynddo, ac nid aeth ond unwaith yn ei bywyd i synagog, a hynny yn Efrog Newydd ym 1942. Ond er nad arddelwyd Iddewiaeth gan ei rhieni, ac er i Weil, yn nes ymlaen, wneud ymgais egnïol i hawlio ei bod wedi ei magu'n rhan o'r diwylliant Catholig ac i honni nad oedd ganddi nemor ddim cysylltiad ag Iddewiaeth, nid mor hawdd â hynny, mewn gwirionedd, oedd iddi ddianc rhag ei threftadaeth deuluol a chrefyddol. Yr oedd rhai o aelodau'r teulu estynedig – a fu'n ymweld yn aml neu'n byw am gyfnodau gyda theulu Simone – yn arfer defodau Iddewig neu'n cadw cysylltiad â'r diwylliant Iddewig. Yn ogystal, yr oedd elfennau o'r gymdeithas Ffrengig y ceisiai Simone honni ei bod yn rhan ohoni yn gallu bod yn wrth-semitaidd ddigon. Er enghraifft, ymosodwyd ar Weil fel 'Iddewes',[4] ac fel 'y Forwyn Goch o dylwyth Lefi'[5] gan bapurau newydd yn gynnar yn ei gyrfa wleidyddol. Yr oedd gwrth-semitiaeth yn gyffredin yng ngwleidyddiaeth adain-dde Ffrainc, ac yr oedd hyn, a gwrth-semitiaeth gynyddol yr Almaen trwy gydol y 1920au, y 1930au a'r Ail Ryfel Byd, yn ei gwneud yn amhosibl i unrhyw un o dras Iddewig anwybyddu eu cynhysgaeth deuluol, ni waeth pa mor ddiystyriol o Iddewiaeth y buont yn bersonol.

Yn achos Simone, yr oedd hi'n fwy na diystyriol o Iddewiaeth – yr oedd ganddi ragfarn yn ei herbyn. Ar y cyfan, yr oedd hi'n syndod o ddidaro ynglŷn â deddfau gwrth-semitaidd yr Almaen a Vichy pan ddaeth y rheiny i fod, hyd yn oed pan ddioddefai hithau o'u herwydd. Arddelai gymathu'r Iddewon â gweddill poblogaeth Ffrainc, a pherswadiodd ei brawd i fedyddio ei blentyn yn Gristion. Yr oedd yr annhegwch a'r hiliaeth a briodolwyd ganddi i Iddewiaeth a Duw'r Hen Destament, yn ei gwneud hi'n ddidrugaredd yn ei beirniadaeth arni. Yr oedd ei beirniadaeth ar Natsïaeth yn garedig a hael o'i chymharu. Anodd peidio â gweld hyn fel rhyw fath o hunan-gasineb, rhyw wadu ar rywbeth a ystyriai yn wendid ac yn llyffethair, yn rhwystr i'w hymgais i deimlo'n rhan o Ffrainc Gatholig. Y mae'n atgoffa rhywun o agwedd R. S. Thomas tuag at ei gefndir Seisnig, neu, o ran hynny, gelyniaeth ambell Gymro Cymraeg at ei Gymreictod wrth iddo geisio derbyniad fel 'Prydeiniwr'. Ond beth bynnag fo'i hanghysur gyda'i chefndir, Iddewes oedd hi, a hynny ar adeg pan oedd bod yn Iddew yn gyflwr a allai gostio gyrfa o leiaf, ac yn aml, fywyd ei hunan. Enw Thomas R. Nevin, un o fywgraffwyr Simone Weil, arni hi a'i thebyg yw 'catastrophe Jew',[6] sef rhywun a ddygwyd, drwy erledigaeth, wyneb yn wyneb â'r hunaniaeth Iddewig y ceisiasant ei gwadu neu'i diystyru cyn hynny. Cawn ddychwelyd yn y man at gymhlethdod perthynas Weil ag Iddewiaeth, ond digon yw nodi am y tro fod Iddewiaeth yn rhwystr anorfod ar ei pherthynas â'r Ffrainc Gatholig y cafodd hi weledigaeth mor ddisglair o'i gwerth unigryw.

Perthnasol hefyd i weithgaredd a syniadaeth Weil yn ddiweddarach oedd y ffaith ei bod hi'n hynod encilgar. Amhosibl, wrth gwrs, yw dweud pam y bu felly, ond gellir, serch hynny, awgrymu rhai amgylchiadau a borthodd y duedd hon. Er enghraifft, yr oedd hi'n blentyn gwannaidd a dioddefai'n gyson o wahanol afiechydon ar hyd ei hoes, gan greu ynddi deimlad o anallu a gwendid. Hefyd, er bod ei theulu'n un cariadus a chefnogol yn ôl pob tystiolaeth, fe goleddent y gred mai André oedd athrylith y teulu, ac y mae'n debyg i Simone ddatblygu cymhlethdod israddoldeb oherwydd galluoedd academaidd disglair ei brawd, a ddaeth, yn nes ymlaen, yn athro prifysgol. Cyfrannai hyn at deimlad cyson ei bod yn berson diwerth, yn amddifad o berthynas normal ag unrhyw un, a neb yn ei charu: mewn llythyr at ei brawd unwaith, cyfeiriodd at eu rhieni fel 'dy rieni'.[7] Y mae'n lled bosibl mai'r gystadleuaeth â'i brawd a'i hymgais i osgoi'r gwendidau a'r disgwyliadau llyffetheiriol a roddwyd ar ferched y cyfnod a gyfrannodd at ymgais ar ei rhan i fygu ei benyweidd-dra a'i rhywioldeb yn yr un modd ag y ceisiodd fygu ei Hiddewiaeth a'i theimladau: gwisgai yn aml fel bachgen, arferai'r enw 'Simon' yn aml iawn yn lle 'Simone' yn y teulu a chyfeiriai ati'i hun mewn llythyrau at ei rhieni fel 'eich mab'.[8] Y mae elfen o chwarae plant yn hynny, wrth gwrs, ond fe barhaodd yn hwy nag y byddai jôc arferol, a gydol ei hoes tueddai Weil i fygu ei benyweidd-dra, gan wisgo'n blaen ac yn fachgennaidd, a chan ymwrthod â serch ac â charwriaethau. Y mae Nevin yn ffyddiog ei bod yn wyryf ar hyd ei hoes.[9] Nid mater o absenoldeb y greddfau rhywiol arferol mo hyn, mi gredaf, ond mater o'u mygu a'u gwadu. Er enghraifft, mewn ysgrif gyfriniol/ ramantaidd[10] a ysgrifennwyd ganddi ym 1942, un y mynnodd Weil wrth ei mam y dylid ei gosod ar ddechrau casgliad o'i llyfrau nodiadau, sonnir am y duwdod – fe ymddengys – mewn termau carwriaethol, gan ddangos y reddf rywiol naturiol yn brigo trwodd i'w chyfriniaeth. Soniai hefyd mewn llythyr at gyfaill fel y bu iddi benderfynu rhoi cariad heibio nes iddi gyflawni gwaith ei bywyd.[11] I Weil, yr oedd ei benyweidd-dra – yn wir, ei bywyd corfforol fel y cyfryw[12] – yn wendid ac yn rhwystr. Felly yr oedd ei Hiddewiaeth hefyd – yn deimlad oesol o israddoldeb, ansicrwydd, perygl a gwendid. Ceisiodd Weil wadu a chuddio popeth a dueddai i'w rhoi mewn perygl o gael ei gwrthod neu ei meddiannu. Yn gyson drwy ei bywyd a'i gwaith, y mae'r egwyddor o bellter, o ymneilltuedd, yn llywodraethu. 'Pellter yw enaid prydferthwch,' meddai unwaith.[13]

Ni theimlai ei bod yn haeddu cariad gan na dyn na chymdeithas na Duw. Teimlai mai agwedd gywiraf yr enaid gerbron y dwyfol oedd gwacter, pellter a gwendid. Yr oedd hi'n osgoi perthyn, boed i gymuned, neu berson neu Dduw, er bod ganddi ddyhead naturiol mawr i wneud. Cyflwr o dyndra parhaol ydoedd: 'The drama of her life, as of her thought, was her continual search for the absolute and her continual disappointment,' meddai Nevin.[14] Rhan o'r rheswm am eglurder anghyffredin ei gweledigaeth o hyfrydwch perthyn yw'r ffaith iddi bob amser weld y cyflwr hwnnw o bell.

Rhyfel

Effeithiodd rhyfel yn ddwfn ar brofiad a syniadau Weil. Yr oedd hi'n bum mlwydd oed ar ddechrau'r Rhyfel Byd Cyntaf. Er ei bod yn ifanc iawn, rhaid ystyried iddi fod yn agosach at y profiad o ryfel na llawer o blant o'i hoed, hyd yn oed yn Ffrainc. Gwasanaethodd ei thad fel meddyg yn y fyddin, ac, yn gwbl groes i orchmynion yr awdurdodau ac arferion ei gyd-swyddogion, fe aeth â'i deulu gydag ef i'r trefi lle y gwasanaethodd, â sŵn gynnau'r brwydro o fewn clyw. Symudodd y teulu saith gwaith yn ystod y rhyfel i ddilyn y tad. Aeth Simone yn ddyddiol hefyd gyda'i brawd a'i mam â rhoddion i'r milwyr clwyfedig yn yr ysbytai. Yn ogystal, fel rhan o gynllun swyddogol i helpu milwyr di-deulu, fe 'fabwysiadodd' y ddau blentyn filwr ifanc, gan anfon llythyrau a rhoddion ato. Daeth y milwr hwn i ymweld â nhw unwaith, a threuliodd oriau yn cerdded law-yn-llaw gyda Simone yn yr ardd; 'Simone had no trouble befriending the doomed',[15] yw sylw Nevin ar hwn. Lladdwyd y milwr ychydig ar ôl dychwelyd i'r ffrynt. Rhwng hyn i gyd, nid gormod yw dweud i'r profiad o ryfel effeithio ar Simone, gan ychwanegu at y teimlad o berygl ac ansicrwydd, o ansefydlogrwydd ac o fregusrwydd bywyd, sydd i'w ddirnad yn ei syniadaeth. Yn nes ymlaen yn ei bywyd hefyd, wrth gwrs, yr oedd perygl ail ryfel yn nodweddu'r 1930au i gyd, a chafodd Weil brofiad uniongyrchol byr o ryfel fel milwr yn ystod Rhyfel Cartref Sbaen, profiad a gryfhaodd ei gwrthwynebiad i rym fel egwyddor mewn gwleidyddiaeth. A chafodd bedair blynedd olaf ei bywyd eu llywio'n helaeth iawn gan beryglon a chyfyngderau'r Ail Ryfel Byd. Nid gormod, felly, yw dweud i ryfel a pherygl rhyfel gysgodi rhan helaeth o fywyd byr Simone Weil.

Bywyd a gyrfa

Derbyniodd Simone addysg ym Mharis, gan ddilyn ei brawd i'r *Lycée Henri IV* yno ym 1925 lle'r astudiodd dan Alain (Emile Chartrier), athronydd enwocaf Ffrainc y cyfnod, dyn carismataidd a ddewisodd wasanaethu yn y Rhyfel Mawr fel milwr cyffredin er mwyn osgoi manteision y swyddogion, ac a fwynhaodd o'r herwydd barch cenedlaethau o fyfyrwyr, gan gynnwys Weil. Ef oedd un o ddylan-wadau mwyaf ei bywyd, ac ynddo ef hefyd y cafodd Weil gadarnhad o'i hysfa dros gyfiawnder cymdeithasol, rhywbeth a amlygodd ei hunan yn aml yn ystod ei phlentyndod dosbarth-canol, cyfforddus. Y mae'n bosibl hefyd mai ef a sbardunodd Weil i barchu a gwerthfawrogi Catholigiaeth – er mai rhinweddau cymdeithasol ac egwyddorol oedd i'r grefydd yn ei farn ef, nid rhai trosgynnol. Cafodd Weil yn Alain hefyd esiampl o wrthrychedd cyson a wnâi amheuaeth resymegol wrthrychol yn erthygl ffydd – dull o feddwl a'i cadarnhaodd yn ei harfer o gadw pellter rhag cymunedau ffydd, boed y rheiny'n grefyddol neu'n gymdeithasol.[16]

Ar ôl y *lycée*, aeth Weil ym 1928 i'r *Ecole Normale Supérieure* ym Mharis, coleg o fri mawr i elît academaidd y ddinas: yno yr oedd Weil ymhlith y disgyblion disgleiriaf. Daeth yn fwy a mwy gweithgar gyda mudiadau adain-chwith, ac er iddi wneud digon o ffrindiau, teimlai llawer o'i chyfoedion a'i hathrawon yn y cyfnod hwn, fel trwy gydol ei bywyd, fod rhywbeth annynol yn ei deallusrwydd a'i hymgyrchu a'i moesoli di-ildio a diddiwedd.[17] Graddiodd o'r *Normale* ym 1931 a chael ei hanfon gan y weinyddiaeth addysg, yn erbyn ei hewyllys, i ddysgu yn nhref fach Le Puy, yn y Massif Central. Yma, yn 22 oed, cychwynnodd o ddifrif ar ei gyrfa fer, a fu o hynny ymlaen yn batrwm o gyfnodau o astudio, dysgu ac ymgyrchu. Amlinellaf yn fras gwrs gweddill bywyd Simone Weil cyn mynd ati i ganolbwyntio ar yr agweddau hynny sydd fwyaf perthnasol i'r llyfr hwn.

Yn Le Puy fe weithiodd fel athrawes ysgol a dechrau ymhél o ddifrif ag ymgyrchu gwleidyddol, peth a ddaeth â hi i wrthdaro â'r awdurdodau addysg – profiad cyson iddi yn ystod gweddill ei gyrfa fel athrawes. Ymwelodd â Berlin am chwe wythnos ym 1932, gan astudio twf ffasgaeth yno. Yr oedd erbyn hyn yn cyfrannu erthyglau at gylchgronau radicalaidd. Gadawodd Le Puy ym 1932 a mynd i weithio yn gyntaf yn Auxerre, wedyn, ym 1933, yn Royanne. Y flwyddyn honno, cyfarfu â Leon Trotsky, a oedd ar ffo o Rwsia Sofietaidd. Arhosodd ef gyda theulu Weil ym Mharis, ac yno y bu Simone yn dadlau'n gryf ag ef ynglŷn â sosialaeth – yr oedd hi bob amser yn annibynnol ei barn ac yn fodlon herio unrhyw un ynglŷn â'r hyn yr oedd yn ei gredu.

Cyfnod o gyffro gwleidyddol mawr ar y Cyfandir oedd hwn, gyda streiciau ac anghydfod yn Ffrainc, a chyda thwf bygythiad yr Almaen. Ym 1934, cyflawnodd Weil fwriad a fu ganddi ers pan oedd yn ei harddegau ac yn teimlo rheidrwydd i rannu dioddefaint y tlodion: fe aeth i weithio mewn ffatri, fel gweithwraig gyffredin yn ffatri peirianwaith Alsthom ym Mharis am ryw bedwar mis. Yr oedd erbyn hyn yn dioddef pyliau cyson o salwch difrifol, cur pen annioddefol gan mwyaf; a bu rhaid iddi dreulio cyfnodau o fisoedd yn achlysurol o hyn allan ar wyliau i geisio adfer ei hiechyd. Ym 1934 treuliodd gyfnodau yn gweithio yn ffatrïoedd Carnaud a Renault hefyd. Yr oedd Weil yn cael y profiad o waith diwydiannol modern yn un llethol ac yn un a'i diraddiodd i statws caethwas. Daeth y system ddiwydiannol fodern yn fwyfwy atgas ganddi, a thueddai yn gynyddol tuag at ddelfryd o syndicaliaeth ddiwydiannol, undebol a gwleidyddol. Yn ystod y cyfnodau hyn o astudio bywyd y dosbarth gweithiol, ceisiodd fyw fel gweithiwr, gan fynnu byw mewn fflatiau tlodaidd, oer, a chan beidio â bwyta mwy nag y tybiai hi y gallasai'r tlawd neu'r di-waith ei fforddio.

Ond, wrth gwrs, yr oedd ganddi bob amser y dewis o adael ei chaethiwed a mynd yn ôl i freichiau ei theulu da-ei-fyd, cefnogol, a dyna a wnâi rhwng y cyfnodau hyn o ddioddefaint dewis.

Cychwynnodd ar swydd ddysgu yn Bourges ym 1935, ond pan ddechreuodd Rhyfel Cartref Sbaen y flwyddyn ganlynol fe adawodd er mwyn ymuno â lluoedd y chwith; ond nid ymunodd â charfan y comiwnyddion. Yr oedd drwgdybiaeth Weil o gomiwnyddiaeth a'i natur unffurf, awdurdodaidd wedi tyfu'n gyson drwy'r 1930au. Ymunodd, yn lle hynny, â charfan fach yr anarchwyr syndicalaidd. Derbyniodd iwnifform ac arfau, ond ar ôl ychydig wythnosau gyda'i huned, a chyn iddi gael y cyfle i frwydro, fe'i llosgwyd pan sathrodd grochan coginio wedi ei gladdu yn y ddaear, a bu diwedd disymwth ar ei chyfraniad i'r rhyfel. Aeth ar wyliau tramor estynedig gyda'i theulu i wella.

Ym 1937, yr oedd hi'n dysgu yn St Quentin. Ar ôl gwyliau yn yr Eidal y flwyddyn honno, pan wnaeth rhai safleoedd Catholig argraff fawr arni, dengys ei llyfrau nodiadau iddi ddechrau cael profiadau cyfriniol dwys, a hynny o fewn fframwaith a oedd, nid yn gyfan gwbl, ond yn sylweddol, yn un Cristnogol. Bu bygythiad cynyddol yr Almaen yn y cyfnod hwn, ac wedyn dechrau'r Ail Ryfel Byd ym 1939, yn crisialu ei meddwl a'i gwaith athronyddol ar gwestiwn grym. Er nad heddychwraig mohoni, fel y dengys ei gwirfoddoli yn Sbaen, yr oedd hi â'i llach ar unrhyw gyfundrefn wleidyddol neu economaidd a orseddai rym. Ac, yn gyson â'i gwrthrychedd syniadol gwydn, gwelai fai mawr ar Ffrainc ei hunan, yn ei hanghyfiawnder cymdeithasol a'i pholisi trefedigaethol creulon. Yn ei meddwl hi, yr ateb i rym hunanol oedd aberth, a dechreuodd y syniad hwn – a fu fel petai'n mud-losgi ynddi cyn hynny gyda'i hymdrechion achlysurol i rannu dioddefaint y tlodion – dyfu'n ysfa gryfach ynddi o hyd.

Wrth i'r Natsïaid oresgyn Ffrainc ym 1940, ffodd y teulu Weil o Baris i ardal Vichy, ac i Marseilles. Gwaharddwyd Simone rhag dysgu gan ei bod yn Iddewes, ac fe ddadleuodd hi â'r awdurdodau na ddylid ei chyfrif yn Iddewes oherwydd na olygai'r grefydd nemor ddim iddi. Serch hynny, yr un pryd ymgyrchodd yn erbyn gwrth-semitiaeth y Natsïaid a llywodraeth Vichy. Y cyfnod hwn o alltudiaeth, perygl a segurdod gorfodol fu un mwyaf cynhyrchiol ei bywyd mewn termau llenyddol. Bu awyrgylch y Languedoc, yr ardal y difodwyd ei hannibyniaeth a'i diwylliant gan imperialaeth Ffrainc yn yr Oesoedd Canol, yn hanfodol i'w gweledigaeth gynyddol glir o werth cenhedloedd. Yn ystod ei harhosiad yn ne Ffrainc, gweithiodd ar ffermydd, er mwyn profi bywyd gweithwyr y wlad, a daeth yn gyfeillgar â dau berson allweddol, offeiriad Pabyddol ifanc o'r enw y Tad Joseph-Marie Perrin, a'r tirfeddiannwr ceidwadol – ond eangfrydig – Gustave Thibon. Ar haearn y ddau ddeallusyn hyn yr hogodd Weil ei syniadaeth ynglŷn â'r Eglwys Gatholig – ei hysfa i ymuno ac i dderbyn ar un llaw, a'i hofn o awdurdodaeth ac o gael ei gwrthod ar y llaw arall. O'r cyfnod hwn y daeth ei gwaith *Attente de Dieu*.

Ym 1942, wrth i'r Natsïaid feddiannu Vichy, ffodd gyda'i theulu o Marseilles, drwy Ogledd Affrica, i Efrog Newydd. Ar ôl rhai misoedd yno, gadawodd am Lundain, gan ymuno â staff lluoedd y Ffrainc Rydd. Ffurfiodd gynllun o greu tîm o nyrsus i weithio gyda lluoedd arfog Ffrainc; nid gyda'r clwyfedig yn yr ysbytai ond ar faes y gad, lle byddent mewn perygl o gael eu lladd, ac o'r herwydd, yn ei thyb hi, yn cynnig esiampl o hunan-aberth mor ddisglair fel ag i ysbrydoli gwrthwynebwyr ffasgaeth. O hyn ymlaen, ceisiai ym mhob modd posibl gael cefnogaeth lluoedd y Cynghreiriaid a'r Ffrainc Rydd i'w chynllun. Afraid, bron, yw dweud ei bod yn benderfynol o fod yn rhan o'r tîm ei hunan. Yr oedd de Gaulle, a alwodd Weil yn 'wallgof' o glywed am ei chynllun,[18] yn ddigon craff serch hynny i'w chyfeirio i wneud astudiaeth o gyfrifoldebau'r Ffrainc Rydd wedi'r rhyfel. O'r gorchwyl hwn, a gyflawnwyd gan Weil yn Llundain ym 1943, y daeth ei gwaith pwysicaf o bosibl, sef *L'Enracinement*, 'Yr Angen am Wreiddiau', llyfr a dyfodd wrth iddi fynd y tu hwnt i ofynion de Gaulle a chyfuno holl ffrwyth ei syniadau a'i phrofiadau gwleidyddol, economaidd a chrefyddol mewn gweledigaeth ysbrydoledig o werth y genedl i'w haelodau fel amgylchedd hanfodol i iechyd yr enaid. Gwnaeth hyn fel ffoadur o wlad a oedd ym meddiant unbennaeth ffiaidd, a hithau'n alltud oherwydd gelyniaeth ddidrugaredd yr unbennaeth honno iddi hi a'i phobl. Fel gyda Lewis, Thomas ac Eliot, bygythiadau corfforol a diwylliannol rhyfel oedd amgylchiadau llunio ei gweledigaeth o iechydwriaeth genedlaethol: 'It is as though catastrophe summoned her gift,' meddai Nevin amdani,[19] rhywbeth y gallesid ei ddweud am y pedwar llenor hyn.

Ond yr oedd iechyd corfforol Weil wedi dirywio'n enbyd erbyn hyn. Ni fwytâi ddigon i gadw ei chryfder; dychwelodd ei chur pen yn arw iawn; a dechreuodd hi hefyd anobeithio wrth sylweddoli na fuasai lluoedd Ffrainc Rydd yn gwireddu ei chynllun nyrsio na'i defnyddio hi fel asiant cudd hunanaberthol. Torrodd ei hiechyd yn llwyr, a chafwyd bod arni'r ddarfodedigaeth yn ei dwy ysgyfaint. Aethpwyd â hi i ysbyty yn Llundain ac wedyn i sanatoriwm yn Ashford yng Nghaint.

Gwrthododd fwyta mwy nag y tybiai hi oedd ar gael i ddinasyddion Ffrainc dan amodau dogni, ac yr oedd hyn, ynghlwm, mae'n debyg, â rhyw anhwylder treulio, yn golygu nad oedd hi'n bwyta digon i wrthsefyll y ddarfodedigaeth. Ar 24 Awst 1943, bu farw. Fe'i claddwyd ym mynwent newydd Ashford. Cynhaliwyd cwest, a chofnodwyd rheithfarn o hunanladdiad, gan i'r crwner gredu bod Weil wedi'i llwgu ei hunan i farwolaeth – dyfarniad yr ystyria rhai o'i bywgraffwyr yn or-syml.[20] Ar ôl y rhyfel, casglwyd ei gweithiau a'u cyhoeddi, yn bennaf gan Perrin a Thibon, ac yn fuan fe ddaeth Weil i sylw eang a rhyng-wladol fel athronydd a meddyliwr mawr a gwreiddiol.

Serch hynny, er gwaethaf ei statws fel meddyliwr yn ystod yr hanner canrif ers ei marwolaeth, erys yn anodd ei chategoreiddio, gan mor unigryw yw llawer o'i hagweddau: 'This French version of Kafka, this cross between Pascal and Orwell remains unclassifiable. She is intellectually stateless, a prophet without any country in which she can be sure of honour. A Catholic Jewess who criticised implacably both traditions, she is a voice crying in the wilderness, an outsider, the patron saint of all outsiders.'[21] Ceir awgrym o'r amryw safbwyntiau y cyffyrddai ei syniadaeth â hwy pan ystyrir iddi gael ei disgrifio gan esbonwyr gwahanol fel: Pabyddes; Protestant; Cyfrinydd; Cathar; Cristion Cyntefig; Iddew; gwrth-semitydd; Gnostig; Pantheist a Stoic. A hynny wrth sôn am ei chrefydd yn unig. Yn ei gwleidyddiaeth, soniwyd amdani fel sosialydd, ffasgydd, ceidwadwr a syndicalydd. Y ffaith amdani yw, wrth gwrs, fod elfennau o'r rhan fwyaf o'r agweddau hynny i'w cael ynddi, ond bod presenoldeb yr elfennau gwrth-gyferbyniol eraill yn ei chadw rhag cael ei lleoli'n daclus mewn unrhyw gategori. Hanfodol i ddealltwriaeth o feddwl ac o fywyd Weil yw amgyffred y pellter a'r dieithrwch a fodolai rhyngddi hi a phob diffiniad neu berthynas.

Gwleidyddiaeth

Gwelir y dieithriad hwn yn glir mewn dwy agwedd ar fywyd Weil sydd yn cyffwrdd ag agweddau tebyg yn y tri llenor arall; sef Catholig-iaeth a gwleidyddiaeth. A chychwyn gyda gwleidyddiaeth, soniwyd uchod fel y teimlai Weil anghyfiawnderau cymdeithasol i'r byw. Ni ellir amau diffuantrwydd ei hymroddiad i achos y tlodion a'r di-waith – aeth i gryn drafferth i geisio ymuniaethu â hwy, ac fe aeth i wrthdaro â'i chyflogwyr droeon. Nid cydymdeimlad haniaethol yn unig ydoedd ond, serch hynny, gwelir yn gyson drwy'r gweithgaredd hwn yr agendor a fodolai rhwng yr academydd dosbarth-canol hwn a gwrthrychau ei thosturi. Er enghraifft, dyna hi'n troi i fyny am ei diwrnod cyntaf o waith mewn ffatri yn gwisgo blows wen, er rhyfeddod i'w chydweithwyr;[22] neu'n peri embaras i griw o ddynion dosbarth-gweithiol gyda jôc a frifodd eu balchder gwrywaidd.[23] Neu dyna hi'n ei gwahodd ei hunan i dai gweithwyr heb ofyn caniatâd eu gwragedd yn gyntaf;[24] neu'n diflasu gweithwyr fferm Provence drwy eu llethu â chwestiynau economaidd a gwleidyddol di-baid, gymaint felly nes y gofynnodd y teulu y bu hi'n lletya gyda hwy am iddi adael.[25] Unwaith eto, dyna hi'n colli cefnogaeth rheolwr goleuedig ffatri Rosières drwy fynnu iddo weithredu polisïau personél cwbl anymarferol.[26]

Y mae'n debyg iddi goleddu delfryd o'r dosbarth gweithiol fel rhyw fath o werin odidog, ddihalog, a ymgorffora holl rinweddau naturiol y ddynoliaeth. Cafodd siom fawr wrth geisio troi'r ddelfryd yn ffaith. Fe'i diflaswyd yn arw gan ddiffyg delfrydau ac uchelgais gweithwyr Alsthom a Carnaud a chan y ffaith eu bod, yn ei thyb hi, wedi eu diraddio i statws caethweision materol gan y peiriant diwydiannol. Unwaith, ysgrifennodd ffrind at Simone yn sôn am y gorfoledd a deimlai – fel merch i weithiwr – o weld ffatri liw nos o bell, a'i lampau ynghynn. Atebodd Simone:

> Fe aeth yr hyn a ysgrifennaist am y ffatri yn syth i'm calon. Felly y teimlais innau ers fy mhlentyndod. Dyna pam y bu'n rhaid i mi fynd yno yn y diwedd, ac fe barodd loes i mi cyn mynd yno, nad oeddet ti'n deall hynny. Ond unwaith yr wyt ti yno, mae'n hollol wahanol! Bellach, dyma sut yr wyf yn synio am y cwestiwn cymdeithasol: fe ddylai ffatri fod yn debyg i'r hyn a brofaist ti y diwrnod hwnnw yn Saint-Chamond, a'r hyn a deimlais innau mor aml – man lle mae dyn yn dod i gysylltiad caled, poenus, ac eto, llawen gyda bywyd go-iawn. Nid y lle diobaith hwnnw lle mae'n rhaid ufuddhau i orchmynion, lle caiff yr ysbryd dynol ei ladd, a lle caiff pobl eu darostwng yn is na'r peiriannau. [27]

Y mae'n brofiad hynod debyg i eiddo R. S. Thomas, a welodd Gymru o bell ac a obeithiodd ganfod gwerin ddiwylliedig ym mryndiroedd Maldwyn, ond a gafodd, yn lle hynny, yr Iago Prytherch sathredig, difeddwl. Ffatrïoedd Alsthom, Carnaud a Renault oedd Manafon Simone Weil. Y mae ymateb y ddau ddeallusyn i wrthrych eu sylw yn debyg; cymysgedd o dosturi hanner nawddoglyd ac edmygedd o gryfderau nas teimlwyd gan y deallusyn. Teimlai Weil ryw fath o israddoldeb yng nghwmni'r gweithwyr. Y mae hanes ymwneud Weil â diwydiant neu'r dosbarthiadau difreintiedig yn frith o esiamplau ohoni yn dieithrio wrth geisio closio ac yn cael ei dadrithio wrth geisio gwireddu ei delfrydau anymarferol. Gwelwn faint y dieithriad wrth weld Weil yn disgrifio'n afieithus y sgwrs rydd, naturiol, a fwynhaodd hi unwaith gyda dau ddyn di-waith: disgrifia'r sgwrs fel 'brawdgarwch llwyr', 'gwyrthiol', yn trosgynnu ffiniau rhyw a dosbarth am y tro cyntaf yn ei phrofiad.[28] Y mae gweld Weil yn dathlu cau – dros dro – yr agendor rhyngddi hi a'r werin yn dangos, yn ddiarwybod iddi, wir anferthedd yr agendor honno.

Yn ei gwleidyddiaeth ideolegol hefyd, bu agendor barhaol rhyngddi hi a chymunedau syniadol; yr oedd hi'n drysu pob perthynas, yn gwrthod ufuddhau i bolisïau unrhyw garfan, gan fynnu'r hawl i anghytuno'n gyhoeddus ac yn gwbl ddilyffethair ag unrhyw beth nad oedd yn unol â'i hegwyddorion unigryw. Ni sylweddolodd yr angen am gyfaddawd sydd yn anhepgor mewn unrhyw wleidyddiaeth ymarferol, ac o'r herwydd, ni ellir ei lleoli'n daclus fel meddyliwr yn unman. Er mai ar yr adain chwith, yn wir, y bu ei gweithgaredd gwleidyddol i gyd, amlygwyd elfennau ceidwadol yn fwyfwy ganddi ym mlynyddoedd olaf ei gyrfa, ac yn enwedig felly yn *L'Enracinement*. Go brin y byddai'r chwith yn gyfforddus gyda rhywun a arddelai'r angen am gosb ac am awdurdodaeth hierarchaidd fel dau o hanfodion iechyd yr enaid, neu rywun a orseddai ddefodau Catholig ynghanol ei chyfundrefn ddiwydiannol. Mewn un traethawd, yn wir,[29] fe alwod am wahardd pleidiau gwleidyddol, sef tacteg awdurdodaidd fwy nodweddiadol o'r dde eithafol na'r chwith, er nad aeth hi yn bell nac am hir i lawr y llwybr hwnnw. Rhydd rhestr Weil o anghenion yr enaid yn *L'Enracinement* grynodeb o gatholigrwydd ei hegwyddorion: trefn; rhyddid; ufudd-dod; cyfrifoldeb; cydraddoldeb; hierarchiaeth; parch; cosb; rhyddid barn; diogelwch; perygl; eiddo preifat; eiddo cyhoeddus; a gwirionedd.

Yr oedd unplygrwydd syniadol ac unigolyddiaeth ddi-ildio Weil yn ei chadw rhag cael perthynas gyfforddus ag unrhyw duedd wleidyddol. Bu'n chwilio'n ddiwyd am garfan y gallasai hi ymuniaethu â hi, ond, â'i gofynion hi yn anymarferol o ddelfrydyddol, nid rhyfedd yw iddi, wedi cyfnod o alldaflu ei delfrydau ar fudiad arbennig, gael ei dadrithio bob tro – gyda'r undebau llafur, gyda'r comiwnyddion, gyda'r anarchwyr syndicalaidd, a chyda sefydliad y Ffrainc Rydd yn ei dro. Y mudiad a fu agosaf at galon Weil oedd syndicaliaeth, math o ddosrannaeth yn seiliedig ar undebau llafur: 'Fy iwtopia: siopau gwasgaredig – gweithwyr yn ddylunwyr, trefnwyr, gweithredwyr yr un pryd . . . Gwerinwyr, wedi eu hyfforddi mewn mecanyddiaeth – peiriannau syml yn eu cartrefi ar gyfer misoedd y gaeaf. Gweithwyr yn cymryd rhan yng ngwaith y tir; misoedd yr haf er mwyn i weithwyr a gwerinwyr ddysgu ei gilydd'. ac yn y blaen.[30] Dosrannaeth bur oedd hon, wrth gwrs, ac yn iwtopia nad oedd modd ei gwireddu.

Teg dweud i gyfuniad Weil o'r Catholig, y sosialaidd a'r undebol, ynghyd â'i gwrthwynebiad i'r torfol a'i chyfuno o'r ceidwadol a'r radical, ei rhoi, mewn sawl ffordd, yn yr un tir neb rhwng y chwith a'r dde â rhai fel y dosranwyr Seisnig, ac i raddau llai ag Eliot, Lewis a Thomas. Meddai Nevin: 'Weil has much in common with those who "ni droite ni gauche" wanted to elevate France above the chaos and chicanery of political parties. Like many of them, she had moved from a Marxist view of class struggle toward corporatism.' Ond ni thueddodd at ffasgaeth, meddai, gan iddi wrthod 'étatisme' mewn unrhyw ffurf.[31] Felly hefyd y dywedodd Thibon: 'Nid oes gan yr un garfan, yr un ideoleg gymdeithasol, rwydd hynt i'w hawlio. Nid yw ei chariad at y werin na'i chasineb tuag at ormes o bob math yn ddigon i'w gosod ymhlith rhai'r Chwith, ddim mwy nag yw ei gwrthwynebiad i gynnydd a'i chwlt o draddodiad yn ein hawdurdodi i'w gosod ar y Dde.'[32]

Y wlad a'r dref

Peth arall a rannai Weil gyda'r dosranwyr a'u tebyg oedd ei delfrydu o fywyd y wlad ac o waith ar y tir, er bod ei delfrydiaeth hi yn dwyn goblygiadau athronyddol dwysach na'r cyffredin. Dyma sut yr esboniodd bwysigrwydd gwaith amaethyddol: 'Bod ym mhresenoldeb natur yn hytrach na dyn yw'r unig ddisgyblaeth. Mae dibynnu ar ewyllys estron yn gyfystyr â bod yn gaethwas . . . wyneb yn wyneb â natur ddifywyd, ein hunig adnodd yw meddwl.'[33] Mewn man arall, dywed nad oes gan weithwyr unrhyw allanolion diangen i'w gwahanu rhag daioni pur.[34]

Wrth ysgrifennu at Gomisiynydd Materion Iddewig Vichy, mynega Weil ddiolchgarwch eironig am y ffaith ei bod wedi ei hamddifadu o'i gwaith dysgu ac yn gorfod gweithio ar y tir:

> Oherwydd yr unig rai sy'n berchen ar natur ac ar y tir yw'r rhai hynny sy'n cael eu treiddio ganddynt trwy ddioddefaint beunyddiol eu haelodau, wedi eu llethu gan flinder.[35]

Treuliodd Weil lawer o'r cyfnod hwn yn ne Ffrainc yng nghwmni Thibon, a oedd, er nad yn wrth-semitydd, yn gefnogwr i *Action Française*, yn gyfrannwr i gyfnodolion adain-dde, yn gyfaill i Philippe Petain, ac yn un a ystyrid yn llais yr hen Ffrainc wledig, Gatholig. Er iddynt anghydweld ar lawer o bethau, parchodd ef a Weil ei gilydd yn fawr, ac i Thibon yr ymddiriedodd Weil ei llawysgrifau a rhan helaeth o'i gwaith pan ymadawodd â Ffrainc ym 1942. Nid gormod yw tybio bod Weil wedi ymdeimlo â rhai o leiaf o'r gwerthoedd a gynrychiolid gan Thibon a bod rhywfaint o hyn i'w weld yn yr agweddau at y wlad a'r dref a geir yn *L'Enracinement*.

Catholigiaeth, cyfriniaeth, a'r duw cudd

A throi at berthynas Weil â'r Eglwys Gatholig, cawn y ddeinameg o ddelfrydu a dieithrio ar waith eto. Ar ôl ei phrofiadau cyfriniol yn yr Eidal, fe dynnwyd Weil yn gynyddol tuag at Gatholigiaeth. Ond er ei hysfa i gael ei derbyn, ac er ei chariad mawr at lawer agwedd o'r Eglwys, mynnai lynu wrth ddelfryd o'r Eglwys fel y tybiai hi y dylai fod yn hytrach na'r Eglwys fel y sefydliad ffaeledig oedd ohoni. Gwrthododd gael ei bedyddio er gwaethaf pob perswâd, a dewis aros ar gyrion sefydliad ffurfiol yr Eglwys. Y mae ei hymwneud â'r Eglwys yn dangos yn fwy eglur nag unrhyw bwnc arall y ddeuoliaeth a oedd ynddi rhwng perthynas a phellter.

Mynnodd o hyd mai'r traddodiad Catholig Ffrengig oedd ei thraddodiad hi, fel y gwnaeth pan ysgrifennodd at y Gweinidog Addysg Gyhoeddus ym 1940 yn gwadu ei dylid ei chyfri'n Iddew o dan gyfreithiau Vichy, gan ddweud: 'Os oes traddodiad crefyddol yr wyf yn ei ystyried yn rhan o'm treftadaeth, y traddodiad Pabyddol yw hwnnw. Y traddodiad Cristnogol, Ffrengig, Helenaidd yw'm heiddo; mae'r traddodiad Hebreig yn ddieithr i mi; ni all unrhyw destun cyfreithiol newid hynny.'[36] Dywedodd hefyd, mewn llythyr at Perrin o Marseilles: 'Gallaswn ddweud imi gael fy ngeni i'r ysbrydoliaeth Gristnogol, imi dyfu ynddi ac imi aros ynddi bob amser.'[37] Y mae'n wir y bu elfennau Catholig cryf anochel yn ei magwraeth gan fod Catholigiaeth wedi hydreiddio cymaint o ddiwylliant Ffrainc, ond serch hynny, gor-syml fyddai i rywun hawlio Weil i'r traddodiad Catholig ar sail hynny. Ni fynychai Weil yr eglwys yn ystod ei hieuenctid ac nid oedd yr ysgolion a fynychai yn rhai crefyddol. Yn ogystal, nid dylanwad Catholigiaeth yn unig sydd i'w gael yn niwylliant seciwlar Ffrainc – ceir elfen gref o anffyddiaeth a dyneiddiaeth hefyd. Y mae'n wir i Weil gael ei magu o fewn byd meddyliol a ffurfiwyd, yn yr ystyr ehangach, gan Gristnogaeth, ond nid magwraeth *o fewn* y traddodiad Catholig ond magwraeth *o fewn golwg* y traddodiad hwnnw a fuasai'n ddisgrifiad cywirach o'i chyflwr. Ac er nad oedd Iddewiaeth, yn sicr, mor bwysig iddi ag yr oedd y cyd-destun Cristnogol hwn, ni ellir diystyru ei dylanwad. Yr oedd cynhysgaeth nid bychan o Iddewiaeth ymhlith ei theulu estynedig a fuasai wedi ei gwneud yn ymwybodol o'r hyn a'i cadwai rywfaint ar wahân i'r traddodiadau Catholig a dyneiddiol. Fe hawliodd Weil y traddodiad Catholig, ond ni pherthynai'n naturiol iddo; pe buasai, ni fuasai'n rhaid iddi fod wedi pwysleisio'i pherthynas ag ef gymaint.

Yr oedd Weil wedi edmygu rhai o egwyddorion Cristnogaeth ers ei harddegau, ac, yn wir, yr oedd ganddi bob amser ddiddordeb byw yn yr ysbrydol ym mhob traddodiad, fel y dengys ei darllen eang yng nghrefyddau'r Dwyrain. Ond ni thynnwyd hi o ddifrif tuag at Gristnogaeth hyd nes iddi fynd i'r Eidal a chael ei swyno gan gerddoriaeth, celf ac awyrgylch yr eglwysi yr ymwelodd â hwy. Yr oedd elfen fawr o esthetiaeth yn ei Chatholigiaeth, felly, ond nid profiad diwylliannol yn unig ydoedd: dechreuodd gael profiadau cyfriniol dwys, yn gysylltiedig, yn aml, â chyfnodau o salwch, pan deimlodd bresenoldeb Crist gyda hi yn ei gwaelodd. Daeth y profiad hwn yn fwy cyffredin wedi hynny wrth iddi adrodd Gweddi'r Arglwydd mewn Groeg yn ddyddiol fel rhyw fath o *mantra*:

> Ar adegau, mae'r geiriau cyntaf oll yn rhwygo fy meddyliau allan o'm corff ac yn eu cludo i rywle y tu allan i'r gofod lle nad oes na phersbectif na safbwynt. Yn lle annherfynoldeb eangderau cyffredin ein hamgyffred, fe ddaw annherfynoldeb weithiau o'r ail neu'r drydedd radd. Ar yr un pryd, yn llenwi pob rhan o'r annherfynoldeb hwn o annherfynoldebau, mae distawrwydd, nid distawrwydd diffyg sŵn, ond yn hytrach gwrthrych teimlad positif, yn fwy positif na sŵn.[38]

Llais profiad yn wir sydd i'w glywed yno, a hefyd yn eglurder beiddgar y sylwadau a'r safbwyntiau a ddeilliai o'r profiadau hyn. Trodd Weil y syniad o *malheur*, o adfyd, a brofwyd ganddi yn ei salwch ac yn ei gwaith ffatri, yn brofiad cyfriniol, a hynny mewn termau sydd yn atgoffa rhywun o eiriau Eliot yn *Four Quartets*, 'The point of intersection /Of the timeless with time'.[39] Dywedodd Weil fod adfyd yn: 'groestorfan y cread a'i Greawdwr. Y groestorfan hon yw croestorfan canghennau'r Groes'.[40] Yr oedd ganddi angerdd cwbl anghyffredin tuag

---

at brofi a byw egwyddorion ysbrydol, ac fe effeithiodd hyn yn gynyddol ar ei gwaith a'i bywyd. Tystia ei chydnabod hefyd i realaeth ei chyfriniaeth. Meddai Thibon: 'roedd cyfriniaeth ddisglair yn tywynnu ohoni; ni chanfûm yn yr un enaid byw arall y fath gynefindra â dirgeleddau crefyddol; ni theimlais erioed i'r gair "goruwchnaturiol" gael ei drydanu â mwy o realaeth na phan oedd mewn cysylltiad â hi.'[41]

Yr oedd y Duw a ymwelodd â hi yn un hynod addas ei natur i un o dueddiadau a diddordebau Weil: Duw deublyg ydoedd. Ar un agwedd, y Crist dioddefus ydoedd, cynrychiolydd y caethion, y dirmygedig a'r di-rym; Duw cariadlon a maddeugar, un y gellid ei drin bron fel cariad, fel y gwnaed gan Weil yn yr ysgrif a grybwyllwyd yn gynharach, lle sonnir am y dwyfol yn nhermau serch angerddol. Ond yr oedd agwedd arall y Duw hwn yn dywyllach; gall fod yn Dduw cudd, meistr y *via negativa*, yn mynnu i'r meidrolyn fygu pob mynegiant o hunaniaeth; a gall fod yn Dduw mympwyol ac awdurdodaidd hefyd, yn mynnu aberthau creulon ac ymddangosiadol ddiystyr, neu'n amddifadu'r enaid o'i bresenoldeb heb esboniad. Ceir yr elfen honno hefyd yn yr ysgrif y soniwyd amdani uchod. Y mae Nevin yn cymharu'r Duw hwn â swyddog Natsïaidd, a allai gyfuno poleitrwydd â chreulondeb mympwyol;[42] Duw addas iawn i rywun yn byw o dan lywodraeth Vichy fyddai hwnnw. Gellir hefyd, am hynny, ei gymharu â Duw Abraham, yn mynnu aberthau poenus heb esboniad.

Yr oedd, felly, fel gyda chynifer o bethau yn ymwneud â Weil, dyndra yn ei pherthynas â Duw, tyndra rhwng ei bresenoldeb achlysurol a'i absenoldeb amlach. Er bod tystiolaeth fod Weil wedi profi presenoldeb Duw ar ambell achlysur, y Duw absennol, cudd, a brofodd hi fwyaf, a hynny, fel yr awgrymais, yn unol â chyneddfau encilgar ei phersonoliaeth. Y dechneg a ddatblygodd Weil i brofi'r Duw absennol hwn oedd astudrwydd, *'l'attente'*, cyflwr a ddisgrifiwyd yn ei thraethawd *Attente de Dieu*, ac a ddiffiniwyd yn dda gan Nevin fel: 'strenuous passivity directed to a cherished absence.'[43] Golyga hyn gyfeirio'r hunan tuag at y dwyfol, ond heb ymyrraeth yr ewyllys, yr emosiynau, y dychymyg, na'r rheswm.[44] Hon yw techneg glasurol y cyfrinydd i buro dymuniad yr enaid am Dduw drwy beidio â'i garu am ei briodoleddau na'i waith yn y cread, dim ond ei geisio fel absoliwt, a hynny drwy agor yr enaid iddo.

I Weil, yn dilyn y *via negativa* hon, nid oedd Duw'n ymyrryd yn y cread, ond yr oedd ei ddiffyg ymyrraeth yn brawf o'i natur hunanaberthol ac o'i garedigrwydd, gan iddo roi rhyddid llwyr i'r ewyllys ddynol. Gweler y dyfyniad hwn o lyfrau nodiadau Weil: 'Dim ond trwy ei guddio ei hunan y gallodd Duw greu. Fel arall, ni fyddai un dim ond efe.'[45] Neu'r rhain o'r un ffynhonnell.

> Ni all Duw fod yn bresennol yn y cread ond ar ffurf absenoldeb . . . Y byd hwn, i'r graddau y mae'n amddifad o Dduw, yw Duw ei hunan . . . Nid oes un dim sy'n bodoli yn llwyr deilyngu cariad. Mae'n rhaid i ni felly garu yr hyn nad yw'n bodoli.[46]

> Pan fo arnom angen yng ngwaelod ein hymysgaroedd am sŵn sydd ag ystyr iddo, pan grïwn am ateb, a phan na dderbyniwn ateb, dyna pryd y cyffyrddwn â distawrwydd Duw.[47]

Yr oedd y ffordd hon yn gwneud y Groes yn ganolog i'w chrefydd, oherwydd gwelai ddioddefaint fel rhywbeth a brofai absenoldeb Duw – ac felly a ddangosai Ei natur – yn y modd puraf a chryfaf. Y dioddefaint eithaf oedd prawf eithaf y ffaith fod Duw wedi rhoi ewyllys rydd i'r ddynolryw. Meddai Weil mewn ysgrif a luniwyd, yn ôl pob tebyg, ym 1942: 'Ni all Duw byth fod yn berffaith bresennol i ni yma islaw, o achos ein cnawd. Ond fe all fod bron yn berffaith absennol yn yr adfyd eithaf. Dyma'r unig bosibilrwydd o berffeithrwydd i ni ar y ddaear. Dyna pam mai ein hunig obaith yw'r Groes.'[48] Yn hynny o beth, fe unir y Duw dioddefus, caredig â'r Duw absennol. Dywed Nevin am Weil: 'In the horror of *malheur* she could find an eerie redemptive beauty.'[49]

Wrth gwrs, er mor goeth yw diwinyddiaeth Weil yma, ni ellir ond tybio bod ynddi elfen o resymoli'r encilgarwch a'r hunan-gasineb a oedd mor gryf yn ei bywyd emosiynol. Ond beth bynnag fo'r cymhellion, y mae'n sicr i berthynas Weil â'i Duw esgor ar weledigaeth anghyffredin iawn o ymateb y dynol i'r dwyfol – rhyw fath o wyleidd-dra ysbrydoledig:

> Gweld tirlun fel y mae pan nad wyf fi yno . . . Pan wyf fi yn rhywle, mae fy anadl a churiad fy nghalon yn difwyno distawrwydd y nef a'r ddaear.[50]

> Ni fedraf ddychmygu bod ar Dduw angen fy ngharu, pan deimlaf mor sicr mai dim ond camgymeriad yw cariad tuag ataf, hyd yn oed gyda bodau dynol. Ond medraf yn hawdd ddychmygu Ei fod yn caru'r olygfa honno o'r cread na ellir ei gweld ond o'r man lle'r ydwyf. Ond yr wyf fi megis sgrîn. Rhaid imi gilio er mwyn Iddo gael gweld.[51]

Y mae Dewi Z. Phillips, yn ei lyfr *R. S. Thomas: Poet of the Hidden God*, yn cymharu Weil ag R. S. Thomas: 'In R. S. Thomas we find a poet who not only dies to the conception of God as one presence among others, no matter how much more powerful, but also, like Simone Weil, sees creation not in terms of a powerful feat, but, rather, in terms of a self-emptying love. A dying to the self is at the heart of the Godhead for R. S. Thomas. God empties himself of power in making room for man.'[52] Gwir hynny, ond dylid nodi pwysleisiau gwahanol yn eu profiadau: er i Weil ddewis yr ysgrif athronyddol ar gyfer ei hymchwil am Dduw, ac i Thomas ddewis barddoniaeth, ymchwil y galon sydd gan Weil, gan mwyaf, yn deillio o gymhelliad emosiynol, tra ceir gan R. S. Thomas ymchwil y meddwl. Priodolir nodweddion dynol i'r duwdod gan Thomas, mae'n wir, ond mewn ffordd ysgafn yn aml, ac y mae ei ymchwil ddyfnaf yn amhersonol, yn canolbwyntio ar y dwyfol absennol, nid ar effaith hyn ar yr hunan; y mae anghenion emosiynol y galon ymhell o'r neilltu. Gyda Weil, dengys ei phwyslais cryfach ar ddarostwng yr *ego* wrth gyrchu'r Duw absennol ddiddordeb dyfnach o lawer yn yr hunan. Yr oedd rhywbeth hunanol yn ei hobsesiwn gyda phuro'i henaid, a hynny yn ddiarwybod iddi. Fel y dywed hyd yn oed un o'i hedmygwyr mwyaf, Thibon: 'yr oedd y modd y gwarchododd hi ei gwacter yn tystio i ymddiddoriad ofnadwy gyda hi ei hunan . . . yr oedd fel petai'r *ego* yn air y llwyddodd hi i'w ddileu, ond a oedd o hyd wedi ei danlinellu.'[53] Y mae ieithwedd a deinameg ei hymrafael â'r Duw absennol yn llawn o gysyniadau emosiynol: gwrthod a derbyn, caru a chasáu, cosbi a gwobrwyo, pechu a maddau. Y mae ei Duw yn gudd, mae'n wir, ond y mae goblygiadau emosiynol ei absenoldeb yn gryfach o lawer gyda'r Ffrances na chyda Thomas; yn gryfach, yn wir, na chyda'r un o'r llenorion eraill dan sylw.

Yr oedd perthynas Weil â'i Duw yn dangos yr un tyndra ag a geir yn ei pherthynas ag eraill; ar yr un llaw yr oedd ganddi weledigaeth wreiddiol ac eglur o'r dwyfol fel delfryd, delfryd y bu'n barod ei dioddef er mwyn ei gwireddu; ar y llaw arall, ofnai hawliau'r nerth hwn arni, a gwelai ei hunan yn llestr mor ffaeledig fel ag i fod yn sicr o gael ei gwrthod. Arferai, felly, fyw mewn cyflwr o ddisgwyl cyflawnder, o ddisgwyl perthynas, yn hytrach na'i phrofi. Sbardunwyd y weledigaeth gan y pellter, ond fe fynnodd y cyflwr o bellter barhau – yn rhannol o reidrwydd ac yn rhannol o ddewis ar ran Weil – gan gadw'r ddelfryd, gwrthrych yr astudrwydd, yn anhygyrch ond yn fwy prydferth fyth oherwydd hynny: 'Rhaid i ni aros yn llonydd, a glynu at yr hyn a ddeisyfwn, heb agosáu ato. Fel hyn y deuwn ynghyd â Duw: ni allwn agosáu ato. Pellter yw enaid prydferthwch . . . Edrych a disgwyl yw'r ymddygiad sy'n cyfateb i brydferthwch.'[54] Mewn man arall meddai: 'Wrth gyffwrdd â'r haearn, mae'n rhaid i ni deimlo ar wahân i

Dduw, fel y teimlodd Crist; fel arall Duw arall ydyw.'[55] Yr oedd y cyflwr hwn o neilltuedd yn un hanfodol i Weil, ond yn un poenus hefyd. Meddai Thibon: 'Fe brofodd yn wir, yn ei realaeth dorcalonnus, y pellter rhwng "gwybod" ac "adnabod a'r holl enaid".'[56] Pellter hefyd a nodweddai ei hagwedd tuag at yr Eglwys fel sefydliad. Anodd i'w ffrindiau a'i chynghorwyr Catholig niferus oedd deall pam na fyddai rhywun yr oedd Crist mor fyw iddi, a'r sagrafennau mor bwysig iddi, ddim yn derbyn cael ei bedyddio. Y mae'n amlwg fod y pwnc yn dra phwysig i Simone hefyd gan iddi ysgrifennu llythyrau maith at Perrin yn esbonio ei rhesymau – cymysg ddigon – dros beidio â chael ei bedyddio. Un rheswm oedd y ffaith iddi fynnu'r hawl i gredu yn ôl ei chydwybod, boed hynny'n anuniongred ai peidio. Credai y dylai'r Eglwys gynnig ei sagrafennau i bawb, beth bynnag fo'u cred neu ddiffyg cred. Nid oedd yn fodlon ar i'r Eglwys fynnu uniongrededd fel amod aelodaeth. Fel gyda'i gwleidyddiaeth, mynnai Weil ryddid deallusol llwyr. Yr oedd ei diddordebau crefyddol eang, fel eiddo Eliot, yn cynnwys athroniaeth y Dwyrain, gyda'r testunau Hindwaidd, yr *Wpanisiadau* a'r *Bhagavad Gita*, ymhlith ei hoff ddeunydd darllen. Nid oedd hi'n barod i ildio'r cyfoeth hwn.

Yn debyg i'r tri llenor arall, yr oedd Weil yn fodlon defnyddio allanolion Catholigiaeth, boed fel delweddaeth neu ieithwedd gyfleus, neu fel casgliad o arferion, er mwyn rhoi fframwaith i'r bywyd ysbrydol; ond o dan yr wyneb, nid oedd yn fodlon cyfyngu ei hymchwil grefyddol i gredoau'r grefydd honno. Ond bu Weil yn llai pragmataidd na'r tri arall drwy fynnu i'r Eglwys ddilysu ei safbwynt anuniongred. O'r herwydd, ni fedrai ganfod y math o *modus vivendi* a ddatblygodd y tri arall yn eu perthnasau â'r Eglwys. Serch hynny, rhannai Weil yn sicr lawer o agweddau'r tri llenor arall, a llawer o agweddau neo-Gatholigion y cyfnod fel y cyfryw, tuag at yr Eglwys: gwerthfawrogiad esthetaidd o'r litwrgi, o werth symbolaidd ei sagrafennau, ac o'i phwysigrwydd fel sefydliad a sicrhâi gydlyniad cymdeithasol a chyfundrefn gyffredin o werthoedd ar draws Ewrop. Gwelai'r Eglwys hefyd fel sefydliad a oedd yn gwarchod gwerthoedd meddyliol, celfyddydol ac ysbrydol yn erbyn grymoedd materol y byd modern.

Rheswm arall am ei hamharodrwydd i ymuno â'r Eglwys oedd nad oedd hi'n fodlon ildio i'w hawydd i berthyn yn ffurfiol i unrhyw gymuned ddynol. Unwaith eto, yr oedd hyn, mi gredaf, yn rhannol i'w briodoli i'w chymhlethdod israddoldeb a'i hofn o gael ei gwrthod yn y pethau a ystyriai hi yn hanfodion. Serch hynny, nid fel hynny y gwelodd Weil y peth, ond fel egwyddor: credai nad oedd Duw eisiau iddi ymuno â'r Eglwys. Teimlai mai gyda'r gwrthodedig a'r esgymun yr oedd ei lle, ac nid oedd yn fodlon ymuno â sefydliad nad oedd yn gwbl agored i bawb: ofnai mai ochri gyda'r gormeswr fyddai iddi ymuno â sefydliad dethol. Ffieiddiai allu, ac arfer, yr Eglwys o gyhoeddi hereticiaid yn anathema. Iddi hi, camddefnyddio safle'r Eglwys oedd hyn. Dyma fel yr ymatebodd i gynnig i ymuno â'r eglwys:

> Ni fynnwn gael fy nerbyn i ryw gylch, na byw ymhlith pobl sy'n dweud 'ni', na bod yn rhan o ryw 'ni', na chael fy mod yn gartrefol mewn unrhyw sefyllfa beth bynnag y bo. Wrth ddweud na fynnwn hyn, yr wyf yn mynegi fy hun yn wael, oherwydd fe fuaswn yn ei hoffi yn fawr iawn; buasai'r cyfan yn hyfryd imi. Ond teimlaf nad yw'n ganiataol i mi. Teimlaf ei fod yn angenrheidiol ac yn rhag-ordeiniedig y dylwn fod yn unig, yn estron ac yn alltud mewn perthynas â phob cylch dynol heb eithriad.[57]

Y mae cymysgedd nodweddiadol Weil o fenter eofn y meddwl, egwyddor unplyg y deall a phetrustra swil y galon i'w weld ar ei gryfaf yn ei charwriaeth rwystredig ag Eglwys Rufain. Cyrchodd Weil Gatholigion lawer i gael eu barn ar ei dymuniad unigryw i gael ei bedyddio tra'n cadw ei hanuniongrededd. Yn y diwedd, ni dderbyniodd fedydd, ac fe ddewisodd aros o fewn golwg i'r Eglwys, ond nid yn rhan ohoni. Pan y'i claddwyd, lleolwyd ei bedd ar y ffin rhwng rhannau Iddewig a Chatholig y fynwent, yn symbol, fel petai, o amwyster parhaol ei hagwedd grefyddol, fel gyda chynifer o'i hagweddau.

Erys i'w ystyried un arall o'i gwrthwynebiadau i ymaelodi yn yr Eglwys, ac un o'r rhai hynotaf, sef ei hatgasedd tuag at yr Hen Destament a'i Dduw llwythol treisgar. Dywed Perrin mai dyma all-wedd ei gwrthwynebiad.[58] Hefyd, dywedodd y Canon Fernand Vidal, mynach y ceisiodd Weil gyngor ganddo, mai garwder yr Hen Destament oedd craidd ei gwrthwynebiad. Gwelodd ef yn ysbryd Weil: 'rywbeth amrwd, diysgog a di-ildio, yr un agwedd yr oedd hi'n ei hedliw i'r Iddewon.' [59] Sefyllfa anarferol a dweud y lleiaf yw fod yma Iddewes yn gwrthod ymuno â'r Eglwys yn rhannol oherwydd seiliau honno yn yr Hen Destament.

Iddewiaeth

Y ffaith syml, a thrist, yw, er bod dau arall o'r tri llenor dan sylw, sef Lewis ac Eliot, wedi mynegi agweddau gwrth-semitaidd, mai gwaeth o lawer oedd gwrth-semitiaeth yr Iddewes hon. Crybwyllwyd eisoes fel yr oedd rhieni Weil wedi cefnu i raddau helaeth ar eu Hiddewiaeth; yr oedd ei thad yn hoff o ddweud jôcs gwrth-Iddewig, ac fe ymddengys i'r teulu weld eu cefndir Iddewig yn embaras. Nid peth anghyffredin oedd hynny ar y pryd, wrth gwrs, mewn gwlad lle yr oedd Iddewon wedi cymathu â'r boblogaeth ehangach i'r fath raddau, a lle yr oedd bygythiad hiliaeth yr Almaen wrth y drws, rhagfarn achos Dreyfus yn fyw yn y cof, ac elfennau gwrth-semitaidd mewn rhannau o fywyd gwleidyddol Ffrainc yn gryf. Ond nid rhyw anghysur pragmataidd achlysurol oedd gelyniaeth Weil ei hunan tuag at Iddewiaeth: yr oedd yn ddyfnach o lawer, ac ni ellir ond ei dehongli fel rhyw fath o hunan-gasineb tebyg i'w gwadiad o'i benyweidd-dra.

Ceir rhestr faith o esiamplau o'i hagwedd feirniadol, galed, tuag at Iddewiaeth. Yr oedd hi'n ddidaro ynglŷn â rheolau gwrth-Iddewig yr Almaen a'r posibilrwydd o'u gweithredu yn Ffrainc: meddyliai eu bod yn ddewis gwell na rhyfel,[60] a dywedodd amdanynt, 'Gellir yn hawdd ddychmygu na fyddai'r un dim hanfodol yn cael ei effeithio.'[61] Ac os gellir dehongli hynny – a bod yn hael iawn – fel pragmatiaeth, nid pragmatiaeth mo'i chynllun delfrydol i ddysgu crefydd mewn ysgolion, a fuasai'n caniatáu dysgu am unrhyw grefydd heblaw Iddewiaeth.[62] Pan ofynnwyd iddi, gan y Ffrainc Rydd, roi adroddiad ar gynlluniau gwleidyddol a chymdeithasol grŵp Ffrengig adain-dde, ymddengys Weil yn hynod ddidaro ynglŷn â bwriad y grŵp i gyfyngu ar hawliau Iddewon: 'Nid yw bodolaeth lleiafrif o'r fath yn golygu peth da; y bwriad, felly, yw sicrhau ei ddiflaniad.' Â ymlaen i annog priodasau cymysg er mwyn cymathu'r Iddewon, ac i arddel addysg Gristnogol a fuasai mor heintus fel na fuasai'r 'grefydd Iddewig, fel y'i gelwir, na chwaith anffyddiaeth Iddewon a ryddhawyd oddi wrth eu crefydd' yn gallu ei gwrthsefyll.[63] Y mae hyn yn adleisio'n gryf sylwadau Eliot nad oedd cael niferoedd mawr o Iddewon rhyddfrydol mewn cenedl yn beth dymunol. Y peth tristaf fan hyn yw mai Iddewes a wnâi sylwadau o'r fath, a hynny, yn wahanol i Eliot, ar adeg pryd y gwyddai fod ei chyd-Iddewon yn dioddef yr erledigaeth greulonaf posibl.

Fel y soniwyd yn gynharach, fe gefnogodd Weil ymgyrch yn erbyn gwrth-semitaeth yn Vichy, drwy ddosbarthu cyhoeddiadau yn ymosod ar hiliaeth y Natsïaid – gweithred sydd yn ysgafnhau'r darlun i raddau. Ond er gwaethaf hynny, gwelir Weil yn gyson yn fwy llym ar yr Iddewon nag ydyw ar grwpiau eraill. Er enghraifft, dadleuai'n gryf dros hunaniaeth ac annibyniaeth trefedigaethau Ffrainc, ond pan gododd y cwestiwn o greu cartref i'r Iddewon ym Mhalesteina, yr oedd hi'n wrthwynebus.[64] Yn ei hymwneud â Christnogaeth hefyd, fe âi i drafferth fawr i wadu seiliau Iddewig y ffydd honno, gan wyro'r deunydd hanesyddol mewn ffordd ryfeddol;[65] dymunai 'buro' Cristnogaeth o'i helfen Iddewig, fel pe bai'r fath beth yn bosibl.[66] Rhyfeddai Perrin fod Weil yn mynnu anwybyddu'r ffaith fod Iesu Grist yn Iddew.[67] Yr oedd rhyw atal mewnol ynddi a'i gwnâi'n anodd iawn iddi ymuniaethu â'r Iddewon. Y mae'n bosibl mai cryfder y pwysau i gymathu a oedd, yn hanesyddol, wedi effeithio ar Iddewon Ffrainc, a fu'n gyfrifol am hyn, yn rhannol o leiaf. Nid yw'r 'cywilydd diwylliannol' hwn yn anghyffredin mewn diwylliannau lleiafrifol, fel y gwyddom yng Nghymru.

Y mae Thomas R. Nevin, yn ei lyfr *Simone Weil: Portrait of a Self-Exiled Jew*, yn dehongli bywyd Weil yn fanwl ac yn graff yn nhermau ei Hiddewiaeth. Gresynai nad oedd Weil – a ddymunai gymaint i ymuniaethu â'r gorthrymedig – wedi ymuniaethu â'r Iddewon ar awr eu gorthrwm gwaethaf: 'The cruelest irony of all may be that she did not see that being a Jew could have placed her in the role of suffering mediator she so much desired. *Shema, Israel*, the apostrophe many Jews uttered on their way to the gas, was a *Shiksalslied* she did not hear. Neither did she perceive that the swastika superseded in her time the cross as the emblem upon which innocence was nailed.'[68] Serch hynny, y mae Nevin yn dadlau bod Weil mewn gwirionedd wedi ei chymell, yn ddiarwybod iddi, gan reddfau clasurol Iddewig, a ddaeth i'w rhan drwy bwysau cymdeithasol er gwaethaf ei magwraeth ddigrefydd. Gwelir y greddfau hyn, meddai, ym mrys ei hymwneud â Duw, yn ei helusengarwch, ei chrwydriadau diwylliannol troedrydd, ei sêl dros gyfiawnder, yn ei theimlad o fod wedi ei dewis, ac yn ei theimlad o wendid mewn byd gelyniaethus:

That she did suffer from a native cultural shock is demonstrable. It was her fate to find herself a Jew at a time when T. S. Eliot's 'Christian Europe' was entering a dark night different from the kind she read of in San Juan De La Cruz. What compels amazement (in some critics, revulsion) is her willingness (or wilfullness) in going so far to recreate Christianity, to revitalise it according to the exigencies of her own very Jewish sensibility. She thus appears an apologist of the culture that, by its final indifference and no small hostility, victimised her people.[69]

Er bod Nevin efallai, fel sawl un arall, yn ceisio braidd yn rhy galed i esgusodi gwrth-semitiaeth Weil, y mae ganddo ddadl gref dros ei Hiddewiaeth gudd. Yn wir, o ystyried bod cefndir Iddewig Weil wedi achosi cymaint o berygl ac ansicrwydd iddi, yn ymarferol ac yn seicolegol, gellir gweld ei gwrth-semitiaeth hi, mewn gwirionedd, yn beth Iddewig dros ben.

Credaf hefyd mai ei hymdeimlad cryf o bwysigrwydd ewyllys rydd oedd yn rhannol gyfrifol am ymwrthodiad Weil ag Iddewiaeth. Mynnai ymwneud â Duw ac â'i chenedl ar ei thelerau hi: mynnai i'w chaethwasiaeth fod yn ddewis – os am ddifa'r hunan a'i orfodi i dderbyn ei ddiraddio, yna cyflwr dewis fyddai hwnnw, nid un anochel. Mynnai ferthyrdod, ond merthyrdod dros ei delfrydau dewisol hi, nid dros gredoau anorfod nad oedd hi ei hunan wedi eu hawlio. Meddai Thibon: 'ni fedrai oddef i ddigwyddiadau nac i garedigrwydd ei ffrindiau newid o un fodfedd leoliad y stanciau a osodwyd gan ei hewyllys ar hyd llwybr ei hunan-aberth.'[70] Felly hefyd gyda Ffrainc. Mynnai Weil berthyn mewn ffordd haniaethol i ddelfryd o genedl, a pherthyn hyd farw drosti; ond perthynas o'i dewis hi ei hunan fyddai, nid proses o dderbyn y gynhysgaeth ddiwylliannol gymysg y ganwyd hi iddi. Â chymhellion o'r fath ar waith ynddi, felly, yr oedd Iddewiaeth yn broblem: nid oedd yn caniatáu dewis. Ni ellir dewis bod yn aelod o'r Ddewis Bobl; ac yn waeth byth i rywun o feddylfryd Weil, ni ellir dewis peidio â bod yn aelod ychwaith. Yn enwedig ar adeg o erledigaeth, yr oedd Iddewiaeth fel petai'n bygwth gorfodi Weil i fod yn ferthyr dros rywbeth nad oedd hi wedi'i ddewis. Teimlai hi'r hunaniaeth orfodol hon yn gaethiwed arni; mynnai ei rhyddhau ei hunan rhagddi, a dyna, mi dybiaf, rywfaint o achos llymder ei hagwedd tuag at y bobl y perthynai hi iddynt.

Sagrafennaeth

Soniwyd am bwysigrwydd sagrafennau'r Eglwys Gatholig i Weil. Datblygodd ddelfrydau o waith a gwleidyddiaeth a hydreiddiwyd â sagrafennaeth. Peth esthetaidd oedd sagrafen iddi ar un wedd; credai fod pob peth hardd yn amlygu presenoldeb Duw: 'Y mae rhyw fath o ymgnawdoliad o Dduw yn y byd, a fynegir gan brydferthwch.'[71] Ond yr oedd yn fwy nag estheteg yn unig; credai Weil y gellid achub gweithwyr o'u caethwasiaeth, ac achub cymdeithas rhag gormes ac anghyfiawnder, drwy hybu'r weledigaeth o waith fel sagrafen – fel peth a olygai ddioddefaint ac ildio i'r materol, ond mewn modd llesol i'r enaid. Diddorol yw gweld mor debyg yw delfryd Weil, y Parisienne, o effeithiau llesol gwaith, yn enwedig gwaith ar y tir, i eiddo R. S. Thomas a deallusion eraill y cyfnod.[72] Dywed Weil fod gwaith corfforol ar ei orau yn gyffyrddiad â harddwch real y byd, a hynny mewn modd llawnach na'r hyn a brofir gan yr ysgolhaig, yr artist, yr athronydd a'r cyfrinydd. Braint y tlawd ydyw gwaith, meddai, ond fe'u dellir hwy rhag sylweddoli sagrafennaeth eu profiad:

> Ni ddywed neb wrthynt. Y mae gormod o waith, pryderon ariannol blin a diffyg gwir ddiwylliant yn eu hatal rhag sylwi ar y peth. Byddai newid bach yn y cyflwr hwn yn ddigon i agor y drws i drysor iddynt.[73]

Y mae damcaniaeth Weil yn fwy manwl-ddiwinyddol nag eiddo Thomas, ond yr un weledigaeth sydd yma yn y bôn, sef yr angen am: 'the will to believe God / Bleeds in the soil, the unloved body / Their wheels mangle.'[74] A'r un dadrith a'i dilynodd.

Yn ogystal â lliwio golwg Weil ar waith y tir, lliwiodd sagrafennaeth ei golwg ar gymdeithas ac ar y genedl hefyd. Yma y deuwn at galon ei gweledigaeth o Ffrainc, gweledigaeth a grisialwyd yn *L'Enracinement*, gwaith a luniwyd dan amodau alltudiaeth a pherygl, â Ffrainc yn nwylo'r gelyn. 'The problems of the moment led her to much larger considerations,' oedd dweud cynnil T. S. Eliot am amgylchiadau cyfansoddi'r llyfr, mewn rhagair craff, edmygus a deallus i gyfieithiad ohono ym 1951.[75] Wrth edrych ar y llyfr hwn, cawn weld bod yr egwyddor sagrafennol yn ganolog i wladgarwch Weil.

Y genedl

Ceir gan Weil ddiwinyddiaeth gwladgarwch sydd yn werthfawr i bob cenedl, a dyna, mae'n rhaid, pam y mae nifer o genedlaetholwyr Cymreig wedi ei hastudio, gymaint felly fel y gellir ystyried iddi gael rhywfaint o ddylanwad ar ddatblygu athroniaeth y mudiad iaith yng Nghymru wedi'r rhyfel. Yr athronydd J. R. Jones, a ddyfynnodd Weil fel awdurdod mewn nifer o'i weithiau,[76] a fu'n bennaf cyfrifol am ei chyflwyno i ddarllenwyr Cymraeg. Fe'i dyfynnwyd gan Emyr Llewelyn yng nghyfarfod coffa J. R. Jones, ac y mae gwaith Dewi Z. Phillips hefyd wedi hybu ymwybyddiaeth ohoni. Yr oedd Saunders Lewis yntau wedi darllen rhywfaint o'i gwaith, ei hedmygu a'i chymharu ag Ann Griffiths mewn un man[77] ac, wrth drafod ei dylanwad ar J. R. Jones, meddai: 'Mi gredaf fod y Ffrances hon yn feddyliwr crefyddol o safon anghymarol uwch na Tillich na Schweitzer.'[78] Y mae R. S. Thomas yntau wedi darllen *L'Enracinement* o leiaf, er nad ydyw'n cyfaddef iddo gael llawer o fudd ohono.[79] Ym 1992, fe lwyfannwyd drama Gymraeg am Weil gan Menna Elfyn, o'r enw *Y Forwyn Goch*, a ddenodd gryn dipyn o sylw i Weil yn y wasg Gymraeg.[80] Dywedodd Menna Elfyn i esiampl Weil ei hysbrydoli wrth iddi ymgyrchu gyda Chymdeithas yr Iaith.[81] Yn sgil cynhyrchu'r ddrama, cynhaliwyd seminar ar bwysigrwydd athroniaeth Weil yn Eisteddfod Genedlaethol Aberystwyth, 1992. Yn ei lyfr *Language Regained*, cyfeiria Bobi Jones at Weil a T. S. Eliot yn yr un paragraff fel rhai a chanddynt weledigaeth werthfawr o genedligrwydd.[82]

Y mae'n hawdd gweld pam y mae syniadau Weil o'r genedl yn apelio at sylwebwyr o'r fath. O ystyried fod cymaint o genedlaetholdeb Ffrengig ei chyfnod yn filitaraidd, yn drefedigaethol ac yn dorfol, yn seiliedig ar *gloire*, y mae gwladgarwch Weil yn rhyfeddol o resymol, gwylaidd a gwâr. Dengys Weil, efallai, ei phellter oddi wrth y traddodiad Ffrengig wrth iddi allu ymneilltuo mor llwyr oddi wrth agweddau ymosodol a hunandybus y traddodiad hwnnw. O'r pedwar llenor dan sylw, hi a gynhyrchodd yr athroniaeth fwyaf cyfundrefnol a threfnus o wladgarwch, a hynny drwy osgoi i raddau helaeth hunan-dwyll, emosiwn a chasiwistiaeth. Wrth gwrs, athronydd wrth ei gwaith oedd hi, nid llenor creadigol, felly efallai bod y gogwydd mwy dadansoddiadol i'w ddisgwyl; ond credaf mai teg yw dweud bod ymgeisiau'r tri dyn i gyfleu eu hathroniaeth ddiwylliannol mewn dadansoddiad rhyddiaith, fel y gwnaed gan Thomas yn *Cymru or Wales?*, neu gan Eliot yn *Notes Towards the Definition of Culture*, neu gan Lewis yn ei erthyglau niferus, yn edrych yn gymysglyd ac yn amaturaidd wrth ymyl *L'Enracinement*.

Trown yn awr at fanylion gwladgarwch Weil. Yr oedd yn gas ganddi rym o bob math, boed yn nwylo'r Hebreaid, y Rhufeinwyr, y Ffrancod neu'r Almaenwyr. Yr oedd hi'n casáu, ac yn teimlo fel gwarth, y ffaith fod Ffrainc yn gormesu'n ddidrugaredd ei threfedigaethau yn Affrica, Indo-Tseina a'r Môr Tawel: 'Yr ydym wedi llofruddio eu diwylliant, wedi gwahardd iddynt gael llenyddiaeth yn eu hiaith eu hunain, wedi gorfodi ar leiafrif bach iawn o'u poblogaeth ein diwylliant ninnau, sydd heb wreiddiau ynddynt ac sy'n methu gwneud lles iddynt.'[83] Cymharai ymerodraeth Ffrainc â gormes Rhufain, ac awgrymodd fod Ffrainc yn haeddu cael ei gormesu gan yr Almaen fel cosb am ei phechodau.[84] Yr oedd Weil yn debyg i broffwydi'r Hen Destament wrth gondemnio ffaeleddau ei gwlad – fel Jeremiah, efallai, ar adeg y gaethglud – ac fel hwythau, cynigiai achubiaeth a rhybuddio dinistr yr un pryd.

Deisyfai i Ffrainc seilio ei hunanddelwedd nid ar fri allanol y genedl, a'i statws yng ngolwg eraill, ond ar ei phwysigrwydd fel cartref, fel cyd-destun diwylliannol, cymdeithasol a daearyddol unigryw; fel magwrfa eneidiau, ac fel amgylchedd a gynigiai gysylltiad di-ail â'r tragwyddol i'r sawl a fegid o'i fewn. Y mae cariad at gyflwr o'r fath yn beth pur, meddai. Ond y mae cariad at yr *état*, y wladwriaeth, yn beth ffiaidd, ac yn rhoi'r sawl a feddylia felly yn nhiriogaeth y 'Bwystfil Mawr', sef ei henw hi ar unrhyw uned dorfol a ddenai'r clod na ddylai berthyn ond i'r tragwyddol. Sail gwladgarwch Weil yw'r syniad Groegaidd o'r *metaxu*, y pontydd, y cysylltiadau rhwng y dynol a'r tragwyddol: '*metaxu* yw'r gwir fendithion bydol. Er mwyn parchu gwledydd tramor, er enghraifft, ni ddylid gwneud eilun o'n gwlad ein hunain, eithr sicrhau ei bod yn gam tuag at Dduw. Dyma'r tymhorol yn bont, yn *metaxu*. Dyma'r alwad Roegaidd a Phrofensaidd.'[85] Ym meddwl Weil, yr oedd Groeg yn cynrychioli delfryd o reswm a gwarineb a ddifodwyd gan Rufain, gan y 'Bwystfil Mawr' a oedd ar begwn arall ei mytholeg bersonol, yn cynrychioli pob gormes, trais a hunan-dyb. Yr oedd Profens hefyd yn golygu, iddi hi, enghraifft o warineb a ddifodwyd gan imperialaeth. Yn hen diriogaeth Profens – erbyn hynny yn rhan annatod o Ffrainc – y trigai Weil wrth i'r syniadau hyn ymffurfio ynddi, felly yr oedd ganddi o'i chwmpas dystiolaeth ddyddiol o'r modd y gellid difodi diwylliant yn llwyr. Gwyddai y gallai Ffrainc ddioddef yr un dynged dan law'r Almaen.

I Weil y mae'r genedl yn beth i'w defnyddio; nid rhywbeth i'w mawrygu na'i heilunaddoli er ei mwyn ei hunan ydyw, ond rhywbeth sydd â gwerth mesuradwy a gwrthrychol i iechyd y math arbennig o enaid a fegid ynddi. Un o anghenion yr enaid ydyw. Y mae gan bobl, meddai Weil, anghenion corfforol, megis bwyd, diod a lloches, ond y mae ganddynt hefyd anghenion llai corfforol ond llawn mor bwysig. Er enghraifft, nid angen corfforol yw rhyddid eich gwlad, na'r hawl i fyw yn eich gwlad eich hunan, ond niwed i fywyd unigolyn fyddai gwrthod y pethau hynny:

Mae pawb yn ymwybodol bod math o greulondeb sy'n bygwth bywyd dyn heb ei fygwth yn gorfforol. Creulondeb yw hwn sy'n amddifadu dyn o'r maeth arbennig sy'n angenrheidiol er mwyn i'r enaid gael byw.[86]

Yn ôl meddylfryd sagrafennol Weil, gorweddai gwerth cymuned yn ei heffeithiolrwydd fel *metaxu* yn cysylltu â'r tragwyddol. Y mae'r genedl yn bwysig, nid oherwydd iddi ragori ar unrhyw genedl arall, ond am iddi fodoli fel cyd-destun cymdeithasol unigryw lle gall pobl ymgyrraedd at y dwyfol drwy eu hamgylchedd: 'Yn union fel y ceir gwelyau meithriniad arbennig ar gyfer anifeiliaid meicrosgopaidd arbennig a mathau arbennig o bridd ar gyfer mathau arbennig o blanhigion, felly y ceir rhan arbennig o'r enaid ym mhob un, a dulliau arbennig o feddwl a gweithredu a drosglwyddir o'r naill berson i'r llall, sydd yn gallu bodoli yn unig mewn cyd-destun cenedlaethol, ac sydd yn diflannu pan ddinistrir cenedl.'[87] Y mae'r *metaxu* yn fath ar sagrafen, yn gyfryngau materol, real, i wirioneddau a chyfrifoldebau ysbrydol weithio drwyddynt. Ni ellir caru'r tragwyddol oni ellir caru'r daearol yn gyntaf, meddai. Er bod gennym wlad nefol, rhy hawdd – a ffals hefyd efallai – yw caru haniaeth. Gan hynny, dylid caru'r wlad ddaearol, real, a roddwyd inni.

Â Weil ati i ddatblygu rhesymeg argyhoeddiadol o werth cenhedl-oedd, gan ddadlau ar seiliau ymarferol a moesol yn hytrach na rhai teimladol, a'i dadl yn gryfach oherwydd hynny. Dylid parchu cae o ŷd, meddai, nid er ei fwyn ei hunan ond am mai bwyd i ddynion ydyw. Dylid parchu cymunedau dynol yn yr un modd, boed yn wlad neu'n deulu, gan mai bwyd i eneidiau dynol ydynt.[88] Yn wir, haedda'r gymuned y parch uchaf gan fod pob cymuned yn unigryw ac yn anadferadwy, a'r maeth y mae'n ei ddarparu heb ei hafal yn y bydysawd. Yn ogystal, fel rhywbeth â'i gwreiddiau mewn hanes, darpara'r gymuned faeth i eneidiau cenedlaethau'r dyfodol: 'Hi sy'n darparu'r unig ddull o gadw'r trysorau ysbrydol a grynhowyd gan y meirw, yr unig gyfrwng trosglwyddo y medr y meirw gyfarch y byw drwyddo.'[89] Gan hynny, meddai, gall cymuned mewn perygl haeddu'r aberth eithaf, ond heb fod hynny'n golygu bod y gymuned yn fwy gwerthfawr na'r bod dynol; er enghraifft, gall rhywun aberthu ei fywyd i helpu unigolyn arall heb fod hynny'n golygu bod y person arall yn berson gwell nag ef.[90]

Yr oedd y gorffennol a thraddodiad yn bwysig iawn i Weil. Iddi hi, un o 'wreiddiau'r' bersonoliaeth ddynol yw'r genedl, rhywbeth hanfodol i'w chyflawnder. Y mae bod yn wreiddiedig yn golygu bodoli mewn cyd-destun naturiol ac organig a rydd ystyr i fywyd yr unigolyn, yn economaidd, yn gymdeithasol, yn gyfreithiol, yn ddiwylliannol ac yn grefyddol. Y mae'r genedl yn un o nifer o elfennau yn rhestr Weil o hanfodion yr enaid dynol. Rhestr o baradocsau yn bodoli mewn cyflwr o gydbwysedd iachus yw hon, fel y crybwyllwyd yn gynharach: parch a chosb; cydraddoldeb a hierarchiaeth; diogelwch a pherygl, ac yn y blaen. Y drosedd fawr i Weil, felly, yw 'diwreiddio', neu dorri ar draws y berthynas organig naturiol, drwy, er enghraifft, gaethiwo unigolion yn economaidd i beiriant diwydiannaeth, neu gaethiwo poblogaeth gyfan yn wleidyddol wrth wladwriaeth ganolog: 'Beth yw'r hyn y mae'n gabledd ei ddinistrio? Nid yr hyn sy'n ddistadl, gan fod hynny'n ddibwys. Nid yr hyn sy'n aruchel, gan na fedrwn gyffwrdd hwnnw. Y *metaxu*. Y *metaxu* sy'n ffurfio tiriogaeth da a drwg . . . Ni ddylid amddifadu'r un enaid byw o'r *metaxu* hyn, hynny yw, o'r pethau da cymharol a chymysg hynny (cartref, gwlad, traddodiadau, diwylliant, etc) sy'n cynhesu ac yn bwydo'r enaid ac y buasai bywyd dynol, islaw sancteiddrwydd, yn amhosibl hebddynt.'[91]

Y mae'r genedl fel cymuned yn rhoi cyd-destun i'r hanfodion hyn. Y mae disgrifiad Weil o natur y genedl yn y termau hyn yn rhydd oddi wrth syniadau o oruchafiaeth cenhedloedd unigol, ac yn dadlau dros berthynas iach a hael rhwng gwahanol gymunedau cenedlaethol:

> Bwrw gwreiddiau yw angen pwysicaf ac angen lleiaf cydnabyddedig yr enaid o bosibl. Mae'n un o'r anghenion anoddaf ei ddiffinio. Mae dyn yn berchen ar wreiddiau drwy ei gysylltiad real, byw a naturiol â bywyd cymuned sy'n cadw rhai o drysorau'r gorffennol a rhai o ragargoelion y dyfodol yn fyw.[92]

Dywed mai angenrheidiol yw i bob cymuned ymwneud ag am-gylcheddau a diwylliannau eraill, ond heb fod y dylanwadau allanol hynny'n cael eu gorfodi ar y gymuned wreiddiol, nac yn ei meddiannu na'i gormesu. Dylent gadarnhau gwreiddioldeb y gymuned frodorol, nid ei ddileu.

Dyna, felly, pam y mae difodi cenedl yn drosedd gyda'r mwyaf: y mae'n weithred sydd yn diwreiddio poblogaeth gyfan yn ysbrydol trwy ei hamddifadu o fara ei henaid, ac y mae hyn yn brofiad heintus, oherwydd nid yw'r sawl a ddiwreiddiwyd yn gwerthfawrogi gwreiddiau pobl eraill wedyn. 'Diwreiddio yw'r clefyd peryclaf o ddigon y mae cymdeithasau dynol yn agored iddo, gan ei fod yn un sy'n ymluosogi', meddai, gan ddweud bod y diwreiddiedig yn gorfodi'r un cyflwr ar eraill: 'Mae pwy bynnag sydd wedi ei ddi-wreiddio yn diwreiddio eraill. Nid yw'r sawl sydd wedi ei wreiddio yn diwreiddio eraill.'[93] Goresgyniad milwrol yw un o'r mathau gwaethaf o ddiwreiddio, meddai. Credai Weil fod Profens wedi bod yn hesb yn ddiwylliannol byth ers diffodd ei hannibyniaeth gan Ffrainc. Y mae gwahanu rhywun oddi wrth ei wlad, neu ei ddinas, meddai, yn torri'r cysylltiad bywiol rhwng y person hwnnw a chariad a harddwch ei fydysawd: 'Bron na cheir trosedd fwy. Y mae gennym oll ein rhan mewn nifer dirifedi bron o droseddau o'r fath. Pe baem ond yn medru deall, byddai'n tynnu dagrau o waed ohonom.'[94] Ni ellir ond tybio a yw ansicrwydd diwylliannol cefndir Weil fel Iddewes wedi cyfrannu at y teimlad hwn o'r angen am wreiddiau. Yr oedd Weil yn fyw iawn i'r perygl y gellir dinistrio diwylliannau. Yr oedd hi'n gignoeth o realistig wrth wynebu hyn:

> Paham y mae pawb yn parhau i ailadrodd y wireb honno nad oes modd dinistrio gwerthoedd ysbrydol drwy rym noeth? Mae'n eu dinistrio nhw yn gyflym ac yn hawdd iawn . . . Nid oes un dim yn y byd mor werthfawr, ond ar yr un pryd mor frau ac mor fregus, mor anodd, neu hyd yn oed mor amhosibl ei adfywio, â chynhesrwydd byw rhyw amgylchfyd dynol, y cyfrwng hwnnw sy'n trochi ac sy'n meithrin y meddwl a'r rhinweddau . . .'[95]

Y mae hyn yn sicr yn atgoffa rhywun o rybuddion Saunders Lewis ynglŷn â pherygl Cymru wrth iddi wynebu bygythiadau a grymoedd tebyg, yn ei dyb ef. Tebyg i Lewis hefyd, ac i Thomas ac Eliot, ydyw Weil yn y ffaith mai cenedl dan fygythiad, a chenedl yr alltudiwyd hi ohoni mewn sawl ffordd, a esgorodd ar ei gwladgarwch mwyaf. Gorau Ffrances, Ffrances oddi cartref oedd hi, fe ymddengys: 'Nid yw Ffrainc heddiw yn berchen ar realaeth arall ar wahân i atgofion a gobaith. Ni fu'r weriniaeth erioed mor hardd ag yr oedd yn nyddiau'r Ymerodraeth; nid yw'r famwlad fyth mor hardd ag yw hi o dan orthrwm concwerwr';[96] 'Mae trychineb wedi deffro ynom i gyd ymwybyddiaeth ingol o orffennol ein gwlad.'[97] Ac meddai mewn man arall: 'Y mae pob Ffrancwr wedi dod i deimlo realiti Ffrainc drwy gael ei amddifadu ohoni.'[98] Gellid cofio y bu bob amser yn llawer haws i Weil garu'r gwan na'r cryf, efallai am na fedrai'r gwan wrthod, hawlio na bygwth. Fel y dyfynnwyd yn gynharach mewn cyd-destun gwahanol: 'Weil had no difficulty befriending the doomed.'[99] Gyda gwendid a diymadferthedd Ffrainc, teimlodd Weil fod ei gwladgarwch bellach yn debyg i gariad dyn at y ceraint sy'n dibynnu arno – yn gariad purach o fod wedi'i ennyn gan wendid y gwrthrych, nid gan ei gryfder:

> Mae'r ymdeimlad hwn o serch ingol tuag at rywbeth hardd, gwerthfawr, bregus a byrhoedlog yn fwy angerddol na'r ymdeimlad o fawredd cenedlaethol. Gellir caru Ffrainc o ran y gogoniant sydd fel petai'n sicrhau bodolaeth eang iddi mewn amser a lle. Neu, fe ellir ei charu fel rhywbeth y gellir, gan ei fod yn fydol, ei ddinistrio, ac sydd o'r herwydd yn fwy gwerthfawr fyth.[100]

Yn sicr, er gwaethaf ei gwerthfawrogiad o bwysigrwydd y genedl fel cyd-destun cymdeithasol, yr oedd Ffrainc y ddelfryd yn bwysicach iddi na Ffrainc y gymuned: 'Y ffyddlondeb eithaf yw ymlyniad gwlatgar at wlad farw', meddai.[101] Serch hynny, os oedd rhyw encilgarwch personol yn cyfrannu at burdeb gwladgarwch Weil, rhaid cydnabod bod y glendid cymhellion a ddeilliodd o'r encilgarwch hwnnw, y rhyddid oddi wrth hunan-les, hunan-dwyll syniadol ac anonestrwydd dadl, yn gyfraniad gwerthfawr iawn tuag at athroniaeth gwladgarwch. Er enghraifft, yn ei rhesymoliaeth a'i phragmatiaeth, y mae Weil yn rhagori o gryn dipyn ar rai a'i hystyriai yn awdurdod, fel J. R. Jones. Tra byddai'n dyfynnu Weil yn edmygus ar bwnc gwerth y genedl i'r enaid, fe âi ati, yn yr un ddadl, i hawlio tarddiad rhagluniaethol a chreadig-aeth ddwyfol i Gymru a Chymreictod, rhywbeth y buasai Weil wedi ymgroesi rhag ei wneud.[102] Yr oedd ei gwerthfawrogiad hi o'r genedl yn llawer mwy gwrthrychol. Tra byddai'n cydnabod y demtasiwn i hawlio gwerth neu ordinhad tragwyddol i'r hyn sy'n bwysig inni – 'Dymunwn i bopeth sydd â gwerth fod yn dragwyddol',[103] – yr oedd hi'n ymwrthod â'r fath ysfa, ac yr oedd hi'n fyw i'r perygl y gall angerdd arwain at hunan-dwyll a chasiwistiaeth. Meddai: 'Dyma ddyletswydd ofnadwy. Canys sôn yr ydym yma am yr hyn a elwir yn ailweithio enaid gwlad, ac y mae yna demtasiwn mor gryf i'w hail-weithio drwy gelwydd neu drwy hanner gwirionedd, fel bod angen mwy na gwroldeb er mwyn glynu wrth y gwirionedd.'[104] Yr oedd hyn yn unol â'i chred yn y sagrafennol: yr oedd y genedl, fel unrhyw gymuned ddynol, yn bwysig fel cyfrwng i'r dwyfol, ond nid oedd yn ddwyfol ynddo'i hun. Dywedodd mai 'math ar gabledd' oedd sôn am 'Ffrainc dragwyddol' neu am 'achubiaeth dragwyddol Ffrainc' fel a fu'n ffasiynol ar wahanol adegau yn y wlad honno. Nid creadigaeth ddwyfol na thragwyddol yw unrhyw genedl, ond uned ethnig a daearyddol a grëwyd gan rymoedd hanesyddol a chan siawns, yn un ymhlith nifer o unedau eraill o'r fath, bob un yn unigryw, a phob un yn ddaearol.

Y mae ei chydnabyddiaeth o ddrygau imperialaeth ac o natur fympwyol ffiniau gwladwriaethau'n golygu bod gan Weil gryn gydymdeimlad â mudiadau rhanbarthol yn Ffrainc, a hynny ar adeg pan oedd cenedlaetholdeb Llydewig, er enghraifft, yn beth gwrthun gan y Ffrancod oherwydd i rai o'i arweinwyr gydweithredu â'r Natsïaid. Gwelodd Weil y sefyllfa hon heb lawer o ragfarn: 'Mae yna drysorau ynghudd yn y bobl hyn sydd heb allu eu hamlygu eu hunain. Nid yw'r diwylliant Ffrengig yn gymwys â nhw; ni all eu diwylliant hwy dyfu; o'r herwydd, fe'u traddodir i waelodion y dosbarthiadau cymdeithasol eilradd . . . Nid ymreolaeth fyddai'n ateb y broblem, ond nid yw hynny'n golygu nad yw'r broblem yn bodoli.' [105] Y gymuned oedd yn bwysig iddi, nid y wladwriaeth na'r uned ddaearyddol. Er enghraifft, yr oedd yn fodlon ystyried mai priodol fyddai i wledydd fel Cymru, Llydaw, Cernyw ac Iwerddon fod â chysylltiadau uniongyrchol rhyngddynt, gan fynd heibio i ffiniau tiriogaethol gwladwriaethau Ffrainc a Phrydain.[106] Dywed mewn man arall:

> Mae'r gwladgarwch presennol yn cynnwys hafaliad rhwng daioni llwyr a chymuned sy'n cyfateb i diriogaeth, sef Ffrainc; caiff pwy bynnag sy'n meddwl newid y term tiriogaeth yn yr hafaliad, a gosod term llai yn ei le, fel Llydaw, neu derm mwy, fel Ewrop, ei ystyried yn fradwr. Pam hynny? Mae'n beth cwbl fympwyol . . . Mae agwedd y cydweithredwyr presennol tuag at yr Ewrop newydd y byddai buddugoliaeth Almaenig yn ei ffurfio, yn adlewyrchu'r agwedd y disgwylir i drigolion Profens, Llydaw, Alsás a Franche-Comté ei choleddu tuag at y gorffennol wrth gofio goresgyniad eu gwlad gan frenin Ffrainc. Paham y byddai'r gwahaniaeth rhwng y ddau gyfnod yn newid yr hyn sy'n dda a'r hyn sy'n ddrwg? [107]

Dadleuai'n gryf hefyd o blaid datganoli gwleidyddol:

> dilynir gor-ganoli ryw ddydd gan ddatganoli. Ond nid wyf yn credu y digwydd hynny'n fuan: yn fwyaf tebyg, fe ddigwydd mewn rhyw ddyfodol rhy bell i'w fesur mewn bywydau dynol. Ac yr wyf yn gwbl sicr, ble bynnag y sefydlir canoli, ni ddiflanna cyn iddo ladd – nid parlysu dros dro, ond lladd – pob math o bethau gwerthfawr y byddai'n hanfodol eu cadw os am i'r oruchwyliaeth nesaf fod yn gyfathrach fyw rhwng canolfannau gwahanol a chyd-annibynnol, yn lle'n anhrefn ddiflas.[108]

Anhrefn ddiflas; dyna yn sicr oedd prif ofn Simone Weil dros ddyfodol cymdeithas. Fel y crybwyllwyd uchod, nid rhyw hunan-gariad estynedig oedd ei gwladgarwch; yr oedd hi'n ymwybodol fod pob cenedl yn unigryw, yr oedd hi'n fyw iawn i bechodau Ffrainc, ac yn sylweddoli na ddylai rhagfarn na chasineb fod yn sail i wladgarwch. Yn hytrach, awydd i gadw'r unigryw yn wyneb yr unffurf oedd ei gwladgarwch hi, ac yn hynny o beth, nid oedd gwladgarwch ond yn un elfen mewn brwydr fwy, yn erbyn gormes ac anghyfiawnder. Yr oedd gwelediaeth Weil o'r genedl yn un wreiddiol a gwerthfawr, ond un rhan yn unig ydoedd o'i hathroniaeth gymdeithasol. Yn wir, dim ond rhan o *L'Enracinement* yw'r sôn am y genedl; soniai lawer hefyd am fywyd economaidd a chymdeithasol yn yr ystyr ehangaf, a hynny mewn modd a ddengys yn eglur fod ei gwladgarwch yn dacteg o fewn strategaeth fwy, sef gwrthwynebu gormes ym mhob ffurf.

Y byd modern

Yr oedd Weil, fel y tri llenor arall, yn brwydro yn erbyn y byd modern, ac yr oedd ei chenedlaetholdeb yn rhan o'r frwydr honno. Teg yw ei lleoli gyda'r deallusion hynny a wrthwynebai'r modern. Ond ni hoffwn orsymleiddio'r pwnc drwy ddweud mai dim ond y byd modern oedd ei gelyn. Yr oedd Weil yn ehangach ei gelyniaethau nag yr oedd Eliot, Lewis na Thomas. Yn eu hymgyrchoedd gwrth-faterol hwy, canol-bwyntient ill tri eu gelyniaeth ar effeithiau'r byd modern ar fyd y gorffennol diweddar, gydag ambell i ddigwyddiad cynharach – y Diwygiad Protestannaidd, er enghraifft – yn cynnig iddynt enghraifft hanesyddol dybiedig o'r tueddiadau a wrthwynebent yn y presennol. O'i chymharu, yr oedd rhestr gelynion Weil yn gwneud i hynny edrych fel chwarae plant. Yr oedd hi'n wrthwynebydd cyndyn i Rufain, Ffrainc yr Oesoedd Canol, Ffrainc yr ymerodraeth fodern, Eglwys Rufain yn ei gwedd awdurdodol, Israeliaid yr Hen Destament, Iddewon crefyddol y presennol, a'r Natsïaid, i enwi dim ond rhai o'r grwpiau yr ymosodai yn chwyrn arnynt. Rhestr gatholig o elyniaethau ydyw, yn wir, a fedr gynnwys Iddewon a Natsïaid; ond y mae gan bob un o'r gelynion hyn un peth yn gyffredin, sef eu bod, yn nhyb Weil, i gyd yn ormeswyr. Os oes gan Weil elyn einioes, yna gormes yw hwnnw, ac fe ymosodai arno ble bynnag y'i gwelai, ar y chwith neu'r dde, adref neu dramor, yn y presennol neu filoedd o flynyddoedd yn ôl. Lle'r byd modern yn y rhyfel holl-gynhwysfawr hwn yw fod Weil yn ei weld, mewn llawer agwedd, yn rhywbeth a roddai arfau yn nwylo'r gormeswyr tra'n caethiwo'r gorthrymedig yn drymach nag erioed. Ofnai fod amgylch-iadau modern yn tueddu'n gynyddol tuag at anhrefn ddiflas a chaethiwed.

Magwyd Weil mewn cyfnod pan fu sefydliad deallusol a gwyddonol Ffrainc yn gwrthsefyll nifer o ddatblygiadau gwyddonol yr oes, gan ddal at yr hen wirioneddau tybiedig, a hynny'n rhannol oherwydd plwyfoldeb siofinistaidd, gan fod nifer o'r darganfyddiadau gwydd-onol newydd wedi deillio o'r Almaen.[109] Tybiai Nevin i Weil rannu'r rhagfarn hon i raddau. Y mae'n bosibl ei bod hefyd wedi etifeddu peth o'r agwedd hon oddi wrth ei hathro Alain, a oedd yn casáu ambell i ddatblygiad modern, fel y teleffon, y radio ac awyrennau. Serch hynny, yr oedd gwrth-fodernrwydd Weil yn ddyfnach na rhyw ragfarn gymdeithasol gyffredin; yr oedd yn rhan annatod o'i syniadaeth. Er enghraifft, yr oedd hi'n drwgdybio galluoedd a statws gwyddoniaeth; ofnai fod gwyddoniaeth yn disodli crefydd fel fframwaith syniadol i'r byd – 'diwinyddiaeth cymdeithas fiwrocrataidd'[110] ydoedd. Ofnai Weil y defnyddid gwyddoniaeth yn erbyn y gweithwyr. Y mae hi'n debyg i R. S. Thomas yn ei hagwedd, wrth iddi weld gwyddoniaeth yn ffrwyth *hubris* dyn. 'An original sin adheres to modern science', meddai,[111] sy'n osodiad tebyg i hwn o eiddo R. S. Thomas, a welai'r 'Peiriant' fel canlyniad pechod gwreiddiol: 'The telephone is the fruit / of the tree of the knowledge / of good and evil.'[112]

Teimlai Weil fod dyfeisgarwch gwyddonol y ddynolryw wedi gwaethygu'n foesol wrth i amser fynd heibio: cyfrwng i ddarganfod daioni oedd gwyddoniaeth yn wreiddiol, wedyn fe ddaeth yn gyfrwng i ddarganfod rheolau'r cread, ond erbyn y cyfnod modern fe ddaeth yn gyfrwng i ddarganfod er mwyn darganfod yn unig, heb unrhyw fframwaith moesol.[113] Defnyddia stori Promethews i ddarlunio'r sefyllfa: 'Camddefnyddiwyd y doniau dwyfol a roddwyd i'r ddynolryw. Bellach, yn lle bod natur yn cael ei hachub drwy gelfyddyd, gorfodwyd rhyw fath o wrth-natur drwy gelfyddyd, hynny yw, technoleg. Trywanwyd y ddynolryw i'r graig o achos dymuniad gwyrdroëdig am rym.'[114] Yn erbyn hyn, fe garai Weil osod yr hyn a dybiai hi oedd yn egwyddorion gwyddoniaeth Groeg: cydbwysedd, cymesuredd, a chyfyngiad. Tybiai iddi ddarganfod yr egwyddorion hyn i raddau mewn Catholigiaeth, a roddai fframwaith i rywun ymwneud â'r cread heb golli ei gyfeiriad moesol; y gred hon oedd un o'r pethau a'i tynnodd tuag at Eglwys Rufain:

> Mae'r bywyd modern wedi ei neilltuo i ormodedd. Mae gormodedd yn goresgyn popeth: gweithred a meddwl, bywyd cyhoeddus a bywyd preifat. Mae'n gyfrifol am ddirywiad celfyddyd. Nid oes unrhyw gydbwysedd ar ôl mewn unrhyw le. Mae'r mudiad Catholig, i ryw raddau, yn adwaith yn erbyn hyn; mae'r defodau Catholig, o leiaf, wedi parhau yn gyfan. Ond wedyn, nid oes cysylltiad rhyngddynt a gweddill bodolaeth.[115]

Rheswm arall am ei hanesmwythyd â'r byd modern oedd ei gwerthfawrogiad dwys iawn o werth y gorffennol fel un o wreiddiau'r enaid, a'i hofn y gellid colli'r trysorau a gedwid ynddo. Yr oedd y gwerthfawrogiad hwn yn ddwysach oherwydd i fecaneiddio cynyddol y ganrif beryglu traddodiadau. Yr oedd y gorffennol yn ffynhonnell fywiol o ysbrydoliaeth a alluogai'r unigolyn i gymathu'r presennol mewn ffordd sagrafennol iachus: 'O holl anghenion yr enaid, nid oes yr un yn fwy hanfodol na'r gorffennol.'[116] Y drosedd eithaf oedd lladd y gorffennol anadferadwy, meddai, a dylai amddiffyn olion y gorffennol fod bron yn obsesiwn.[117] Colli'r gorffennol, yn gymunedol neu'n unigol, oedd trasiedi eitha'r ddynolryw, a dyna oedd y prif reswm pam y brwydra cenhedloedd mor ddygn yn erbyn goresgyniad. 'Mae colli'r gorffennol yn gyfystyr â cholli'r goruwchnaturiol',[118] meddai. Gwelodd y cyflwr modern yn diwreiddio pobl o'u cyd-destun hanesyddol.

Yr oedd gan Weil reswm arall eto dros wrthwynebu cynnydd technolegol, sef bod mecaneiddio yn mynd yn erbyn ei syniad o sancteiddrwydd gwaith corfforol, peth a dybiai hi oedd yn well nag athroniaeth, celfyddyd a gwyddoniaeth.[119] Yr oedd technoleg yn berygl deublyg iddi: ar yr un llaw, gallai ddisodli gwaith yn gyfan gwbl a difodi'r syniad o ufudd-dod sagrafennol a oedd, iddi hi, ynghlwm wrth y profiad hwnnw; ar y llaw arall, gallai droi gwaith i fod mor fecanyddol ac mor anghreadigol fel ag i wneud y gweithwyr yn ddim llai na chaethweision. Iddi hi, 'gwenwyn yr oes' oedd cynnydd;[120] 'she abhorred the cult of progress which fascists vivified in the expectation that new technologies would ensure social cohesion. She saw through the myth of efficiency in her attacks on the Taylorization[121] of industry.'[122] O ystyried hynny i gyd, felly, teg cyfrif Weil ymhlith y llenorion a'r deallusion a edrychai'n ddrwgdybus ar lawer datblygiad modern.

Peth ceidwadol oedd y gwrthwynebiad hwn i dechnoleg, wrth gwrs, ond ni ddylai hynny olygu gosod Weil ar dde'r sbectrwm gwleidyddol, hyd yn oed yn y mater hwn. Mae'n wir bod, yn egin-ffasgaeth y 1920au a'r 1930au cynnar, elfen o atafistaeth a ddelfrydai fywyd y tir a gwerthoedd y gorffennol, a bod hyn yn cyd-daro â delfrydau pobl fel Weil, ond fe nodweddwyd ffasgaeth yn ei llawn dwf gan addoliad o'r egwyddor dybiedig o reidrwydd cynnydd, o ddyfeisgarwch technolegol, o fecaneiddio ac o gymathu'r unigolyn i'r dorf, pethau nad oedd Weil yn eu cymeradwyo am funud. Daliodd Weil at ei delfryd o fywyd y wlad, mae'n wir, fel y gwelir yn L'Enracinement, ond fe safodd yn gadarn yn erbyn y ffasgaeth dechnolegol dorfol hon, a hynny oherwydd ei hymroddiad digymrodedd i ryddid. Yr oedd ei cheidwadaeth achlysurol mewn gwirionedd yn beth rhyddfrydol, felly; cadw rhyddid oedd y nod. Ac nid peth geiriol yn unig oedd ei gwrthwynebiad i dotalitaraeth dechnolegol, fel y dengys ei dewis o garfan wrth fynd i frwydro yn Sbaen, sef grŵp o anarchistiaid yn gysylltiedig â'r undebau llafur:

> They were anachronistically dedicated to local autonomy and popular ownership of industry, and they proved gallantly impatient in trying to realize their program. They were the twentieth century's misfits, fated by the noble ineptitude of their theories to succumb before totalitarianism's inexorably moving machinery. An outsider herself, Weil felt enough sympathy with this losing side to don its uniform.[123]

Wrth wrthsefyll llawer agwedd ar y modern, yr oedd Weil, gyda'i meddwl rhyddfrydol beiddgar, yn ei gosod ei hunan yn erbyn rhai o dueddiadau cryfa'r cyfnod. Y mae ei hagwedd tuag at dechnoleg, felly, yn tanlinellu ei safbwynt gwleidyddol annibynnol amwys; yng ngeiriau Nevin yr oedd hi'n 'libertarian reactionary'.[124] Yr oedd ei hymroddiad at ryddid gymaint fel ag i'w galluogi i gipio dadleuon o'r dde a'r chwith i mewn i'w rhaglen achubol. Er iddi fyw mewn cyfnod a yrrodd lawer deallusyn at gredoau diffiniol, eithafol, yn wleidyddol a chrefyddol, er mwyn cael sicrwydd mewn byd cyfnewidiol, fe wrthsafodd Weil y demtasiwn o gael ei huniaethu ag un garfan, gan y gwyddai fod y grymoedd yr oedd hi'n brwydro yn eu herbyn i'w canfod ymhob rhan o'r sbectrwm. Am y rheswm hwnnw, a rhesymau personoliaethol eraill hefyd, fel yr awgrymwyd yn y bennod hon, yr oedd hi'n un a arhosai, ym mhob cyd-destun – gwleidyddol, crefyddol, cenedlaethol a chymdeithasol – yn y tir neb rhwng perthyn a phellter. 'Nawddsant pob dieithryn' oedd disgrifiad André Gide ohoni.[125]

Gwêl Nevin Weil yn debyg i rai o lenorion eraill y cyfnod, megis Orwell, Ignazio Silone ac Arthur Koestler, a oedd yn dangos yn eu gwaith: 'the heroism unflinching before certain defeat, protesting for a common humanity against a faceless machinery that grinds down the old truths.'[126] Yn wir, 'faceless machinery', y Peiriant, y Bwystfil Mawr – dyna'r hyn y brwydrai Simone Weil yn ei erbyn: totalitariaeth o unrhyw fath; uniongrededd gwleidyddol neu grefyddol; diwydiannaeth ormesol; militariaeth; cydymffurfiad gorfodol; unffurfiaeth anghyfiawn ym mhob agwedd o fywyd. Ac fe synhwyrodd – yn gam neu'n gymwys – fod y grymoedd negyddol hynny yn cryfhau fel yr âi prosesau modernrwydd yn eu blaen. Yn ei bywyd byr, fe safodd yn erbyn y peryglon materol hynny yn gyson ac yn ddigyfaddawd, ac fe gynigiodd weledigaeth greadigol a gwreiddiol o werthoedd ysbrydol amgen, yn seiliedig ar elfennau gorau'r gorffennol, a chyda'r genedl, fel

cymuned ddynol, yn rhan annatod o'r weledigaeth. Fe'i cynorth-
wywyd i weld Ffrainc yn glir ac yn wrthrychol gan y ffaith ei bod, i ryw
raddau, wedi'i halltudio oddi wrthi, ac y mae'r un peth yn wir am ei
hymwneud â chymdeithas fel y cyfryw – mewn pellter y ceir y
prydferthwch.

Ni cheisiwyd yma roi esboniad llawn ar bob agwedd ar natur Simone
Weil. Gorchwyl ddigon anodd fyddai hynny gydag un mor ystyfnig o
annibynnol, un mor boenus o gymhleth – y dieithryn cyson, ymroddedig
hwn a wnaeth amwysedd yn egwyddor. Ond gobeithiaf fy mod o leiaf
wedi dangos tebygrwydd yn ei chymhellion, ei dulliau, ei gwerthoedd a'i
statws i dri dieithryn arall: Thomas, Lewis ac Eliot. Yn hynny o beth,
awgrymaf fod modd deall Simone Weil rywfaint yn well o'i hystyried fel y
cynrychiolydd Ffrengig mewn cwmni o lenorion o ddiwylliannau eraill a
ymatebodd mewn ffordd nodweddiadol i amgylchiadau tebyg. Gobeith-
iaf hefyd y gellir deall y tri arall yn well o weld bod eu safbwyntiau a'u
hymgyrchoedd wedi eu hadlewyrchu mewn diwylliant gwahanol yn yr
un cyfnod gan rywun â chefndir tebyg, a hynny'n dangos eu bod nhw'n
perthyn i duedd ryng-ddiwylliannol. Dyma, felly, bedwar o'r un anian
mewn sawl ffordd; pedwar naturiol encilgar a rannai lawer o'r un
gwerthoedd, delfrydau ac ofnau, ac a deimlai bwysau'r cyfnod yn eu
gorfodi i wneud safiad dros y gwerthoedd ysbrydol hynny yn erbyn
materoliaeth eu hoes. Pedwar deallusyn dadwreiddiedig ydynt, a fu'n
broffwydi i genhedloedd dan fygythiad, a hynny er gwaethaf – ac yn
rhannol oherwydd – y ffaith nad oeddynt yn perthyn yn llawn i'r
cenhedloedd hynny; pedwar yr oedd dieithriad wedi magu ynddynt yr
angen am wreiddiau.

Nodiadau

1 Pan ddyfynnir deunydd Ffrangeg yn y bennod hon, rhoddir cyfieithiadau
Cymraeg gan Nia Thomas o'r testunau Ffrangeg gwreiddiol – ac eithrio
ychydig enghreifftiau a droswyd o'r Saesneg pan fethais ganfod deunydd
anhygyrch yn y gwreiddiol. Gan nad yw gweithiau Weil na'i beirniaid
Ffrangeg ar gael yn y Gymraeg, a chan fod y testunau Ffrangeg yn anodd eu
cael ym Mhrydain, cyfeiria'r troednodiadau at y cyfieithiadau Saesneg
mwyaf adnabyddus a mwyaf hygyrch yn y wlad hon, ond gan nodi teitl y
ffynhonnell Ffrangeg wreiddiol yn ogystal.
2 Thomas R. Nevin, *Simone Weil: Portrait of a Self-Exiled Jew* (Chapel Hill a
Llundain, 1991), 2.
3 Gellir nodi hefyd mai ardal amwys oedd Alsás yn hanesyddol, yn pendilio
rhwng Ffrainc a'r Almaen, a chyda'r iaith Almaeneg yn gryf yno. Yr oedd
Weil yn ymwybodol o'r modd yr effeithiodd yr amwysedd hwn ar

ymwybyddiaeth genedlaethol y trigolion, fel y dengys *The Need for Roots* (Llundain, 1987), 107–8. Gwreiddiol: *L'Enracinement.*

4 Simone Petrement, *Simone Weil: A Life*, cyf. Raymond Rosenthal (Efrog Newydd, 1988), 111. Gwreiddiol: *La Vie de Simone Weil.*
5 Simone Petrement, op. cit., 114.
6 Thomas Nevin, op. cit., xi.
7 Ibid., 5.
8 Ibid., 5.
9 Ibid., 288.
10 Ceir yr ysgrif hon yn llawn yn David McLellan, *Utopian Pessimist, The Life and Thought of Simone Weil* (Efrog Newydd, 1990), xiii. Gw. hefyd ymdriniaeth yn Thomas Nevin, op. cit., 276–7.
11 Simone Petrement, op. cit., 236.
12 Ymddengys iddi, ar hyd ei hoes, osgoi cyffyrddiad corfforol â phobl eraill, hyd yn oed aelodau o'i theulu. Ar adegau, ceisiai osgoi pethau a gyffyrddwyd gan bobl eraill hefyd. Rheswm posibl am hyn yw fod teulu'r Meddyg Weil yn byw mewn ofn o haint bacteria, gan arfer defodau glanweithdra a ymylai ar rai Iddewon crefyddol. Thomas Nevin, op. cit., 3.
13 *Gravity and Grace*, cyf. Emma Craufurd (Llundain, 1987), 136. Gwreiddiol: gol. Gustav Thibon, *La Pesanteur et la Grâce.*
14 Thomas Nevin, op. cit., 272.
15 Ibid., 191.
16 Ibid., 39–56.
17 Simone Petrement, op. cit., 27, 29; Thomas Nevin, op. cit., 6.
18 Simone Petrement, op. cit., 514.
19 Thomas Nevin, op. cit., 355.
20 Simone Petrement, op. cit., 526–7, 537; Thomas Nevin, op. cit., 35; David McLellan, op. cit., 263.
21 Thomas Nevin, op. cit., 269.
22 David McLellan, op. cit., 95.
23 Ibid., 64.
24 Ibid., 48.
25 Simone Petrement, op. cit., 258.
26 Ibid., 264.
27 Ibid., 252.
28 David McLellan, op. cit., 100.
29 Thomas Nevin, op. cit., 329.
30 Ibid., 77.
31 Ibid., 329.
32 *Gravity and Grace*, xvi.
33 Ibid., 141.
34 Ibid., 159.
35 Simone Petrement, op. cit., 444.
36 Ibid., 391.
37 Simone Weil, *Waiting on God*, cyf. Emma Craufurd (Llundain, 1951), 16. Gwreiddiol: *Attente de Dieu.*
38 Ibid., 24.
39 'The Dry Salvages', *Four Quartets* (Llundain, 1983), 37.
40 *Waiting on God*, op. cit., 78.
41 *Gravity and Grace*, viii.
42 Thomas Nevin, op. cit., 289.

[43] Ibid., 158.
[44] *Gravity and Grace*, 106.
[45] Ibid., 33.
[46] Ibid., 99.
[47] Ibid., 102.
[48] 'The Love of God and Affliction', *Waiting on God*, 71.
[49] Thomas Nevin, op. cit., 147.
[50] *Gravity and Grace*, 37.
[51] David McLellan, op. cit., 272.
[52] *R. S. Thomas: Poet of the Hidden God* (Basingstoke, 1986), 82–3.
[53] David McLellan, op. cit., 175.
[54] *Gravity and Grace*, 136.
[55] Ibid., 75.
[56] Ibid., ix.
[57] *Waiting on God*, 10.
[58] Simone Petrement, op. cit., 412–13.
[59] David McLellan, op. cit., 182, a gw. Simone Petrement, op. cit., 457.
[60] Ibid., 326.
[61] Ibid., 327.
[62] Thomas Nevin, op. cit., 369.
[63] Ibid., 245.
[64] Simone Petrement, op. cit., 342.
[65] Thomas Nevin, op. cit., 250, 251; gol. Richard Rees, Simone Weil, *Selected Essays, 1934–35* (Rhydychen, 1963), 133. *Waiting on God*, 164, 169.
[66] Thomas Nevin, op. cit., 251.
[67] Ibid., 252.
[68] Ibid., 306.
[69] Ibid., 303.
[70] David McLellan, op. cit., 175.
[71] *Gravity and Grace*, 137.
[72] *The Need for Roots*, 286–7.
[73] *Waiting on God*, 107.
[74] 'Earth', *Tares* (Llundain, 1964), 46.
[75] *The Need for Roots*, x. Os swniai 'the problems of the moment' yn ymadrodd braidd yn annigonol i ddisgrifio amgylchiadau enbyd Weil a'i gwlad a'i phobl ar y pryd, gallwn gofio i Eliot ddisgrifio yn *Four Quartets* ddyddiau duaf yr Ail Ryfel Byd fel: 'conditions that seem unpropitious'.
[76] *Gwaedd yng Nghymru* (Lerpwl, 1970), 4, a 55; *Ac Onide* (Llandybïe, 1970), 43 a 151–65; *Prydeindod* (Llandybïe, 1966), 49.
[77] Dafydd Ifans (gol.), *Annwyl Kate, Annwyl Saunders* (Aberystwyth, 1993), 208.
[78] *Meistri a'u Crefft* (Caerdydd, 1981), 65.
[79] Mewn cyfweliad â'r awdur.
[80] John Daniel, 'Enigma'r Forwyn Goch', *Barn*, (Gorffennaf, 1992), 18; Manon Wynne Davies, 'Y Forwyn Goch', *Golwg*, 23 Gorffennaf 1992, 22.
[81] Cyfweliad, *Golwg*, 23 Gorffennaf 1992, 22.
[82] R. M. Jones, *Language Regained* (Llandysul, 1993), 40.
[83] Thomas Nevin, op. cit., 325.
[84] Ibid., 376.
[85] *Gravity and Grace*, 134.
[86] *The Need for Roots*, 7.

[87] Ibid., 51.
[88] Ibid., 7.
[89] *Waiting on God*, 7–8.
[90] Ibid., 7–8.
[91] *Gravity and Grace*, xxxiii.
[92] *The Need for Roots*, 41.
[93] Ibid., 45.
[94] *Waiting on God*, 115.
[95] *Selected Essays*, 79.
[96] *The Need for Roots*, 97.
[97] *Selected Essays*, 206.
[98] *The Need for Roots*, 152.
[99] Thomas Nevin, op. cit., 191.
[100] *The Need for Roots*, 164.
[101] *Selected Essays*, 45.
[102] *Gwaedd yng Nghymru*, op. cit., 55.
[103] *Gravity and Grace*, 97.
[104] *The Need for Roots*, 142.
[105] Ibid., 103.
[106] Ibid., 156.
[107] Ibid., 137.
[108] *Selected Essays*, 79.
[109] Thomas Nevin, op. cit., 195.
[110] Ibid., 199.
[111] Ibid., 211.
[112] 'Calling', *Collected Poems* (Llundain, 1993), 497.
[113] Thomas Nevin, op. cit., 207. Dylid nodi yma hefyd sylwadau a geir yn 'The Great Beast: Some Reflections on the Origins of Hitlerism 1939–1940', *Selected Essays* (atodiad, ii) pan ddywed Weil fod y cryf bob amser yn farbaraidd tuag at y gwan ac nad yw technoleg yn eu gwneud yn fwy felly. Ond enghraifft brin o'r fath ddadl ar ei rhan hi yw hon; fel rheol, fe ddadleuai fod yr oes fodern yn ddirywiad ar y rhai a'i rhagflaenodd.
[114] Thomas Nevin, op. cit., 160.
[115] *Gravity and Grace*, 140.
[116] *The Need for Roots*, 48–9.
[117] Ibid., 49.
[118] *Selected Essays*, 207.
[119] Thomas Nevin, op. cit., 372.
[120] Ibid., 219.
[121] Frederick Winslow Taylor (1856–1915), peiriannydd Americanaidd a sylfaenodd yr egwyddor o reoli gwyddonol mewn diwydiant drwy wahanu'r broses o gynllunio tasgau oddi wrth y broses o'u cyflawni, a thrwy rannu'r broses gynhyrchu yn dasgau syml unigol a defnyddio dulliau 'amser a symudiad'. Fe'i beirniadwyd am ddiraddio a dieithrio'r gweithwyr a gwneud y rheolwyr yn rhy rymus.
[122] Thomas Nevin, op. cit., 330.
[123] Ibid., 21.
[124] Ibid., 388
[125] Ibid., 385.
[126] Ibid., 93.

4

R. S. Thomas

Gwreiddiau, neu ddiffyg gwreiddiau, yw un o'r cwestiynau pwysicaf a gyfyd wrth inni droi at ail gynrychiolydd Cymreig y duedd wrthfodern ryngwladol, sef R. S. Thomas. Priodol, felly, yw dechrau gyda chrynodeb o'i gefndir personol.

Ganwyd Ronald Stuart Thomas ar 29 Mawrth 1913 yng Nghaerdydd, yn unig blentyn i T. H. Thomas, capten môr a mab i Gymro Cymraeg o longwr, â'i wreiddiau yn Llandysul a Bro Morgannwg, a Margaret Thomas, a hanodd hefyd o'r Fro ond a addysgwyd mewn ysgol breswyl Anglicanaidd yn Lloegr. Wedi 1913, symudodd y teulu i Lerpwl, ac wedyn Goole, nes ymgartrefu ym 1919 yng Nghaergybi, lle buont ymhlith lleiafrif uniaith Saesneg,[1] lleiafrif crefyddol yr Eglwyswyr, a lleiafrif cymdeithasol y dosbarth canol.

Yr oedd R. S. Thomas tuag wyth oed yn mynd i'r ysgol, gan i'w fam gredu ei fod yn rhy wanllyd i fynd cyn hynny.[2] Aeth i'r Ysgol Sir yng Nghaergybi rhwng 1925 a 1931; astudiodd y Gymraeg fel pwnc yno, ond anghofio'r cwbl yn fuan wedi iddo adael. Magwraeth Seisnig a chysgodol iawn a gafodd: gyda'i dad yn absennol ar y môr, bu dylanwad ei fam or-feddiannol yn drwm arno, gan ei wneud yn llanc braidd yn gysetlyd a diniwed na ddysgodd ffeithiau bywyd nes ei fod yn bedair ar bymtheg oed.[3] Penderfynodd, yn 17 oed, ymgeisio am urddau sanctaidd, yn bennaf oherwydd anogaeth ei fam.[4] Rhwng 1931 a 1934, astudiodd y clasuron ym Mangor, lle gwrthododd anogaeth i ddysgu Cymraeg ac, fel llanc swil iawn, tueddodd i encilio i unigrwydd y cefn gwlad neu'r mynyddoedd. Y mae cyfeiriadau at hunanymwybyddiaeth fewnblyg boenus yn hydreiddio ei waith.[5] Ar ôl iddo raddio, astudiodd ddiwinyddiaeth yng Ngholeg Diwinyddol Mihangel Sant, Caerdydd, o 1935 hyd 1936. Fe'i hurddwyd yn ddiacon ym 1936 a'i anfon i blwyf St Mary's, Y Waun, ger Croesoswallt. Yma y daeth wyneb yn wyneb â phroblem poen, ac y dechreuodd o ddifrif ar y diddordebau gwleidyddol a llenyddol a'i gwnaeth yn un o brif ffigyrau Cymru'r ugeinfed ganrif.

Cawn edrych ar yr yrfa honno'n fanylach yn nes ymlaen, ond am y tro hoffwn astudio cefndir teuluol, seicolegol a chrefyddol y bardd ychydig yn ddyfnach. Y mae toreth o ddeongliadau bywgraffyddol o Thomas erbyn hyn, a gwireb bellach yw cyfeirio at dyndra a rhwyg diwylliannol ei brofiad. Cadwaf y drafodaeth felly at yr agweddau sydd fwyaf perthnasol i'r gymhariaeth â'r tri llenor arall, gan ddechrau gyda'i encilgarwch, peth y mae Thomas yn cyfeirio ato droeon fel dylanwad dwfn.[6]

Y fam feddiannol, y tad absennol, a'r Duw byddar

Yn *The Echoes Return Slow*[7] disgrifia R. S. Thomas ei enedigaeth fel un boenus i'w fam, 'the woman', ac iddo ef ei hunan, a ddisgrifir fel 'trash'. Droeon yn ei waith ceir delweddau sy'n awgrymu poen, hylltra ac amhersonoldeb i ddisgrifio genedigaeth,[8] enghraifft o duedd ar ei ran i drin perthynas rhwng pobl a'i gilydd a phrosesau naturiol bywyd mewn ffordd negyddol.[9] Yn ei hunangofiant, *Neb*, disgrifia ei enedigaeth fel 'Ychwanegiad i boen y byd', a rhydd ddarlun o'i blentyndod cynnar sy'n llwythog o afiechydon, damweiniau a deongliadau tywyll.[10]

Er bod elfen gref o eironi hunanamddiffynnol yn perthyn i agweddau negyddol R. S. Thomas, y mae ei olwg ar fywyd teuluol drwy gydol ei waith yn sicr yn ddrwgdybus a thywyll: yn 'Meet the Family' cawn: 'John All and his lean wife, / Whose forced complicity gave life / To each loathed foetus.'[11] Sonia M. Wynn Thomas am: 'the self-loathing, the dark mistrust of human intimacy, the general sense of alienation and dissociation that permeate his writing', a noda fel y gwelir priodas ambell waith yng ngherddi Thomas fel perygl a gaethiwa ddyn wrth ddynes a chanddi angen dihysbydd am sylw a chariad.[12]

Anodd fu perthynas R. S. Thomas â'i fam,[13] a ddisgrifir gan M. Wynn Thomas fel dynes 'possessive, neurotic, and infuriatingly false-genteel',[14] a gadwodd ei mab yn gadarn dan ei bawd: 'Girls came / And stared at me, but her eyes / Cowed me. Duty / They shrilled', ('I').[15] Yr oedd dyddiau coleg yn rhyddhad iddo.[16] Bu tyndra rhwng y rhieni hefyd, gyda'r fam yn rheoli ei gŵr – oedd yn gymeriad tipyn garwach – â min ei thafod.[17] Y mae M. Wynn Thomas yn mynd mor bell â disgrifio agwedd R. S. Thomas tuag at ei fam fel 'casineb',[18] ac yn dweud bod snobyddiaeth, gwrth-Gymreigrwydd, ac agwedd or-feddiannol y fam wedi porthi atgasedd yr R. S. Thomas hŷn tuag at ei 'famiaith', Saesneg.[19] 'Rhyfedd, ac efallai'n allweddol, yw'r berthynas rhwng mam a'i mab', meddai Thomas yn Neb.[20]

Dyna'r fam feddiannol, felly, ond hoffwn edrych ar ochr arall yr hafaliad hefyd, sef effaith y tad absennol, diffyg y gellir gweld ei ôl drwy gydol gwaith y bardd. Dywed Thomas, er i'w fam ofalu amdano fwyaf, iddo deimlo'n agosach at ei dad:

ond i hwnnw fynd yn fyddar yn gymharol ifanc a methu â chlywed llais ei fab. Dyn oedd wedi gweld y byd a'i arferion oedd o, a byddai wedi rhannu'i brofiadau, efallai, pe bai wedi medru cael perthynas normal â'i fab. Bu'n ganwr da ac yn hoff o gerddoriaeth, wrth reswm, a phoenus i'r eithaf i R.S. oedd ei weld â'i glust at y radio'n ceisio clywed y miwsig.[21]

Clywir yno hiraeth ac agosatrwydd na welir mohonynt yn achos y fam. Ac oni chlywir hefyd rithyn o genfigen yn y sôn am ddyn 'oedd wedi gweld y byd a'i arferion'? Fel y dywedodd Dr Johnson: 'Every man thinks meanly of himself for not having been a soldier, or not having been to sea',[22] ac y mae'n bosibl fod R. S. Thomas, fel bachgen yn mygu dan ofal ei fam, wedi dyheu am fod yn ddyn mentrus fel ei dad, ac wedi'i gollfarnu'i hunan o gymharu ag ef.[23] Cyfeiria droeon at deimlad o lyfrdra corfforol.[24] Yn gam neu'n gymwys, teimlai ryw ddiffyg yn ei adnoddau fel dyn. Fe ddefnyddia yn aml ddelweddaeth y môr, elfen ei dad, i awgrymu antur ac iechyd ysbrydol, gan wrthgyferbynnu hyn â bywyd mursennaidd marwaidd y tir, elfen ei fam.[25] Gellir awgrymu i R. S. Thomas gydymffurfio'n allanol â gofynion y fam, tra'n cyfyngu ei ysfa am fenter a dewrder i'w fywyd mewnol.

Gellir dirnad cymaint y boen a achosodd byddardod ei dad iddo yn yr hanes yn Neb lle sonnir am y bardd, yn fyfyriwr ym Mangor, yn darbwyllo'i dad i ddod i wasanaeth iacháu-trwy-ffydd Pentecostaidd ei naws er mwyn cael ei glyw yn ôl, ac iddo yntau weddïo am y wyrth hon drosto.[26] Effeithiodd y byddardod ar R. S. Thomas mewn ffordd arall hefyd – dylanwadodd yn sylfaenol ar ei syniad o Dduw.[27] Er enghraifft, yn 'The Presence' ceir hyn: 'I pray and incur / silence',[28] lle mae 'incur' yn awgrymu bod tawelwch Duw yn rhyw fath o gosb ar y gweddïwr. Y tebyg yw fod R. S. Thomas wedi teimlo tawelwch ei dad, yn ei emosiynau os nad yn ei reswm, fel profiad o wrthodiad neu o gosb: awgrymir hyn yn 'Silence' o *No Truce with the Furies*: 'Why does silence / suggest disapproval?. . . I contented / myself I was answering / his deafness with dumbness.'[29]

Yn 'The Tree' dywedir am Dduw: 'he has taken himself / off out of the reach / of our transmitted prayers',[30] fel pe bai ei dawelwch yn fwriadol. Yn 'Cadenza', ceir:

> What god,
> fingers in its ears, leered at me
> from above the lintel, face
> worn by the lapping
> of too much time?[31]

Dyma ddelwedd a seilir ar y profiad o fyw gyda rhywun ond methu cyfathrebu gyda hwy.[32] Yn 'In Church' ceir adlais o'r profiad o weddïo am iachâd er mwyn cael cyfathrebu.[33] Ceir rhywbeth tebyg yn *The Echoes Return Slow*, cyfrol a gymer ei theitl o gerdd yn ymwneud â byddardod,[34] a lle cysylltir tawelwch Duw â delwedd forwrol eto.[35] Yn yr un gyfrol ceir hyn:

> Hear me. The hands
> pointed, the eyes
> closed, the lips move . . .
> . . . This is
> the long siege, the deafness
> of space.[36]

Gofynnais i R. S. Thomas ai teg oedd cysylltu byddardod ei dad â thawelwch ei Dduw, ac ar ôl rhywfaint o ansicrwydd fe atebodd:

ella bod, yn seicolegol, mi fydda' i'n meddwl weithiau. 'Dwi ddim yn hapus o gwbl efo'r term Tad, fedra' i ddim agosáu at Dduw fel tad, ac fel 'dych chi'n gwybod os 'dych chi wedi mynychu gwasanaethau anghydffurfiol, mae bron bob gweinidog yn dechrau ei weddi drwy ddweud 'Ein Tad', neu 'Annwyl Dad', 'Ein Tad Nefol', ac yn y blaen. Ac ella mai'r eglurhad seicolegol ydy 'doedd 'na ddim perthynas glòs rhyngof i a'm tad oherwydd 'doedd o ddim yn gallu 'nghlywed i.[37]

Y mae'n sicr nad yw R. S. Thomas byth, bron, yn sôn am Dduw yn ei gerddi fel tad – ac y mae'r ychydig eithriadau yn rhai eironig: 'You never / improved on "odd" as the antiphon / to a heavenly father',[38] 'Father, I said, domesticating / an enigma';[39] neu 'I believe in God / The Father (Is he married?)'.[40] Nodweddiadol yw iddo gyfeirio at galedwch agwedd tad ei hoff athronydd, Kierkegaard, 'The stern father',[41] a felltithiodd Dduw gan drosglwyddo teimlad o euogrwydd i'w fab fel canlyniad.[42] Pan welir y dwyfol mewn termau personol ganddo, cawn fod ei ansicrwydd ynglŷn â chymhellion perthynas ddynol yn heintio'i syniad o Dduw, a welir ambell waith fel dirgelwch i'w ofni wrth ei gyrchu, neu a welir – mewn modd heriol ac anuniongred – fel bod creulon, oriog neu ddiofal.

Wrth gwrs, gor-syml fyddai priodoli syniad R. S. Thomas o Dduw yn gyfan gwbl i'w berthynas â'i dad – 'I wish there were as simple / an explanation for the silence of God'[43] – rhaid hefyd ystyried ffactorau fel ei syniadau athronyddol, ei ymlyniad wrth draddodiad uchel-eglwysig yn hytrach nag un mwy Protestannaidd, a'i brofiad o weddi. Mynegodd gyflwr y *via negativa* yn ei gerddi fel profiad llwm o amhersonoldeb a diffyg cyfathrebu mewn gweddi lle cyrchir Duw yn ei absenoldeb heb gymorth y synhwyrau na'r deall na'r dychymyg. Ni all y chwiliwr ond cadw'r hunan mewn cyflwr o 'astudrwydd' gerbron y posibilrwydd o'r trosgynnol:[44] 'Never known as anything / but an absence, I dare not name him / as God.'[45] 'It is this great absence / that is like a presence, that compels / me to address it without hope / of a reply.'[46] Llais profiad yw hynny, wrth gwrs, ond credaf y bu byddardod tad Thomas yn ffactor sylweddol, a bod hyn, ynghyd â'r cyfyngiadau eraill a fu ar ei fywyd emosiynol, wedi'i baratoi i gerdded y *via* negyddol honno y mae'n gyd-fforddolyn arni gyda Weil, Lewis ac Eliot.[47]

Eglwysyddiaeth

Wrth inni sôn am Dduw R. S. Thomas, priodol fyddai edrych dipyn yn fanylach ar y fframwaith eglwysig a ddewisodd y bardd ar gyfer ei ymchwil am y dwyfol. O'r pedwar llenor dan ystyriaeth, ef yw'r lleiaf Catholig, ond fe berthyn yn ddiau i ochr ddefodol y sbectrwm Cristnogol, nid yn unig yn ei arferion eglwysig allanol ond hefyd yn y defnydd a wnâi o'r arferion hynny, a'i gymhellion dros wneud hynny.

Fe berthyn R. S. Thomas i adain draddodiadol sagrafennol a defodol Anglicaniaeth, ond nid i ffrwd Eingl-Gatholig rwysgfawr y draddodiadaeth honno. Fe berthyn i ffrwd o draddodiadaeth ddefodol, ddiaddurn a moel – llawn mor Gatholig ei chymhellion – ac yn debyg i arferion mynachaidd.[48] Yn *Blwyddyn yn Llŷn*, dengys ei hoffter o un o arferion canolog Catholigiaeth Anglicanaidd (o'r mathau mynachaidd a rhwysgfawr ill dau) sef i'r offeiriad gysegru'r cymun gyda'i gefn at y gynulleidfa, peth sy'n pwysleisio'i statws breintiedig fel offeiriad yn hytrach na'i statws fel gweinidog a chyd-addolwr yn unig. Cwynai Thomas am ddiwygio'r litwrgi: 'Pinacl y gwasanaeth gwreiddiol oedd pan fyddwn, fel offeiriad, yn dweud y geiriau o gysegru uwchben y bara a'r gwin, a'm cefn at y gynulleidfa fel un â'r fraint ganddo o'i harwain at orsedd gras Duw. Ond bellach wynebu'r gynulleidfa a wna'r offeiriad . . . I Dduw y perthyn dirgelwch, a gwae dyn pan fo'n ceisio ymyrryd â'r dirgelwch hwnnw. Ys dywedodd T. S. Eliot: "Human kind cannot bear very much reality".'[49]

Yn 'Poste Restante', darlunnir offeiriad yn dathlu'r cymun a gweld ei wyneb wedi ei adlewyrchu yng ngwydr ffenestr yr eglwys,[50] peth a fyddai'n amhosibl pe na bai â'i gefn at y gynulleidfa. Yn y gerdd 'Homage to Wallace Stevens' o *No Truce with the Furies*, fe geir:

> Blessings, Stevens;
> I stand with my back to grammar
> at an altar you never aspired
> to, celebrating the sacrament
> of the imagination[51]

Ceir thema traddodiadaeth eglwysig hefyd yn *The Echoes Return Slow*: 'Is there a need for a revised liturgy, for bathetic renderings of the scriptures?'[52] Ac, yn yr un gyfrol, fe gwynai: 'Bishops were overawed by the theologians',[53] gan ddangos bod yn well ganddo ddelfryd Catholig o awdurdod esgobol na'r syniad mwy Protestannaidd o rym rhesymeg. Gwelir ei weledigaeth o natur yr Eglwys mewn llythyr cenedlaetholgar at *Y Llan* ym 1949, lle disgrifia'r Eglwys yng Nghymru fel: 'Eglwys Esgobol annibynnol, fel y mae Gwenallt yn ei galw. Hebddi hi fe dderfydd am ein cenedl fel un o genhedloedd hynaf Ewrob, a heb y genedl Gymreig derfydd hefyd am hen gangen o'r Eglwys Gatholig.'[54] Yn 'A Priest to his People' yn y gyfrol *The Stones of the Field* pwysleisia'r bardd y dirgelion sydd ynghlwm wrth Dduw, a hynny, wrth gwrs, yn bwyslais Catholig: 'I have hated you for . . . your scorn of . . . the mysteries of the Church.'[55]

Y mae barddoniaeth R. S. Thomas yn gyforiog o ddelweddaeth sagrafennaeth hefyd: 'the brittle miracle / of the bread'.[56] 'It is incense, the seasonally / renewed offering of the live earth.'[57] Yn y gerdd 'In Great Waters,' ceir:

> The sand crumbles
> like bread; the wine is
> the light quietly lying
> in its own chalice. There is
> a sacrament there more beauty
> than terror.[58]

Ceir degau o enghreifftiau o'r ddelweddaeth sagrafennol hon; un o'r enwocaf fyddai hon o 'The Moor':

> I walked on,
> Simple and poor, while the air crumbled
> And broke on me generously as bread.[59]

Gwell gan R. S. Thomas, mae'n amlwg, yw'r syniad o'r gweinidog Cristnogol fel cynrychiolydd breintiedig y bobl o flaen Duw yn hytrach nag fel esboniwr y gair. Gwêl Roland Mathias y gerdd 'The Minister' yn gondemniad ar philistiaeth hesb Protestaniaeth Cymru.[60] Ochra Thomas o blaid y Catholig a'r sagrafennol hefyd yn *Mass for Hard Times*, cyfrol y mae ei theitl yn awgrymu'r syniad Catholig o'r sagrafen, sef yr 'Offeren' yn hytrach na'r 'Cymun'. Yma, yn y gyfres 'Bleak Liturgies', ceir gweledigaeth o swyddogaeth yr Eglwys a bwysleisia'r allor (y sagrafen) yn hytrach na'r pulpud (y bregeth). Cwyna'r bardd am bwyslais Protestannaidd:

> Instead of the altar
> the pulpit. Instead
> of the bread the fraction
> of the language.[61]

Y mae Thomas yn perthyn i'r un rhan o'r sbectrwm eglwysig â'r tri llenor arall, yn glynu at drosgynnaeth a sagrafennaeth ddirgelaidd yn hytrach na rhesymeg faterol. Ond nid ymddiddora mewn gwleidydd-iaeth eglwysig i'r un graddau ag Eliot a Lewis; ymateb mwy greddfol sydd ganddo. Ac nid yw'n ddall i wendidau'r safbwynt Catholig: dywedodd na fedrai ymuniaethu â Phabyddiaeth Saunders Lewis.[62] Nid yw ei ymateb i Brotestaniaeth yn ddu a gwyn ychwaith. Cydnabu gryfderau Ymneilltuaeth: ei hamddiffyniad o'r Gymraeg,[63] ei rhyddid oddi wrth y sefydliad,[64] a dilysrwydd ei phrofiad achubol.[65] Ond y mae R. S. Thomas, ar y cyfan, yn gweld addoldai a dull addoli'r Anghydffurfwyr[66] yn ddi-chwaeth yn gelfyddydol ac yn or-syml yn syniadol, gan farnu, gyda Lewis, fod Ymneilltuaeth wedi aberthu sagrafennaeth.[67] Gwelir adlais cryf o agweddau Lewis yn 'The Minister' lle sonnir am:

> Protestantism – the adroit castrator
> Of art; the bitter negation
> Of song and dance and the heart's innocent joy –
> You have botched our flesh and left us only the soul's
> Terrible impotence in a warm world.[68]

Denodd 'The Minister' ymateb cynnes gan Saunders Lewis ei hunan, fel y dywed R. S. Thomas:

> Mi ges i lythyr o longyfarchiadau ar y 'Minister'. Mi ddarlledwyd y 'Minister' ac ymhen ychydig ddiwrnodau oddi ar 'ny, ces i lythyr gan Saunders – 'dwi wedi ei gadw hyd heddiw, 'rwy'n credu – 'Llongyfarchiadau ar y "Minister". Gwych yn wir'. Jyst y geiriau yna. Wrth gwrs, 'roedd 'na bethau yn y 'Minister' fasa' wedi apelio ato fo, y sôn am Brotestaniaeth, lladd ar Brotestaniaeth.[69]

Dywed Thomas i Pennar Davies ei gyhuddo o 'siarad lol' am Ymneilltuaeth yn y gerdd, ond fe ddaliodd Thomas i gredu bod y Diwygiad Protestannaidd yng Nghymru wedi lladd 'yr hen dddawnsfeydd, yr hen firi, ac yn y blaen'.[70]

Peth dyfnach na dulliau addoli sydd yn cymell safbwynt eglwysig R. S. Thomas, mi gredaf. Gochelai rhag Protestaniaeth efengylaidd ddogmataidd yn bennaf oherwydd iddi drin Duw yn eofn fel cyfaill neu fel tad y gellir deall ei gymhellion drwy'r Beibl, ac y gellir dylanwadu ar ei ymddygiad drwy weddi. Pan holais ef ar y pwnc, cefais fod ffwndamentaliaeth yn wir gasbeth ganddo a bod honiadau o etholedigaeth neu gadwedigaeth yn 'codi gwrychyn' arno. Aeth ymlaen:

> Mae'n rhaid, fel artist ac fel bardd, mae'n rhaid imi gredu bod pobl yn dŵad i'r deyrnas drwy lawer dull a modd: yr Hindŵaid, y Bwdiaid, y Moslemiaid, y Cristnogion, a hyd yn oed bobl sy' ddim yn honni bod nhw'n aelodau o unrhyw eglwys, mae'n bosib bod y gwir ynddyn' nhw

hefyd. Mae'n rhaid imi ddal y gred honno . . . 'Dwi ddim yn barod i sôn am y dyfodol. Nid ni sydd yn pennu dyfodol. Lol. 'Dwi'n hollol anghydnaws â phob pethau fel pobl sy'n dŵad atoch chi – 'Ydych chi'n gadwedig?'. 'Dwi'n ymgroesi rhag y math yna o bobl.[71]

Felly, er y gellir lleoli arferion defosiynol R. S. Thomas o fewn Anglicaniaeth ddefodol, nid yw ei feddwl na'i syniad o achubiaeth yn gaeth i'r eglwysyddiaeth honno. Pan ofynnwyd iddo unwaith a gafodd lawer o gysur o'i ffydd fel Cristion, atebodd: 'I don't know. I'm not sure that I'm all that much of a Christian. I'm possibly a bit too open to the truths of other religions.'[72] Dywed mai am resymau diwylliannol y geilw ef ei hun yn Gristion.

I R. S. Thomas, felly, nid oes modd gwasgu Duw rhwng cloriau'r Beibl, chwedl y gerdd 'A Welsh Testament',[73] na'i ganfod mewn defodau rhwysgfawr ychwaith. Yn hytrach, cymaint yw ei ddirgelwch fel mai ymateb mwyaf priodol y meidrolyn yw cyfeirio'r hunan tuag at yr absenoldeb dwyfol, heb gymorth na dogma na rhwysg, gan gydnabod yn unig yr angen mewnol a'r dirgelwch allanol. Dyma gyflwr a ddisgrifir gan Thomas fel 'pure being waiting / to be come at',[74] term a ddeuai oddi wrth feistr y *via negativa*, Kierkegaard.[75] Gyda Duw'n guddiedig, gellir defnyddio ambell i symbol, megis y sagrafen, fel cyfrwng i'w gyrchu, ond gan gydnabod bod y gwirionedd yn aros yn ddirgelwch. Defnyddia Thomas allanolion ieithwedd a symbolau defodaeth Gatholig fel fframwaith ar gyfer ymchwil ysbrydol anuniongred, eangfrydig a beiddgar.

Cyfriniaeth

Beth, felly, a ganfyddir gan yr ymchwil honno? Er mai cudd yw Duw R. S. Thomas, ceir elfen fwy cadarnhaol i'w brofiad o'r dwyfol hefyd, adegau pan brofwyd rhywfaint o'r tragwyddol, adegau pan gafwyd digon o ymateb fel ag i gyfiawnhau'r chwilio. Os rhanna Thomas gyda'r tri llenor arall brofiad y *via negativa*, rhanna hefyd y profiad o gael eiliadau cyfriniol achlysurol.[76]

Ceir un o'r datganiadau cliriaf o weledigaeth gyfriniol gan R. S. Thomas yn yr erthygl 'Dau Gapel,' pan sonia iddo ymweld â chapel Maes-yr-Onnen a chymuno yn ei ddychymyg â'r cenedlaethau o addolwyr a fu yno o'i flaen:

A bron ar amrantiad fe welais, fe ddeallais. Fel Ioan ar Ynys Patmos 'yr oeddwn yn yr ysbryd', a chefais weledigaeth, fel y gallwn amgyffred lled a hyd a dyfnder ac uchder dirgelwch y cread. Ond nid wyf am geisio disgrifio'r profiad mewn geiriau. Digon yw dweud imi weld nad oes y cyfryw beth ag amser, na dechrau na diwedd, ond bod pob peth yn ffynnon yn tarddu'n ddidor o'r anfeidrol Dduw.[77]

Maes-yr-Onnen oedd Little Gidding R. S. Thomas, mae'n amlwg. Yn naturiol, anaml y deuai gweledigaethau o'r fath; ond y maent yn ddigon i symbylu ymchwil am y trosgynnol drwy'r oriau maith di-weledigaeth sy'n dilyn. Y mae'n amlwg i Thomas brofi'r tragwyddol fel hynny yn achlysurol drwy gydol ei fywyd. Dyma ef yn *Blwyddyn yn Llŷn*, hanner canrif ar ôl gweledigaeth 'Dau Gapel', yn cael profiad tebyg, unwaith eto tra crwydrai'r cefn gwlad: 'Ar funudau fel rhain, diflanna pob problem ynghylch diben bywyd, angau a moesoldeb, ac ymglyw dyn â bodolaeth yn unig. Am foment, mae'n un â'r cread, yn cyfranogi o ddawn bywyd, fel y gwnaeth pob creadur yn ei dro dros filiynau o flynyddoedd. Fy enw i ar y fath brofiad prin, ond nid dieithr, ydi cyfriniaeth natur.'[78] Soniai yn nes ymlaen yn yr un llyfr am gael yr un math o brofiadau ar achlysuron eraill, weithiau'n ddisymwth, ac weithiau wedi cyfnod hir o weddi neu astudiaeth.[79]

Yn ei farddoniaeth, hefyd, ceir digon o dystiolaeth am y profiadau dwys hyn o gymundeb gyda'r dwyfol:

> You gave me
> only this small pool
> that the more I drink
> from, the more overflows
> me with sourceless light.
> ('Gift')[80]

> I keep my eyes
> open and am not dazzled,
> so delicately does the light enter
> my soul from the serene presence
> that waits for me till I come next.
> ('Llananno')[81]

Y gweledigaethau trosgynnol hyn yw'r canol llonydd hollbwysig y mae encilgarwch allanol Thomas yn ei warchod. Dyma ef yn adleisio Eliot, gan sôn fel y mae'n rhaid gostegu hunanymwybyddiaeth y meddwl os am brofi'r diamser:

For one hour
I have known Eden, the still place
We hunger for. My hand lay
Innocent; the mind was idle.

('Again')[82]

Wrth ystyried yr hyn sy'n gwahanu R. S. Thomas rhag y byd modern, ni ellir pwysleisio'r profiadau hyn ddigon. Nid rhyw syniadaeth fympwyol na rhyw chwaeth bersonol a'i ceidw ar wahân, ond y ffaith ei fod, o bryd i'w gilydd, wedi cymuno â'r realiti drosgynnol y tu draw i'r byd materol, a'i fod yn byw gweddill ei fywyd yng ngoleuni'r profiadau anhraethol hynny. Unwaith y profir y realiti honno, nid rhyfedd na chymerir manylion byd dynion o ddifrif wedyn.

Wrth gwrs, ni ellir byw yn barhaol yn y cyflwr hwnnw o gymundeb â Duw. Achlysurol yw profiadau o'r fath, yn anochel, a rhaid i'r unigolyn ymdopi am weddill yr amser â'r cyflwr llai boddhaol o ddisgwyl ac o aros. Bardd y gymundeb rwystredig yw R. S. Thomas mewn sawl ffordd, gyda'i ysfa i gyfathrebu – boed gyda Duw neu wladwyr neu genedl – yn cael ei hatal yn gyson; mae'r hunanddelwedd wael, y swildod, yr hunanymwybyddiaeth boenus a'r amgylchiadau teuluol a grybwyllwyd uchod i gyd yn cyfrannu at yr ataliad a deimla ar bob math o berthynas. Ond hefyd, mewn llawer ystyr, yn nhraddodiad y *via negativa*, y mae'n fodlon gwneud rhinwedd o reidrwydd diffyg cymundeb, beth bynnag fo'r rheswm am y diffyg hwnnw: 'The meaning is in the waiting',[83] meddai. Credai un o hoff athronwyr Thomas, Nietzsche, yng ngwerth 'the pathos of distance'.[84] Neu fel y dywedodd Weil: 'pellter yw enaid prydferthwch'. Y mae tuedd Thomas i bellhau ei ddelfrydau yn cael ei dyrchafu'n athroniaeth gyfan yn ei ddarlith *Abercuawg*, lle mae'n osgoi lleoli ei ddelfryd o Gymru mewn unrhyw amser na lle. 'Abercuawg' yw symbol canolog gweledigaeth arbennig R. S. Thomas, cyrchfan y bererindod ysbrydol y bu'n ei dilyn ar hyd ei oes – cyrchfan sydd yn ei hanfod yn fythol anghyraeddadwy, ac sydd o'r herwydd yn golygu bod y bardd yn trigo mewn cyflwr parhaol o dyndra rhwng yr awydd a'r ataliad.

Gwelir sut y defnyddiwyd y tyndra mewn modd creadigol wrth inni droi i drafod ideoleg a gyrfa genedlaetholgar R. S. Thomas yng ngoleuni'r tueddiadau a'r cefndir personol a ddisgrifiwyd uchod.

Deffro

Urddwyd R. S. Thomas yn offeiriad ym 1937.[85] Tua'r adeg hon, yn y Waun, y dechreuodd ddarllen ac ysgrifennu o ddifrif, gan ddechrau ymhél â syniadau gwleidyddol. Ym 1940, fe'i penodwyd yn giwrad eglwys Hanmer, yng ngwastatir Seisnigedig hen Sir y Fflint. Ar 30 a 31 Awst,[86] wrth wylio o bell gyrchoedd awyr ar Lannau Merswy a gogledd Cymru, gwnaeth y gymysgedd o hiraeth am y gorllewin a diflastod at allu dinistriol dyn iddo benderfynu dysgu Cymraeg 'fel modd cael dod yn ôl i'r wir Gymru'.[87] Ar ôl y profiad hwn, dechreuodd gymryd gwersi Cymraeg, gyda golwg ar gael plwyf yn y gorllewin.[88] Ym 1942, fe'i penodwyd yn rheithor Manafon,[89] pentref gwledig iawn yn Sir Drefaldwyn, pentref a oedd, bryd hynny, heb drydan, dŵr tap na theleffon. Er siom iddo, yr oedd heb y Gymraeg hefyd, ond siaredid yr iaith yn y cymunedau ychydig filltiroedd tua'r gorllewin, a llwyddodd Thomas i'w meistroli ymhen rhai blynyddoedd. Synnwyd y rheithor ifanc gan fateroliaeth, caledwch, bryntni a difaterwch ysbrydol llawer o'i blwyfolion – profiad, o'i ddod i wrthdrawiad â rhamantiaeth fwrgeisiol Thomas, a esgorodd ar ei gerddi 'Iago Prytherch'. Daeth o hyd i'w lais fel bardd gan gyhoeddi ei waith mewn cylchgronau[90] fel rhan o fudiad yr Eingl-Gymry, ond gan symud yn fuan i safbwynt a uniaethwyd â chenedlaetholdeb Cymraeg gwrth-fodern dan ddylanwad Saunders Lewis.

Priododd â Mildred Eldridge (1911–91) ym 1941, ac ym 1945, ganwyd Gwydion, eu hunig blentyn. Cyflogwyd nyrs i edrych ar ei ôl ac, yn ddiweddarach, aeth i ysgol y pentref, cyn ei anfon i ysgolion preifat yn Lloegr. Fe'i magwyd yn ddi-Gymraeg. Cyhoeddodd Thomas ei gyfrol gyntaf o gerddi, *The Stones of the Field*, ym 1946. Daeth yn fwyfwy adnabyddus fel bardd, yn gyntaf am ei bortreadau cignoeth o'r bywyd gwledig, wedyn am ei genedlaetholdeb Cymraeg cynyddol ddigyfaddawd, ac yn fwy diweddar am ei gerddi crefyddol ymchwilgar a mentrus. Symudodd maes o law i blwyfi mwy Cymraeg, yn gyntaf i Eglwys-fach ger Aberystwyth, o 1954 hyd 1967, ac wedyn i Aberdaron o 1967 hyd ei ymddeoliad ym 1978. Mewn gyrfa hir a chynhyrchiol fel bardd, cyhoeddodd dros ugain o gyfrolau, gan ennill gwobrau Cymreig a Phrydeinig lawer, a chymaint fu ei statws byd-eang erbyn 1996 fel y'i henwebwyd, yn aflwyddiannus, am Wobr Nobel.

Dyna fraslun o rai o brif ffeithiau ei yrfa. Ond er mwyn crisialu rhai o'r materion sydd dan sylw yn y llyfr hwn, yn enwedig tebygrwydd R. S. Thomas i Saunders Lewis, fe garwn ganolbwyntio ar un digwyddiad yn ystod haf 1945. Dyma R. S. Thomas yn ymweld â Saunders Lewis yn ei dŷ ffarm yn Llanfarian. Pan atebodd ei arwr y drws, daeth y rheithor ifanc yn syth at y pwynt: 'I have come here to offer my service to the cause.'[91] Dechreuasai diddordeb gwleidyddol Thomas ym 1938, pan ddarllenodd lyfr gan y Deon Hewlett-Johnson, 'Y Deon Coch', yn lladd ar gyfalafiaeth,[92] rhywbeth a fu'n gasbeth gan Thomas ar hyd ei oes.[93] Bu hyn yn 'ddeffroad' gwleidyddol[94] iddo, a dechreuodd arddel syniadau sosialaidd a heddychol gan ennyn dicter ei ficer. Dyn ifanc gydag anniddigrwydd yn corddi o'i fewn oedd Thomas, dyn â synnwyr moesol cryf, dyn yn gweld methiant a gwendidau ei gymdeithas. Deisyfai gred i'w gosod yn erbyn gwallgofrwydd byd a oedd yn llusgo tuag at anhrefn a dinistr yn y cyfnod ansicr hwnnw. Yr oedd Hewlett-Johnson wedi deffro ynddo ysfa am achos, ysfa a fynegwyd ymhen ychydig flynyddoedd mewn cenedlaetholdeb Cymraeg.

Soniwyd uchod am y profiad unigol a drodd Thomas tuag at genedlaetholdeb, sef gwylio cyrch awyr. Y mae'n werth oedi uwchben y profiad hwn fel y'i cyflwynir yn *Neb*:

> Mor gas oedd hi gan y ciwrad feddwl am y difrod a fyddai'n digwydd bron bob nos, ac mor hiraethus oedd o am y bryniau yn y pellter . . . nes penderfynodd ddysgu Cymraeg, fel modd cael dod yn ôl i'r wir Gymru.[95]

Dyna amgylchiadau ei dröedigaeth: dinistr a difrod o bob tu iddo, ochr y ddinas ac ochr y mynydd; perygl go-iawn iddo fo a'i wraig, gydag ambell fom yn disgyn gerllaw;[96] diflastod oherwydd gallu dinistriol y dyn modern; ac yn olaf hiraeth am loches yn y gorllewin, man a gysylltir â phurdeb naturiol a diwylliannol, ac â gorffennol y bardd ei hunan. Hawdd gweld yn hyn i gyd yr ysfa am ddihangfa ac amddiffynfa sy'n gymhelliad sylfaenol i'r bardd. Nid creu tuedd ynddo a wnaeth y bomio, gymaint â chadarnhau'r encilgarwch a oedd eisoes yn rhan lywodraethol o'i gymeriad.

Felly, yr oedd y Gymraeg yn ffordd tuag at loches y Gymru ddelfrydol, ond, yn fwy pwysig, yr oedd yn rhagfur yn erbyn y byd modern diwydiannol. Prif swyddogaeth y Gymraeg oedd i bellhau Thomas rhag modernrwydd, nid dod ag ef yn nes at Gymru. Gwelir hyn yn eglur iawn yn ei adolygiad o'r llyfr *Bury My Heart at Wounded Knee* ym 1978:

> Pan oeddwn yn iau byddwn yn breuddwydio am weld cymuned wahanol yng Nghymru. Yr oedd y boblogaeth yn gymharol isel; 'roedd iaith

arbennig yma; 'roedd 'na le. Yr oedd y rhan fwyaf o'r wlad heb fynd dan adeiladau eto; amaethyddiaeth oedd galwedigaeth y rhan fwyaf o'r bobl, heblaw'r anghenfil diwydiannol yn y de. Mae iaith yn bwysig; i raddau mae'n adlewyrchu personoliaeth cenedl; i raddau y mae'n ei moldio hi. Oni fyddai'n bosibl trwy gyfrwng y Gymraeg i fynd heibio i orddiwydiannaeth Lloegr, i osgoi'r pwll diwaelod yr oedd cynifer o wledydd y gorllewin yn brysio iddo?[97]

Dyma gychwyn ar y ffordd at Abercuawg ac ar yrfa genedlaetholgar neilltuol iawn.

Daeth y broses o ddysgu'r iaith â Thomas i gysylltiad â llenyddiaeth a syniadau cenedlaetholgar eglur, a roddodd ffurf i'r gwladgarwch rhamantaidd annelwig a oedd ganddo gynt. Y dylanwad mwyaf arno oedd colofnau 'Cwrs y Byd' Saunders Lewis – darllenai'r rhain er mwyn gwella ei Gymraeg. Dyma sut y daeth i wybod am Saunders Lewis am y tro cyntaf,[98] ac yn fuan canfyddai Thomas gydymdeimlad dwfn â delfrydau Lewis, a fodlonodd ei angen am fframwaith i'w feddwl gwleidyddol ac am achos iddo ymroi iddo.

Ffigwr unig oedd Lewis ar yr adeg hon, wrth gwrs, wedi'i alltudio o Brifysgol Cymru oherwydd protest Penyberth ac wedi methu fel darpar aelod seneddol ym 1943. Yr oedd ei Blaid Genedlaethol yn garfan fach ddirmygedig a di-rym, ac yr oedd ef ei hunan yn crafu byw trwy gadw defaid, trwy ddysgu Cymraeg i ddarpar-offeiriaid Pabyddol, a thrwy gyfrannu i'r *Faner* golofn a draethai syniadau a redai'n groes, yn aml iawn, i farn gyffredin Prydain a Chymru ar y pryd. Ffigwr gwrthodedig ydoedd, ac eto, dyna'r dyn a'r achos yr oedd R. S. Thomas wedi eu cyrchu. Heb honni bod Thomas wedi cytuno â phob dim yn yr erthyglau hyn, buddiol serch hynny fyddai astudio pa fath o syniadau a gynhwysid yn 'Cwrs y Byd' ym 1945, dros y misoedd cyn i un erthygl gyffroi Thomas ddigon i wneud iddo ymweld â'r awdur.

Gyda'r Ail Ryfel Byd yn tynnu tua'i derfyn, adeg o deimladau cymysg ydoedd. Ar yr un llaw, rhyddhad a gobaith am ddyfodol heddychlon, ond ar y llaw arall anobaith ac ansicrwydd oherwydd erchyllterau'r Holocost a'r ffaith fod rhannau helaeth o Ewrop yn ddiffeithdir materol ac ysbrydol a bod yr Undeb Sofietaidd totalitaraidd wedi meddiannu'r Dwyrain. Yng Nghymru, bu dau is-etholiad seneddol y gwanwyn hwnnw, yng Nghastell Nedd a Chaernarfon, gyda chenedlaetholwyr yn sefyll yn y ddau, heb lwyddo, ond gan greu cryn gynnwrf. Cyfeiria Lewis at yr is-etholiadau hyn yn aml. Gyda diwedd y rhyfel yn Ewrop, yr oedd Lewis, ar 16 Mai, yn gwrthod ymuno yn y dathlu; rhybuddia fod 'rhagolygon Ewrop yn ddigon du', un o nifer o osodiadau tebyg ganddo yn ystod y misoedd hyn. I'w feddwl ef, gorchfygwyd totalitariaeth Natsïaidd ar draul dinistrio un o wledydd mwyaf gwareiddiedig y cyfandir a cholli'r rhagfur yn erbyn totalitariaeth Sofietaidd. Credai mai ymateb gwledydd mawr y Gorllewin fel Lloegr fyddai iddynt fabwysiadu totalitariaeth lawn mor ormesol, a'u bod hwy felly'n haeddu beirniadaeth bron cymaint â'r Natsïaid. Yr oedd bygythiad totalitariaeth yn un llethol ym meddwl Saunders Lewis ar y pryd. Brwydr dros wareiddiad fel y cyfryw yr oedd R. S. Thomas yn ei chefnogi wrth gynnig ei wasanaeth i Lewis, felly. Yn 'Cwrs y Byd' ar 13 Mehefin, wythnos cyn yr erthygl a ysgogodd ymweliad R. S. Thomas, rhybuddiodd Lewis am berygl anhrefn yn Ewrop, gan ddweud nad senedd oedd prif angen Cymru, ond math newydd o gymdeithas:

> Gweriniaeth gydweithredol . . . dyna'r unig ryddid cymdeithasol diogel . . . amddiffyn gwerin Cymru rhag gormes o'r tu allan a deffro yn y werin Gymreig egni a hyder ac ymddiried i weithredu'n greadigol yng Nghymru.

Gweledigaeth amddiffynnol ddosrannaidd ydoedd, a fyddai wedi apelio at R. S. Thomas,[99] a leisiai syniadau tebyg hanner canrif yn ddiweddarach, yn *Blwyddyn yn Llŷn*, wrth iddo sôn am ddarllen llyfr am fygythiad dyn i'r amgylchedd, ac am gynlluniau i ddychwelyd at ddulliau traddodiadol o amaethu. Hiraetha am gyfnod pan fu Pen Llŷn bron yn hunangynhaliol drwy ei fân grefftwyr:

> Oni fyddai Llŷn, neu o leiaf Ben Llŷn, yn ardal ddelfrydol i fenter gydweithredol er mwyn creu gwaith a denu pobl yn ôl i weithio ar y tir mewn dulliau mwy traddodiadol? Mae'n digwydd eisoes mewn mannau. Ai'r ffermwyr mawr a fyddai'n wrthwynebus, ynteu'r bobl ifainc a gafodd eu mwytho'n ormodol?[100]

Ym 1945, yr oedd darlun du Saunders Lewis o Ewrop yn debyg i eiddo prif gynrychiolydd y duedd wrth-fodern neo-Gatholig, T. S. Eliot. Ym Mawrth 1945, bu Eliot yntau'n mynegi pesimistiaeth am y dyfodol,[101] ac ar ôl buddugoliaeth y Cynghreiriaid, teimlai'n ddigalon oherwydd ei ddrwgdybiaeth o bolisïau tramor Lloegr, yr Unol Daleithiau a Rwsia fel ei gilydd.[102] Yn Awst 1944, mewn erthygl yn *The Norseman*, 'The Responsibility of the Man of Letters in the Cultural Restoration of

Europe,' – teitl a fuasai wedi apelio at Lewis, mae'n siŵr – dywedodd ei fod yn poeni am ganlyniadau heddwch, gan iddo dybio y byddai'n golygu teyrnasiad 'effeithlonrwydd' yn unig.[103] Yr oedd Saunders Lewis wedi darllen yr erthygl hon, gan iddo gyfeirio ati yn yr erthygl 'Cwrs y Byd' a symbylodd ymweliad Thomas. Wrth i R. S. Thomas ddarllen yr erthygl honno 'Fe'i cynhyrfwyd drwyddo', yn ôl ei ddisgrifiad yn Neb.[104] Dyfynna'r geiriau olaf, 'O flodyn y dyffryn, deffro', ac er nad ymhelaetha yn y llyfr am gynnwys yr erthygl, y mae'r ffaith iddo grybwyll y dyfyniad yn ein galluogi i ganfod pa erthygl oedd dan sylw, sef 'Ymgeiswyr yn yr Etholiad', ar 27 Mehefin 1945. Ynddi, gydag Etholiad Cyffredinol ar y gweill, fe ddywed Saunders Lewis mai hunan-les oedd cymhelliad ymgeiswyr y pleidiau mawrion tra bod ymgeiswyr Plaid Cymru yn sefyll oherwydd dyletswydd, gan ddisgwyl sen a cholledion ariannol a gyrfaol. Yr oedd hynny'n 'warant a dilysrwydd ac argyhoeddiad a glendid meddwl'. Disgrifia eu tasg fel 'glanhau . . . puro . . . dwyn delfrydau'n ôl,' a hyn i gyd yn 'faich o aberth ac argyhoeddiad'. Dyma, felly, ddelfryd o achos egwyddorol, di-wobr, hunanaberthol, gyda chwmni bach o arweinwyr egwyddorol yn rhoi cyfeiriad i'r werin; syniad y bu R. S. Thomas bob amser yn barod i'w hyrwyddo.[105]

Yr oedd yr etholiad, yn ôl Saunders Lewis, yn 'gyfle i ddysgu a hyfforddi'r werin Gymreig'. Dyma syniadau a fyddai wedi apelio at R. S. Thomas, a oedd â'i ddelfryd o'r werin ddiwylliedig yn dal yn gryf bryd hynny, ddwy flynedd ar ôl iddo ymgartrefu ym Manafon. Gwelir hyn yn yr erthygl a gyhoeddodd Thomas yn y cylchgrawn Wales yn nes ymlaen ym 1945, 'The Depopulation of the Welsh Hill Country', lle soniai am werin Gymraeg ucheldir Maldwyn, 'the true Welsh peasantry', mewn termau delfrydyddol a rhamantus iawn.[106] Er mai naïf yw ei syniadau o'r werin o'u cymharu â rhai Saunders Lewis, fe goleddant ill dau gred am botensial y werin ac am ei pherthynas oddefol â'r deallusyn.

Yn ei erthygl allweddol ar 27 Mehefin, rhydd Saunders Lewis weledigaeth ddychrynllyd o anhrefn a dinistr yn Ewrop. Dywed y byddai'r etholiad yn:

> drychinebus i Gymru ac i Ewrop . . . y mae cyfandir Ewrop mewn caos. Y mae traddodiadau cymdeithasol Ewrop wedi eu chwalu. Y mae dyfodiad Rwsia i mewn i galon Ewrop yn gymaint o ergyd i wareiddiad y gorllewin ag ydoedd cwymp Rhufain i wareiddiad yr hen fyd clasurol . . . Daw newyn a heintiau i ddilyn anhrefn a chwyddo anhrefn yn Ewrop y gaeaf nesaf hwn. Fe brofir effeithiau hynny ar fywyd yng Nghymru ac yn Lloegr. Nid yw cyfnod y chwyldroadau ond yn awr yn agor.

Rhan yn unig yw ei genedlaetholdeb Cymreig o frwydr a gynhwysai Brydain ac Ewrop oll. Mae ei gydymdeimlad â Lloegr fel gwareiddiad, os nad fel gwladwriaeth, yn fawr:

mae'r etholiad hwn yn drychineb i Loegr yn paratoi'r ffordd drwy dwyll a siom i gyfnod o chwyldro yn Lloegr ei hunan. Dyma'r cyfle etholiadol olaf i rybuddio a pharatoi'r werin Gymreig, gan ddweud fod blynyddoedd dreng o'n blaen, ac mai'n unig drwy fagu ysbryd o ymddiried yn ein gilydd ac o helpu'r naill a'r llall a chydweithio lleol y gellir cadw cymdeithas heb ymchwalu – os gellir o gwbl.

Pwysleisia'r angen am ryddid unigol a chymunedol o fewn fframwaith o gyfrifoldebau cydweithredol ac o werthoedd moesol traddodiadol a gyfuna elfennau o geidwadaeth a sosialaeth. Wrth wynebu'r ffaith fod Rwsia bellach yn 'allu ymerodrol a gormesol a digyfraith yn Ewrop', dywed nad rhyfel yw'r ateb, ond yn hytrach polisi o gydweithio â hi gymaint ag sy'n bosibl. Gwêl rôl arbennig i Blaid Cymru yn hyn, oherwydd ei hegwyddor o ymgyrchu di-drais. Felly, er gwaetha'i gred fod y byd ar fin pegynu rhwng dwy garfan dotalitaraidd, nid yw Saunders Lewis yn ochri â'r naill na'r llall, ond yn hytrach ceisio canfod gwerthoedd cyffredin er mwyn osgoi deuoliaethau dinistriol.

O safbwynt Saunders Lewis, gweithredu yng Nghymru oedd y modd i gyfrannu at y brwydrau byd-eang hyn. Cychwyn rhan nesaf ei erthygl, 'Tasg Cymru', â brawddeg a ymddengys fel maniffesto o gredoau a blaenoriaethau cyson Lewis yn hyn o beth:

Yn yr argyfwng sy'n ein hwynebu ni rhaid dweud yn syml mai'r dull gorau y gall Cymru helpu i ail-adeiladu gwareiddiad yn Ewrop yw trwy ymroi i ail-adeiladu cymdeithas iach yng Nghymru.

Wrth iddo ymhelaethu a sôn am berygl unffurfiaeth, dyma ddod i gysylltiad arwyddocaol ag Eliot:

Dywedodd Mr T. S. Eliot am Gymru yn y 'Norseman': 'Y cwestiwn i'r Cymry yw a ellir cadw diwylliant Cymraeg a'i ddatblygu o gwbl yn wyneb pwysau unffurfiaeth ddiwahaniaeth rheolaeth Llundain.'

Dyma'r unig ddyfyniad yn yr erthygl hir hon, a man cwrdd tri o lenorion y llyfr hwn ydyw – Lewis yn dyfynnu Eliot yn sôn am gyflwr Cymru, a hynny mewn erthygl a fu'n gatalydd i ddenu Thomas at yr achos.

Bu mwy fyth o ddarogan gwae yn dilyn hyn yn yr erthygl, gyda'r awdur yn dweud bod 'argyfwng economaidd gwaeth a dryswch mwy o lawer yn debyg o ddilyn y rhyfel hwn. Fe ŵyr pawb hynny . . . Pan ddaw'r dirwasgiad hwnnw, bydd "pwysau unffurfiaeth ddiwahaniaeth rheolaeth Llundain" yn drymach o lawer ar Gymru nag yn 1929–37. A hynny am reswm da – bydd Lloegr ei hunan yn dlotach ddengwaith nag oedd hi'r pryd hynny . . . bydd yn druenus arnom yng Nghymru.' Dywed fod yn rhaid, yn wyneb y peryglon hyn, 'baratoi ar gyfer yr argyfwng cymdeithasol sy'n bygwth Ewrop drwy ganoli ymdrechion economaidd a chymdeithasol Cymru yng Nghymru a hynny drwy Gyngor Economaidd Cymreig.'

Rhaid dweud, ar ôl yr holl rybuddion apocalyptaidd, fod yr ateb hwn yn swnio braidd yn ddigynnwrf. Serch hynny, y mae'n unol â phwyslais cyson Lewis ar bwysigrwydd ffactorau economaidd, pwyslais a ffafria fân-berchnogaeth a diwydiannau bychain. Y mae R. S. Thomas yntau, er yn llawer llai o wleidydd ymarferol na Saunders Lewis, yn rhannu ei weledigaeth economaidd i gryn raddau. Yn yr erthygl 'The Depopulation of the Welsh Hill Country', a grybwyllwyd eisoes, ceir ganddo gydnabyddiaeth o seiliau economaidd pob cymdeithas ac ymgais i awgrymu ateb economaidd i broblemau trigolion yr ucheldiroedd:

> Certain efforts are being made, I know, to revive the country districts of Wales by encouraging small, rural industries, and that is all to the good. But that will hardly benefit or even touch the uplands. What we want there are good roads and grants or loans to put the houses and buildings in repair and a revival of the type of trade such as the wool trade, which would benefit these people.

Y mae'n werth nodi y bu rhan fawr o erthygl 'Cwrs y Byd' Saunders Lewis ar 21 Mawrth 1945 – rai misoedd cyn cyhoeddi erthygl R. S. Thomas – yn ymdrin yn fanwl â sut i adfywio'r diwydiant gwlân yn Sir Feirionnydd gyda chymorth grantiau oddi wrth Gorfforaeth Gymreig i hybu diwydiant, ac fe all mai dyna oedd ffynhonnell awgrym Thomas. Yn yr un erthygl, ceir sylw arall sydd fel petai'n grynhoad o'i fydolwg bryd hynny, un debyg eto i weledigaeth Lewis: 'the outer world is in chaos and the rule of the day is planning and uniformity . . . unless something is done, official planning will go on, the desire for uniformity will proceed to its logical conclusion.' Y mae'r geiriau yn dwyn i gof sylwadau Lewis – a dyfyniad T. S. Eliot – am unffurfiaeth ac anhrefn fel peryglon dwbl y byd modern. Ysgrifennwyd y tair erthygl o fewn llai na blwyddyn i'w gilydd, a rhannent yr un ofn o'r byd modern. Yn ei ymateb i holiadur y cylchgrawn *Wales* ym mis Hydref 1946, dywedodd R. S. Thomas iddo werthfawrogi cenedlaetholdeb fel 'a counteraction to the impersonal process of uniformity which is to-day everywhere at work'.

Ond i ddychwelyd at erthygl 'Cwrs y Byd' Saunders Lewis o fis Mehefin, is-deitl ei rhan olaf yw 'Noddfa Rhag Totalitaraeth', a dyma'r diweddglo, sy'n nodweddiadol o Lewis yn ei arddull broffwydol gynhyrfus:

> Mi fynnwn yn daer iawn fedru argyhoeddi gwerin Cymru o hyn [yr angen am Gyngor Economaidd]. Canys yr wyf yn argyhoeddiedig fod bywyd Cymru a'i pharhad hi o gwbl fel cenedl a gwlad gyda'i llenyddiaeth a'i hiaith yn dibynnu arno. Ac yr wyf yn sicr fy meddwl hefyd mai dyma'r unig noddfa i genedl y Cymry rhag totalitaraeth ormesol a haearnaidd . . . Mae'n rhaid i dotalitaraeth wladwriaethol ddyfod yn Lloegr. Ni all Lloegr aros yn Allu Mawr milwrol a diwydiannol yn y deng mlynedd nesaf heb dotalitaraeth! Mae'r peth yn anorfod. Nid wyf yn credu y gall Cymru ddianc rhag dyfod o dan y dotalitaraeth honno i gryn raddau. Ond yr wyf yn mentro credu y gellir lleddfu llawer arni, y gellir ei chadw rhag llethu Cymru, y gellir cadw Cymru'n genedl er ei gwaethaf hi, os gellir yn y dyddiau hyn a'r misoedd nesaf hyn cynhyrfu gwladgarwch Cymreig a chyfrifoldeb Cymreig ddigon i fynnu Cyngor Economaidd i Gymru a chydnabod gan y Llywodraeth fod Cymru'n genedl. Dros hynny, y mae'r Blaid Genedlaethol Gymreig yn brwydro yn yr etholiad presennol. Brwydr i gadw enaid Cymru yw hi. Mae hi'n werth aberth. Mae hi'n werth pleidlais. Nid gêm fudr mo hon. O flodyn y dyffryn, deffro. SL.

Dyna, felly, y geiriau a ddeffrôdd R. S. Thomas, gan wneud iddo fwrw heibio'i swildod a mentro ymweld â phroffwyd dirmygedig Cymru. Dyna'r weledigaeth yr ymatebodd R. S. Thomas mor gryf iddi – un lle'r oedd cenedlaetholdeb Cymreig yn rhan yn unig o frwydr fyd-eang yn erbyn unffurfiaeth y byd modern. Ymatebodd Thomas oherwydd iddo gydymdeimlo'n ddwfn â llawer o agweddau gwrth-fodern a cheidwadol Lewis ac iddo rannu'r un math o bersonoliaeth encilgar, foesol, amddiffynnol, sensitif ac angerddol.

Dyma fel y disgrifiodd Thomas ei ymweliad â Lewis:

> Fel yr aeth pethau ymlaen, mi es i i weld Saunders, fel dyn ifanc; trio gwneud rhyw ystum megis, ryw gynnig gwladgarol. 'Rwy'n cofio dweud rhywbeth ffôl fel 'Dwi wedi dŵad yma i gynnig fy ngwasanaeth at yr

achos' . . . mi ddechreuais i yn Saesneg oherwydd 'doedd fy Nghymraeg i ddim digon da . . . Ond dan ei gefnogaeth mi drois i i'm Cymraeg bitw . . . O'n i'n gwybod dim amdano fo fel dyn. Fo ddoth i'r drws pan es i i'w weld o yn Llanfarian. Ac mi ddeudais i pwy o'n i, a mi ges i wahoddiad. 'Rwy'n ei gofio fo'n dweud, 'odd o'n rhydd am hanner awr.[107]

Yn *Neb*, sonia R. S. Thomas am y derbyniad caredig a gafodd, a sut y bu'n sgwrsio gyda Saunders Lewis am ei ddelfrydau a'i gynlluniau.[108] Y mae'n sicr iddo dderbyn anogaeth gan Lewis, nid yn unig i barhau gyda'i Gymraeg, ond i barhau gyda'i ddelfrydau. Derbyniodd 'a kind of benediction both on his cultural "conversion" and on his work',[109] yn ôl M. Wynn Thomas. Tystia gyrfa ddiweddarach R. S. Thomas iddo ddilyn llwybr syniadol a gweithredol y gellir tybio y buasai Saunders Lewis, ar sawl cyfrif, wedi ei gymeradwyo. Bron hanner canrif yn ddiweddarach, ar 26 Mehefin 1989, traddododd R. S. Thomas ddarlith deledu ar raglen *Y Byd ar Bedwar*,[110] gan olrhain hanes gormes Lloegr a gwaseidd-dra'r Cymry, a chan feirniadu militariaeth Lloegr a thaeogrwydd y Cymry sy'n gwrthod dwyn arfau i'w herio. Mynega amheuaeth ynglŷn â dilysrwydd Cymreictod pobl cymoedd y De, a gofidia fod Lloegr wedi rhwystro dyfodiad dylanwadau llesol Ewrop i Gymru. Yn ei ddiweddglo grymus, gwisga fantell broffwydol – ac ieithwedd – ei arwr:

Mewn argyfwng cyffelyb rydym ninnau â'n cefnau at y mur. Dyna sy'n ei gwneud yn amser mor gyffrous i gael byw ynddo. A gawn ni yn ein ffordd ein hunain ymladd ar y cynghorau, yn yr ysgolion, ym myd busnes ac adloniant ac yn ein cymdogaeth yn gwbl ddi-gyfaddawd? Dyna'r unig obaith. Dyna a wnaed gan genhedloedd bach eraill a enillodd eu rhyddid. Dengys map Prydain Gymru'n hen wraig wargrwm oherwydd baich Lloegr ar ei chefn. Ac eto nid dros yr hen wraig yr ydym i ymladd, ond dros yr eneth landeg a allai hi fod, ond iddi ennill ei rhyddid. O, flodyn y dyffryn, deffro.[111]

Yr angen am wreiddiau

Prin chwe blynedd ar ôl iddo ymweld â Saunders Lewis, yr oedd R. S. Thomas wedi teithio cryn bellter ar ei yrfa genedlaetholgar. Ar dudalen blaen *Baner ac Amserau Cymru*, 5 Medi 1951, ceir llun o wrthdystiad cenedlaetholgar yn Nhrawsfynydd yr wythnos honno yn erbyn cynlluniau'r Swyddfa Ryfel i feddiannu tir yno.[112] Yn y llun gwelir yr

R. S. Thomas 38 oed yn eistedd rhwng, fe ymddengys, D. J. Williams a Waldo Williams, gan ddal baner fwya'r gwrthdystiad, yn dwyn y geiriau 'Amddiffyn Tir Cymru',[113] neges gydnaws â'i werthoedd cyson. Edrychwn yn awr ar berthynas R. S. Thomas â'r tir hwnnw.

Yn y cyfnod hwn, daeth R. S. Thomas i gysylltiad â rhai o genedlaetholwyr amlyca'r ganrif.[114] A thrwy gydol ei yrfa wedyn, bu'n barod i ymddangos yng nghwmni cenedlaetholwyr o stamp digyfaddawd iawn: mynychodd gyfarfodydd Cymdeithas Cyfamod y Cymry Rhydd ym 1989 a 1990 a'u hannerch; casglodd arian ddechrau'r 1990au ar gyfer cenedlaetholwyr yn wynebu achos ffrwydron; cefnogodd Feibion Glyndŵr; galwodd am 'fyddin gudd' i ddinistrio eiddo mewnfudwyr gwrth-Gymraeg, a dywedodd y buasai lladd yn llai o ddrwg na cholli'r Gymraeg. Daeth rhai o'i gerddi fel 'Reservoirs' a 'Welsh History' yn glasuron oherwydd eu mynegiant o wladgarwch chwerw a heriol. Y mae ei lythyrau i'r wasg, ei sylwadau mewn cyfweliadau, a'i waith fel llenor rhyddiaith wedi bod yn gyson â'r safbwynt hwn, ac y mae nifer fawr o sylwebyddion a chenedlaetholwyr Cymreig wedi ei dderbyn – er, efallai, gydag ias fach o bryder ambell dro – fel rhan naturiol o'r mudiad cenedlaetholgar ceidwadol.

Serch hynny, cuddia allanolion gyrfa genedlaetholgar R. S. Thomas y ffaith fod ei berthynas â chenedlaetholdeb Cymreig yn amwys ac yn tarddu o gymhellion gwahanol iawn i'r rhai a briodolir iddo yn gyffredin, a rhai gwahanol iawn hyd yn oed i eiddo'r rhelyw o genedlaetholwyr Cymreig ceidwadol. Yn gyntaf, dyna amwysedd ei brofiad o Gymru. Yr oedd magwraeth Seisnigedig Thomas wedi creu ynddo deimlad o ymddieithriad o'r wir Gymru, a oedd bob amser yn wlad bell iddo. Yn *Neb*,[115] sonia am ei dad, ar y Wirral, yn dangos 'rhes o fynyddoedd ymhell dros y môr' iddo, gan ddweud yn Saesneg: 'Dacw Gymru.' Dyna'i famwlad wedi'i sefydlu, yn un o'i atgofion cynharaf, fel rhywle pell a deniadol. Dyna wedyn ymddieithriad cymdeithasol ei ieuenctid y soniwyd amdano'n gynharach. Wrth gwrs, gall magwraeth ar ffin dau ddiwylliant fod yn brofiad cadarnhaol, yn rhoi cyfle i lenor ymwneud â diwylliant ar ei delerau ef ei hunan; ond gall hefyd fod yn brofiad o ansicrwydd ac o ymddieithriad. Tueddai Thomas i bwysleisio ochr negyddol profiad y goror. 'A displaced person,' yw disgrifiad treiddgar M. Wynn Thomas ohono.

Byddai teitl llyfr Simone Weil, *L'Enracinement*, 'Yr Angen am Wreiddiau', yn disgrifio i'r dim un o gymhellion dyfnaf R. S. Thomas. Dengys hynny'r agendor enfawr sydd, mewn gwirionedd, rhyngddo a chenedlaetholwyr fel Waldo a D. J. Williams, er iddo wrthdystio ysgwydd-yn-ysgwydd â hwy, ac er i nifer o Gymry ei drin fel pe bai o'r un anian â hwythau. Dynion bro i'r carn oedd y ddau arall, fel cynifer o lenorion tebyg, Gwenallt, er enghraifft, neu T. H. Parry-Williams. Er y bu i lawer o'r cenedlaetholwyr hynny adael eu bröydd oherwydd eu gyrfaoedd, fe gludent gyda hwy i bob man werthoedd ac acenion y Preseli, Sir Gaerfyrddin, Cwm Tawe, Eryri, neu ble bynnag. Nid felly R. S. Thomas: er iddo gael ei fagu'n bennaf yn Sir Fôn, go brin y byddai ymadrodd fel 'Monwysyn' neu 'un o Sir Fôn' yn gweddu iddo. Ni adawodd iaith na chymdeithas yr ynys ddigon o ôl arno i'r fath dermau olygu unrhyw beth. Y mae bod heb fro yn rhwystr nid bychan i'r sawl a fynnai fod yn Gymro – er y gellir dysgu'r iaith a mabwysiadu cenedlaetholdeb a chael derbyniad diamod gan y Cymry ar sail delfrydau cyffredin, erys agendor o hyd rhyngddo a'r sawl sy'n perthyn nid yn unig i genedl, ond i fro yn ogystal. Dyna, mi gredaf, fu profiad R. S. Thomas, a dyna yw un o'r pethau a'i ceidw ar wahân i Gymru fel cymdeithas: gellir dysgu iaith, ni ellir dysgu gwreiddiau.

Hyd yn oed pan ysgrifennai Thomas am Gymru, nid ymddengys mai o'r tu fewn y gwnâi hynny. Er Cymreicied lleoliad ei weledigaeth arbennig, er mor ymroddedig ydyw i'r genedl, y mae'r ffaith iddo weld Cymru fel golygfa yn hytrach nag fel cymuned yn ei osod ymhell iawn o brif ffrwd llenyddiaeth a syniadaeth Gymraeg, ac yn bell hefyd o waith llawer o lenorion Saesneg Cymru. Er enghraifft, y mae gwaith y Dylan Thomas di-Gymraeg yn fwy Cymreig o lawer nag yw gwaith R. S. Thomas, gan mai cymuned yw Cymru i Dylan, nid creirfa; gweledigaeth gymdeithasol sydd ganddo. Yr oedd Dylan bron yn gyfoediwr union i R. S. Thomas, a hefyd yn blentyn i deulu Seisnigedig, trefol, dosbarth-canol; ond yr oedd gan Dylan wreiddiau drwy gysylltiad cyson ei rieni â'u perthnasau yng nghymdeithas cefn-gwlad Cymraeg y Gorllewin. Nid oedd Dylan yn deall nac yn gwerthfawrogi'r gymdeithas honno yn llawn,[116] a bu'n warthus o ddirmygus ohoni sawl tro, ond yr oedd, serch hynny, yn ddiau yn perthyn iddi. Y mae'n cyfleu ysbryd Cymru'n amlach yn ei waith nag yw R. S. Thomas, a hynny er ei fod nid yn unig yn amddifad o'r ideoleg genedlaetholgar Gymraeg ond, yn wir, bron yn gwbl elyniaethus iddi. Cyfleu ideoleg ddiffiniedig ond oeraidd y mae R. S. Thomas; cyfleu gwlad, annelwig ond byw, y mae Dylan Thomas.

Yn achos R. S. Thomas, cedwir gwrthrych yr ymroddiad ar hyd braich. *Abercuawg*, wrth gwrs, yw'r enghraifft glasurol o'r modd y lleolir ei Gymru ddelfrydol yn fwriadol y tu hwnt i gyffwrdd cymdeithas. Neu dyna'r erthygl 'Dau Gapel', a sonia am leoliad capel

Soar-y-Mynydd fel y math o ardal lle ffurfir enaid y gwir Gymro.[117] Hynodrwydd Soar-y-Mynydd yw ei fod mor bell o'r annedd neu'r gymuned agosaf; lle rhyfedd i ddod iddo er mwyn cwrdd ag enaid y Cymro ydyw – anodd fyddai dewis unrhyw le yng Nghymru lle y byddech yn llai tebyg o gwrdd â Chymro byw.

Os cymherir esiampl dyn bro Cymraeg fel Waldo Williams, fe welwn, yn y gerdd 'Preseli' er enghraifft, fod cymdeithas a pherthynas pobl â'i gilydd yn hanfodol i'r weledigaeth: 'medel ar lethr eu cymydog', 'Fy Nghymru, a bro brawdoliaeth', 'un llef, pedwar llais'.[118] Neu yn 'Mewn Dau Gae': 'Ar y ddau barc fe gerddai ei bobl', a 'Mor agos at ein gilydd y deuem'.[119] Y mae cenedlaetholdeb R. S. Thomas, yn llawer mwy syniadol ac unplyg, yn dibynnu, fel yn 'Welsh Landscape', ar ddychymyg yn hytrach na phrofiad, ac ar syniadau hanesyddol yn hytrach na bywyd a chymdeithas y presennol.[120] Y mae Waldo'n gyfforddus gyda bychander bywyd Cymru: 'neuadd fawr rhwng cyfyng furiau';[121] ond Cymru glawstroffobaidd iawn yw eiddo R. S. Thomas: 'A place huddled between grey walls / Of cloud for at least half the year . . . I was in prison until you came',[122] neu 'the cramped womb . . . took me in / From the void of unbeing'.[123] Fel y noda Bobi Jones, er gwaethaf Cymreigrwydd deunydd R. S. Thomas, ni fedr glustfeinio ar gymdeithas ardal gystal hyd yn oed â rhai o'r Eingl-Gymry mwyaf gwrth-Gymraeg.[124]

Tybed a fedrwn weld yn amwysedd sefyllfa ddiwylliannol R. S. Thomas wreiddyn ei ddiddordeb ym meddylfryd y goror, ac mewn cyflyrau ffiniol fel y cyfryw? Lleolir 'The Minister' yn y tir neb daearyddol ac ysbrydol, fel y dengys ei llinellau agoriadol:

> In the hill country at the moor's edge
> There is a chapel, religion's outpost
> In the untamed land west of the valleys,
> The marginal land where flesh meets spirit
> Only on Sundays.[125]

Dyna wedyn y gerdd hir arall honno, 'Border Blues',[126] lle ceir ymdriniaeth estynedig o'i brofiad o'r ffin ac o ddieithriad yn gyffredinol wrth iddo arddangos tensiynau'r ffiniau ieithyddol, daearyddol a diwylliannol ar ororau Seisnigedig Powys yn y 1950au. Defnyddir techneg ddarniog, aml-lais debyg i ddulliau modernaidd Eliot,[127] a cheir yn y gerdd nifer o adleisiau o *The Waste Land*; yn wir, tir diffaith mewn llawer ystyr yw'r gororau a ddarlunnir ganddo yma. Pwysleisia ansicrwydd a pherygl y cyflwr ffiniol, gan danseilio delweddaeth gadarnhaol y gorffennol gyda modernrwydd amrwd: 'There is still an Olwen teasing a smile / Of bright flowers out of the grass . . . Olwen in nylons', gyda deunydd artiffisial y byd modern yn dod rhwng y cnawd a natur. Yn y gerdd hon, y mae cymundeb, boed rhwng gwryw a benyw, rhwng y gorffennol a'r presennol, neu rhwng unigolion, yn cael ei nacáu yn gyson. Droeon, defnyddir dyfyniadau a chynodiadau aruchel y gorffennol mewn gwrthgyferbyniad â phresennol a welir fel diffeithdir paganaidd, materol, modern a Seisnig.[128] Gwelwn ymgeisiau'r to hŷn i ganu emynau Cymraeg ar daith bleser yn cael eu boddi gan ganeuon modern y to ifanc; sonnir fel y cerddai'r Cymry gynt o Bowys i Amwythig i gynaeafu – ond bellach, fe aent yno ar fws i wylio pantomeim. Nodwedd o 'Border Blues' yw defnyddio enwau a dyfyniadau Cymraeg er mwyn pwysleisio dirywiad rhwng y gorffennol a'r presennol.

Yr enghraifft ganolog o hyn yw pan gawn y llefarydd yn cyd-gerdded â Sant Beuno – sant a gysylltir â'r ardal – gan siarad mewn Lladin a Hen Gymraeg: golygfa ddymunol o gyfanrwydd a chymundeb rhwng yr oesoedd, a hynny mewn cyd-destun Cymraeg a chosmo-politaidd. Ond daw'r dadrith eto: 'a volley of voices struck us . . . there stood the ladies from the council houses: / Blue eyes and Birmingham yellow / Hair, and the ritual murder of vowels.' Cysylltir trais ('volley . . . struck . . . murder') a hefyd paganiaeth ('ritual murder') â'r Seisnigrwydd hwn. Diflanna Beuno. Y mae Thomas fan hyn yn tynnu ar chwedl lawn arwyddocâd yng nghyd-destun lleoliad y gerdd, chwedl sydd hefyd fel petai'n drosiad am brofiad y bardd ei hunan. Dywed y chwedl i'r sant, wrth iddo gerdded ar lan Hafren yn y cyffiniau, glywed llais Sais yn hela ar ochr arall yr afon, gan annog ei gŵn i ymosod.[129] O glywed hyn, fe adawodd Beuno am y gorllewin gan iddo rag-weld y byddai'r Saeson yn meddiannu'r rhan honno o Bowys. Rhag-gysgodiad rhyfedd ydoedd o enciliad diwylliannol tebyg Thomas ei hunan.[130]

Yn y sôn dirmygus am 'the council houses', ceir adlais o orchymyn Saunders Lewis: 'Dewch allan, ddynion, o'r tai cyngor' o'r gerdd 'Difiau Dyrchafael' a ymddangosodd gyntaf yn *Baner ac Amserau Cymru* ym 1950, wyth mlynedd cyn 'Border Blues'. Gwêl y ddau fardd y tai cyngor fel arwyddion o unffurfiaeth dorfol y wladwriaeth ddemocrataidd fodern. Yn y cyfnod hwn ar ôl yr Ail Ryfel Byd, wrth gwrs, yr adeiladwyd llawer o dai cyngor mewn ardaloedd gwledig, fel ym mhobman arall ym Mhrydain, er mwyn ateb y galw am gartrefi.

Egyr rhan nesa'r gerdd gyda llinell o gân werin Gymraeg, ond siomir unrhyw obaith mai diwylliant byw sydd yma pan ddangosir dyn ifanc

'Riding on a tractor / Whistling tunes / From the world's dance-halls.'
Awgrymir mai unffurf drwy'r byd i gyd yw tonau modern o'r fath. Y
mae'n amlwg fod y ffermwr ifanc hwn yn 'Border Blues' yn berthynas
agos i Gynddylan yng ngherdd enwog Thomas 'Cynddylan on a
Tractor', oedd â'i enw hanesyddol yn gwrthgyferbynnu'n eironig â'i
fywyd mecanyddol newydd. Ni werthfawroga ffermwr ifanc 'Border
Blues' brydferthwch y tir. 'A lad of the 'fifties, / Gay, tough' ydyw ef.
Gellir, mi gredaf, deimlo'r bardd yn ymgilio rhag ei ansensitifrwydd
caled a'i hoenusrwydd difeddwl hyderus mewn modd tebyg i agwedd
T. S. Eliot at y clerc hyderus, hoenus a digwilydd yn *The Waste Land*.
Enw cariad y ffarmwr ifanc yw Ceridwen, ond chwelir unrhyw obaith
mai rhywun yn llinach Ceridwen, duwies chwedlonol Llyn Tegid a
mam Taliesin o Bowys, ydyw hon pan sonnir am 'the red lips / And red
nails' y mae'r byd modern wedi eu rhoi iddi.

Cyflwyna llais nesa'r gerdd thema ofergoeliaeth, gyda sôn am ddyn
hysbys, swynion iacháu a melltithiau, a hynny'n cydoesi â'r dechnoleg
fodern: 'we'll get out the car / And go to Llangurig: the mare's
bewitched'. Gwelwn grefydd a diwylliant yn marw gyda'r Gymraeg,
gan adael dim ond olion diystyr. Gellir gweld yr ofergoeliaeth hon yn
is-destun i lawer o gerddi Manafon, sy'n sôn yn aml am ddiffyg crefydd
a diffyg ysbrydolrwydd y 'peasant' lled-baganaidd. Beirniadwyd R. S.
Thomas droeon am arddel y gair 'peasant'; pwysleisia'r beirniaid mai
anghywir yw disgrifio cyflwr economaidd a chymdeithasol y mân-
ddeiliaid a thenantiaid hyn drwy ddefnyddio'r term Seisnig hynafol
hwnnw. Gwir hynny; ond efallai nad gwirionedd economaidd na
chymdeithasol a fwriedir, ond yn hytrach un ysbrydol. Tarddiad y
geiriau 'peasant' a 'pagan' ill dau yw'r gair Lladin *pagus*, a olyga
rywbeth yn debyg i 'berfeddwlad'. Y mae'r cefn gwlad a phaganiaeth,
o'u gweld fel hynny, yn gysylltiedig, ac onid dyna hanfod cerddi
Manafon – y ffordd y mae natur yn lladd yr ysbrydol? Sylwer hefyd mai
'pagus' yw tarddiad y gair 'Powys' hefyd.[131] Byddai R. S. Thomas, fel
offeiriad gyda gradd yn y clasuron, yn gyfarwydd â tharddiad geiriau;
felly efallai nad amhriodol wedi'r cyfan yw iddo ddefnyddio'r gair
'peasant' i ddisgrifio trigolion cefn gwlad ei Bowys baganaidd.

Y mae 'Border Blues' yn bwysig gan iddi ymdrin, mewn ffordd
estynedig, â nifer o themâu nodweddiadol R. S. Thomas: y tyndra
rhwng gwlad a thref, Cymru a Lloegr, crefydd a phaganiaeth, y
gorffennol a'r byd modern, delfryd a dadrith. Yn sicr, 'Blues' – 'Y Felan'
– yw ymateb R. S. Thomas i'w brofiad o'r ffiniau hyn drwy gydol ei
waith. Yn y gerdd gynnar hon y mae delfrydau'r bardd yn dal i chwilio

am droedle yn y Gymru go-iawn heb anelu eto at ryw Abercuawg anghyraeddadwy; ond y mae'r patrwm o gymundeb rwystredig, o obeithion a siomwyd, ac o'r ymateb encilgar, i'w weld yn eglur yn barod.

Hil

Tybed ai teimlad o ddiffyg perthyn yw'r rheswm pam y bu R. S. Thomas yn pwysleisio mor aml yn ei waith cynnar ei fod yn perthyn i hil y Cymry, yn hytrach nag i fro neu gymdeithas arbennig? Y mae'n hynod ymhlith beirdd Eingl-Gymreig yn ei ddefnydd aml a naturiol o'r term 'race'. Er enghraifft, dyna'r ateb a roddodd i holiadur y cylchgrawn *Wales* ym 1946 yn gofyn iddo ar gyfer pwy yr ysgrifennai. Dyfynnodd Yeats: 'To write for my own race / And the reality'.[132] Ceir yr un termau yn y dyfyniadau canlynol, i gyd o *Tares* (1961): 'This hate's for my own kind, / For men of the Welsh race' ('Those Others');[133] 'the machine . . . that will destroy you [Prytherch] and your race' ('Too Late');[134] '. . . the grey cocoon / Of race, of place . . .' ('Walter Llywarch')[135] a hyn, o 'A Welsh Testament', lle crybwyllir:

> the absurd label
> Of birth, of race hanging askew
> About my shoulders.[136]

Yn y gerdd hon, â'r bardd yn ei flaen:

> Yet men sought us despite this
> My high cheek-bones, my length of skull
> Drew them as to a rare portrait
> By a dead master.

Ffynhonnell y ddelwedd olaf hon o'r dieithryn yn ymddiddori yn nodweddion hil y Cymro yw, mae'n debyg, yr astudiaethau a arweiniwyd yng Nghymru rhwng y rhyfeloedd gan yr anthropolegydd H. B. Fleure, a nododd siapau penglogau Cymry o wahanol rannau o'r wlad gan feddwl bod modd dirnad ynddynt nodweddion brodorion cyntaf yr ynysoedd hyn yn goroesi mewn mannau anghysbell fel ucheldir Maldwyn. Meddai Fleure mewn un astudiaeth ym 1939: 'Montgomeryshire and Brecknock, and Radnor show increasing proportions of F ["tall, rather long headed fair men with sharp profiles, the . . . Nordic type"] as one goes towards England and increasing proportions of B ["rather swarthy very long-headed men with dark deep-set eyes, large cheek-bones, and prominent mouths. Their bony features suggest resemblances with men of the Old Stone Age"] as one goes towards the western hills.'[137] Y mae M. Wynn Thomas[138] yn nodi fel y gallai'r syniadau hyn fod wedi dylanwadu ar feddwl R. S. Thomas ar yr adeg yma, gan ddyfynnu fel enghraifft y gerdd 'Out of the Hills' o *The Stones of the Field*[139] gyda'i gwrthgyferbyniad rhwng dyn naturiol y bryndir a dyn llwgr y dref. Dywed mai lled debyg yw y buasai R. S. Thomas wedi hoffi'r syniad bod disgynyddion brodorion cyn-Geltaidd Prydain wedi goroesi yn y bryniau i'r gorllewin o Fanafon, sef cynefin Prytherch. Ceir yn sicr adlais cryf o derminoleg Fleure yn ieithwedd cerddi R. S. Thomas ar y pwnc, a nodir uchod. Ceir ganddo mewn mannau eraill hefyd ddelweddaeth a ddefnyddia ystrydebau hiliol, er enghraifft yn 'Expatriates' o *Poetry for Supper* (1958): 'Welsh / With all the associations, / Black hair and black heart';[140] a 'Welsh' o *The Bread of Truth* (1963), lle cwynai'r Cymro di-Gymraeg am ormes y 'blond strangers';[141] neu, fel y nodir uchod, 'Blue eyes and Birmingham yellow / Hair' gwragedd y tai cyngor yn 'Border Blues' o *Poetry for Supper* (1958).

Symptom o ddadleoliad diwylliannol R. S. Thomas oedd y ddelweddaeth hon;[142] bu'n fodd iddo hawlio perthynas â'r genedl heb iddo fod yn rhugl yn yr iaith, a heb fod ganddo gefndir mewn cymdeithas neu fro. Serch hynny, ni ddylid gweld ei ddefnydd o'r ieithwedd hon fel arwydd o feddylfryd hiliol datblygedig.[143] Rhaid cofio bod y term 'race', hyd yn oed ym 1961, er yn rhan o'i eirfa, eto'n cael ei ddisgrifio ganddo fel 'absurd label',[144] ac ni cheir defnydd o dermau hil bron o gwbl yn ei ryddiaith. Cyfyngir ei ddefnydd o dermau hil i'r cyfnod pan geisiai siarad fel Eingl-Gymro, a chyn mabwysiadu yn llawn derminoleg cenedlaetholdeb Cymraeg, terminoleg, o'i ffurfio yn sgil darlith *Tynged yr Iaith*, a ddarparodd ieithwedd fwy addas nag ieithwedd hil. Yn ei waith diweddarach, y gair a ddefnyddir fwyaf i ddisgrifio'r Cymry yw 'a people'.[145] Ond serch y newid hwnnw o ran mynegiant, yr oedd y cyflwr o ddadleoliad a oedd wrth wraidd ei safbwyntiau diwylliannol yn parhau.

'Gwir Etifedd Saunders'[146]

Beth bynnag a fu'r rhwystrau ar ei berthynas â Chymru, datblygodd R. S. Thomas o'r 1960au ymlaen yn fwyfwy fel prif ladmerydd yr iaith Saesneg dros genedlaetholdeb ceidwadol Cymraeg. Fe'i hystyrir gan nifer o sylwebyddion fel proffwyd sy'n dweud y caswir na fynnai neb arall ei leisio; yn broffwyd yn nhermau'r Hen Destament; yn broffwyd[147] mewn termau gwleidyddol – 'the Solzhenitsyn of Wales'; yn broffwyd[148] a leisiodd brofiad y dosbarth canol di-Gymraeg;[149] ac yn broffwyd gwae a sbardunodd y mudiad iaith Cymraeg.[150]

Mae'n debyg na fyddai'n ystyried ei hunan yn wleidydd, ond yn fardd uwchlaw pob dim. Eto y mae'n sicr yn credu y dylai beirdd ddylanwadu ar gymdeithas. Ac yn sicr fe geisiodd wneud hynny; dyma ddiweddglo ei adolygiad o *Bury my Heart at Wounded Knee*: 'Mae'r iaith yn parhau . . . Mae'r iawn o'n tu ni. Codwch chi'r Cymry a mynnu arweinwyr o'ch dewis eich hun, i'ch helpu i lunio dyfodol fydd yn unol â'ch traddodiadau gorau eich hun, cyn y bydd hi'n rhy hwyr.'[151] Dyna wedyn ei erthygl gynnar, 'Arian a Swydd', (1946), a gwyna fod cymeriad cenedlaethol Cymru yn dirywio, ac a ddiwedda drwy gyfeirio at obeithion Plaid Cymru gan rybuddio: 'nad oes awr i'w cholli'.[152] Y mae'r erthygl uchod, fel y nodwyd eisoes, yn debyg iawn ei harddull a'i chynnwys i erthyglau Saunders Lewis o'r un cyfnod. Fel enghraifft arall, dyna'r ddarlith deledu ym 1989 a nodwyd yn gynharach, a ddiwedda drwy efelychu'n fwriadol arddull ac ieithwedd Lewis.

Erbyn yr 1980au, fe'i gwelwyd yn fwyfwy fel olynydd Lewis. I rai, yr oedd hynny'n ganmoliaeth: i John Roberts Williams, R. S. Thomas yw 'gwir etifedd Saunders Lewis', gyda 'neges fawr ac eglur' i'r genedl, sef holl-bwysigrwydd y Gymraeg.[153] Y mae Emyr Humphreys yntau, mewn cerdd i ddathlu pen-blwydd Thomas yn 80 oed, yn dychmygu Saunders Lewis yn ei gyfarch.[154] Dywed W. Moelwyn Merchant fod R. S. Thomas a Saunders Lewis ill dau wedi eu cymell gan weledigaeth reddfol o werth hanes a thraddodiad Ewrop. Noda fod 'The Patriot' yn cydnabod dyled fawr Thomas i Lewis.[155]

> And he dared them,
> dared them to grow old
> and bitter as him.[156]

Dywed John Barnie, beirniad arall a gydymdeimla â Lewis a Thomas ill dau, fod R. S. Thomas wedi gwrthod hawddfyd Eingl-Gymreictod a derbyn her Saunders Lewis i dyfu'n hen a chwerw o achos y Gymraeg.[157] I eraill, testun drwgdybiaeth yw'r tebygrwydd i Saunders Lewis. Dywed Tony Bianchi i genedlaetholdeb R. S. Thomas gael derbyniad gwresog gan garfan ddylanwadol o genedlaetholwyr Cymraeg a welodd ynddo, fel yn Saunders Lewis:

> an hostility towards science and urban life as un-Welsh; an equivalent elevation of rural values; an essentialist or ahistorical concept of nationhood, based on a selective view of the past and notions of an organic tradition; a belief in the importance of an elite in defending this ideal, of which the Welsh language is the embodiment; a view of the English-speaking Welsh as alienated and needing to align themselves with these values to overcome this alienation, and above all, the elevation of culture, literature and even 'taste' as the surrogate religion which informs these convictions. As a profile of R. S. Thomas this is, of course, highly selective; in addition, its main features derive from models (from Wordsworth to Eliot) which are not Welsh at all.[158]

Dywed Bianchi i gynulleidfa Gymraeg R. S. Thomas greu delwedd ohono sy'n gweddu i'w hanghenion diwylliannol a gwleidyddol, gan anwybyddu'r safbwyntiau sydd yn anghydnaws â'r anghenion hynny.

Serch beth yw safbwynt y beirniaid, felly, ceir cytundeb ar ddebygrwydd Lewis a Thomas. Gwelir cysylltiad rhwng Eliot, Lewis a Thomas ill tri gan M. Wynn Thomas,[159] a ddywed fod dylanwad y syniadaeth ddiwylliannol a gysylltir â Lewis yn hydreiddio gwaith Thomas.[160] Hawdd cytuno os ystyrir dyfyniadau fel hyn o *Cymru or Wales?* (1992): 'I could wish that certain features had not changed, such as the condition of the language, pre-industrialism, the presence of a Welsh-speaking nobility that succoured music and poetry.'[161] Neu dyma Thomas yn pwysleisio gwerthoedd clasurol mewn llenyddiaeth, fel yn yr erthygl 'Llenyddiaeth Eingl-Gymreig' ym 1952, pan ddywed mai trefn a disgyblaeth yn hytrach na rhamantiaeth fu hanfod llenyddiaeth Gymraeg drwy'r oesoedd, a phan anogai'r Eingl-Gymry i ddod â disgyblaeth y gynghanedd i'w gwaith.[162] Y mae'n werth cofio bod addysg ffurfiol lawn Thomas yn y clasuron yn rhoi iddo seiliau addysgol cadarnach na'r un o'r tri llenor arall yn y llyfr hwn i ddadlau dros werthoedd clasurol mewn llenyddiaeth.

Fel yn achos Saunders Lewis, dewisodd R. S. Thomas leoli ei frwydr wrth-fodern yng Nghymru, fel rhan o batrwm diwylliannau Ewrop. Yn y gerdd ddiweddar 'Afallon' o *No Truce with the Furies*, ceir hyn:

Once our literature
was on the continent's
lips; we exchanged delegates
with its princes.[163]

Dengys ei fod yn meddwl yn nhermau Ewrop gyfan hefyd pan ddywed, yn 'Remembering David Jones': 'Europe gave you / your words',[164] neu yn y gerdd 'The Window', 'I see the blinds / going down in Europe'.[165]

Pan holais R. S. Thomas ynglŷn â'i syniad o Ewrop, cefais fod ganddo weledigaeth o batrwm unedig ond amrywiol o ieithoedd a diwylliannau, patrwm a oedd wedi datblygu dan arweiniad Duw i fod 'the cloak without seam, a seamless garment'. Delfryd nas gwireddwyd ydyw, meddai, ond gwêl ef y Gymuned Ewropeaidd yn gam cyntaf tuag at ei sylweddoli. Pan ofynnais a gytunai â delfryd Lewis o gysylltiad Cymru ag Ewrop, fe adleisiodd ef Lewis yn gryf wrth sôn am berthynas hanesyddol Cymru ag Ewrop, a'r rhwystr fu Lloegr i hyn ers y Ddeddf Uno.

Ceir yn ei waith hefyd rywfaint o wrth-ddemocratiaeth debyg i eiddo Saunders Lewis. Gall cynnwys ac arddull ei erthygl 'Arian a Swydd,' bron fod wedi eu codi allan o golofn 'Cwrs y Byd' gyfredol, wrth iddo ddangos drwgdybiaeth o alluoedd y dorf a dweud: 'Gwir yw bod gan y Cymry enw da fel pobl ddemocrataidd, ond, yn fy marn i, maent yn dangos y gwendidau i gyd sydd yn perthyn i ddemocratiaeth.' Â ymlaen, gan fenthyg delweddaeth fwy cymwys i ystrydebau o gymoedd y De nag i fryndir Maldwyn:

> anela'r rhan fwyaf o'n beirniaid a'n chwaraewyr at ennill clod trwy foddhau yr archwaeth sâl sydd gan y werin. Ac o ganlyniad i hynny y mae dirywiad i'w weld ymhob adran o'n bywyd cenedlaethol. Cyhyd ag y bo bwyd a diod, milgwn a sinemâu, ni waeth gan y mwyafrif o bobl pa lywodraeth sydd mewn bod.[166]

Bron i ddeng mlynedd ar hugain yn ddiweddarach, ym 1974, ceir yr un agweddau yn 'Where Do We Go From Here?,' lle gwawdia Thomas y syniad y trefnir bywyd ar ôl marwolaeth yn ôl haeddiant yr unigolyn: 'We are fuddled with democracy,' meddai, gan gyfaddef ei fod yn gwawdio democratiaeth ei hunan drwy ddweud hyn.[167] Ac yn *Blwyddyn yn Llŷn*, tra'n poeni am arwyddion rhyfel – yr awyrennau milwrol sydd i'w gweld uwchlaw gwlad Llŷn – priodola i'r gwleidyddion a reola'r awyrlu gymhellion tebyg i'r rhai a briodolwyd iddynt yn y 1930au gan Saunders Lewis wrth iddo yntau geisio rhwystro ymarferiadau'r awyrlu uwchben Pen Llŷn:

Mi wn i pwy ydi'r wladwriaeth 'ma – clic o bobl uchelgeisiol a ddarbwyllodd eu hetholaethau i lyncu'u propaganda, ac wedi'u hethol, yn lle cynrychioli buddiannau'u hetholwyr, cynrychioli gwanc ac ariangarwch a'r grym sydd ynghlwm wrthynt.[168]

Cyfyd hyn y cwestiwn o safle R. S. Thomas ar y sbectrwm gwleidyddol. Fel gyda'r tri llenor arall, anaddas yw diffiniadau chwith / de. Yn sicr y mae ganddo gydwybod gymdeithasol radical, fel y gwelir yn ei ymosodiadau cyson ar drachwant a gormes cyfalafiaeth neu yn ei ymwneud â'r mudiad gwrth-niwcliar, ond y mae ei reddfau yn aml yn elitaidd a gwrth-ddemocrataidd, fel y gwelir yn ei ymwneud â chenedlaetholwyr eithafol. Y mae ei syniadau'n cyfuno elfennau o wahanol rannau o'r sbectrwm, elfennau a nodweddir gan wrthwynebiad cyson i'r unffurfiaeth, y fateroliaeth a'r anghyfiawnder a gysylltir yn ei feddwl ef â'r byd modern, boed hynny'n gyfalafol neu'n sosialaidd. Fel y dangoswyd uchod wrth drafod erthygl Lewis 'Cwrs y Byd', y mae tuedd gref gan R. S. Thomas tuag at syniadau dosrannaidd. Y mae John Barnie yn ei leoli gyda Lewis, Eliot a Pound, gan ddweud: 'the politics of R. S. Thomas cuts across simple, modish poles of Left and Right in a way which is genuinely revolutionary.'[169] Perthyn Thomas yn sicr i duedd wrth-fodern ryngwladol, ac y mae dweud hynny yn diffinio ei leoliad gwleidyddol yn well nag y byddai pendilio yn ôl ac ymlaen ar hyd y sbectrwm chwith / de wrth olrhain ei safbwyntiau gwrthgyferbyniol.

'Ys dywedodd T. S. Eliot'[170]

Os awn ymlaen i ystyried agwedd R. S. Thomas tuag at arwr mawr Saunders Lewis, T. S. Eliot, cawn fod Thomas yn ei ddyfynnu, ac yn cyfeirio ato fel awdurdod, yn amlach nag a wnâi gyda'r un llenor arall. Dywed ei fod yn darllen llawer ar Eliot: 'I'm a great admirer of his really. I think he means more to me in later life than Yeats. His "Four Quartets" and one or two of the "Ash Wednesday" and "Rock" sequences, I think they are more satisfying than Yeats.'[171] Cyfeiria at Eliot yn aml. Yn *Blwyddyn yn Llŷn*, wrth ladd ar ddiwygio litwrgi'r

Eglwys, meddai: 'I Dduw y perthyn dirgelwch, a gwae dyn pan fo'n ceisio ymyrryd â'r dirgelwch hwnnw. Ys dywedodd T. S. Eliot: "Human kind cannot bear very much reality".'[172] Wedyn, yn 'A Line from St David's', o *The Bread of Truth* (1963), dywedir:

> the way back
> is not so far as the way forward.[173]

Y mae hyn yn adleisio gosodiad Eliot yn *Four Quartets*, 'The way forward is the way back',[174] darn a adleisir eto yng nghyfrol ddiweddar Thomas *No Truce with the Furies*, pan ddywed, yn 'Incarnations': 'The way forward / was the way back.'[175] Ceir cyfeiriadau tebyg yn gyson drwy ei waith: 'Trying to remember the fire sermon',[176] adlais o deitl trydedd ran *The Waste Land*; '. . . verse should be natural / As the small tuber that feeds on muck',[177] adlais o linellau agoriadol *The Waste Land* a'u sôn am 'feeding / A little life with dried tubers'; 'But wheels roll / Between and the shadow / Of the plane falls',[178] sydd yn adleisio 'The Hollow Men', gyda'i ailadrodd o benillion fel y rhain: 'Between the idea / And the reality / Between the motion / And the act / Falls the shadow'; 'the angels / at the hot gates',[179] cyfeiriad at 'Gerontion', 'I was neither at the hot gates / Nor fought in the warm rain'; a 'There was a death, yes',[180] sy'n adleisio 'There was a Birth, certainly' o 'Journey of the Magi'.

Y mae gweledigaeth gyfriniol R. S. Thomas o'r hyn y byddai Morgan Llwyd yn ei ddisgrifio fel y 'canol llonydd' yn debyg iawn i eiddo Eliot hefyd. Ceisiant ill dau ddirnad y tawelwch tragwyddol a fodolai y tu fewn i ruthr y byd. Ceir disgrifiad mwyaf pendant Eliot o'r profiad cyfriniol hwn yn *Four Quartets*, lle dywed 'at the still point, there the dance is',[181] wrth sôn am blant yn chwarae mewn gardd ddelfrydol, naturiol. Hawdd gweld y tebygrwydd rhwng geiriau Eliot a'r llinellau hyn:

> For one hour
> I have known Eden, the still place
> We hunger for.
>
> ('Again')[182]

Neu'r rhain o 'Children's Song':

> You cannot find the centre
> Where we dance, where we play.[183]

Gofynnais i R. S. Thomas a oedd Eliot yn ddylanwad arno, ac a oedd cyd-weld rhyngddynt, a dywedodd iddo ei weld yn gystal bardd â neb yn yr ugeinfed ganrif, er nad oedd ef yn cyd-weld â'i deyrngarwch na'i Uchel-Eglwysyddiaeth:

ond fel bardd, mi ddois i edmygu *Four Quartets* oherwydd y pwyslais ar y distawrwydd ynghanol dyn. A hefyd yn 'Little Gidding', yn sôn am Little Gidding: 'To kneel where prayer has been valid', ynte; mae pethau fel hyn, wrth gwrs, yn eich cysylltu chi â'r traddodiad Cymraeg hefyd. Mae gynnon ni gynifer o hen eglwysi yng Nghymru ac mae'n braf meddwl bod pobl dros y canrifoedd wedi penlinio yn yr un lle.

Yn 'Groping', fe ddywedir, yng nghyd-destun y canol llonydd eto:

The best journey to make
is inward. It is the interior
that calls. Eliot heard it.[184]

Yn *The Echoes Return Slow,* dywed: '"But our beginnings / never know our endings." / Eliot said that.'[185] Cyfeirir at Eliot hefyd yn yr erthygl 'Llenyddiaeth Eingl-Gymreig',[186] yn llinell agoriadol 'The Qualities of Christmas',[187] ac yn 'Words and the Poet.'[188] Yng ngwaith diweddarach Thomas, mae'n cyfeirio at Eliot yn gyson: ef yw'r bardd Saesneg cyntaf a ddyfynnir yn *Cymru or Wales?*[189] Ac yn *Blwyddyn yn Llŷn* cyfieithir cwestiwn Eliot o 'Gerontion', 'After such knowledge, what forgiveness?' fel: 'Wedi'r fath wybodaeth, pa faddeuant?'[190]

Cred Bobi Jones fod defnydd cyson R. S. Thomas o ddelweddaeth greigiog 'rock' a 'stone' yn dangos dyled i Eliot, gan sylwi: 'Dyma dir diffaith yn wir.'[191] Y mae Randal Jenkins yn nodi mor debyg yw eu syniadau, gyda *The Waste Land* yn rhoi i R. S. Thomas weledigaeth o'r diffrwythder ysbrydol a fodolai yng nghalon y diwylliant trefol modern, a chyda beirniadaeth gymdeithasol T. S. Eliot yn cadarnhau gwrthwynebiad Thomas i fasnacheiddio a mecaneiddio cymdeithas.[192] Dywed Jeremy Hooker: 'If he [R. S. Thomas] is formally closer to Edward Thomas, his spirit is closer to the Eliot of "Ash Wednesday", and his anguish is nearer to Kierkegaard's.'[193]

Yn sicr, y mae gan y ddau fardd lawer iawn yn gyffredin.[194] I'r ddau ohonynt, y mae'r ddinas yn fygythiol, llethol a gwrth-ysbrydol, tra gwelir y cefn gwlad yn aml fel lloches. Y maent hefyd yn hoff iawn o draddodiad a threfn ac o'r syniad o gelfyddyd fel rhagfur yn erbyn tueddiadau dinistriol y byd modern: yn 'Circles' yn *Mass for Hard Times*, gwelir y bardd fel diwylliwr,[195] ac yn 'A Poet' yn *Experimenting with an Amen*, gwelir barddoniaeth fel llen 'between barbarism and ourselves'.[196] Y mae syniadau ceidwadol a thraddodiadol y ddau fardd yn debyg iawn i eiddo Simone Weil a Saunders Lewis.

Diwylliant a'r dwyfol

Fel gyda'r tri llenor arall, gwêl Thomas y genedl yn gyfrwng i'r dwyfol, a gwêl ef yr iaith Gymraeg yn fodd i brofi gw.ledigaeth unigryw o'r tragwyddol a fuasai'n amhosibl hebddi. Y rhesymeg yw: bod modd amgyffred Duw trwy'r cread; bod yr iaith Gymraeg wedi datblygu perthynas organig â thir ac â phobl Cymru dros y canrifoedd, a'i bod, o ganlyniad, yn gyfrwng dihafal – bron yn sagrafen – i'r unigolyn brofi Duw trwy'r cread yn y gornel hon o'r byd.

Y mae barddoniaeth R. S. Thomas, fel y nodir uchod, yn llawn o ddelweddaeth y sagrafen Gristnogol, ac fe deimlai'n reddfol y dylai fod yn bosibl dirnad Duw trwy fyd natur: 'God bleeds in the soil',[197] 'the beauty / And grace that trees and flowers labour to teach'.[198] Cred hefyd fod enwi rhywbeth yn hwyluso perthynas ddyfnach â'r peth hwnnw: 'Behind the word is the name / not to be known for fear / we should gain power over it';[199] 'I / named it and it was / here'.[200] Y mae R. S. Thomas yn aml iawn yn gwrthod caniatáu bod modd cyfieithu gair Cymraeg, yn enwedig geiriau am nodweddion daearyddol.[201] Yn 'A Welsh Testament', fe ddywed:

> My word for heaven was not yours.
> The word for hell had a sharp edge
> Put on it by the hand of the wind,
> Honing, honing with a shrill sound,
> Day and night.[202]

Syniad cydymdreiddiad iaith a thir yw hwn, a ddatblygwyd gan J. R. Jones ac a ddiffiniwyd ganddo fel: 'Gwahanrwydd iaith mewn cydymdreiddiad oesol â gwahanrwydd tir',[203] ac sydd yn gyffredin yng ngwaith beirdd Cymraeg fel Gerallt Lloyd Owen[204] neu Waldo Williams.[205] Dywed J. R. Jones fod perthynas y Cymry â Chymru dros ganrifoedd lawer wedi ffurfio'r iaith a'r bobl mewn ffordd hollol unigryw: 'Pobl . . . yr aeth y darn daear a drigiannwyd ganddynt dros y

canrifoedd i mewn i wneuthuriad eu gwahanrwydd.'[206] Y mae'r derm-
inoleg yn debyg i ddisgrifiadau R. S. Thomas yn 'Dau Gapel' o'r math o
ardal y ffurfir enaid y gwir Gymro ynddi.[207] Saif hunaniaeth Cymru ar y
cydymdreiddiad hwn, yn ôl J. R. Jones. A gelyn yr hunaniaeth hon, wrth
gwrs, yw'r iaith fain: 'Saesneg yw'r garthffos y mae trwch y dylanwadau
hyn yn dylifo i mewn drwyddi.'[208] Hawdd gweld tebygrwydd y syniad
hwn i ddelwedd R. S. Thomas o'r Saesneg fel carthffos: 'thousands of
mouths emptying their waste speech around us / and an Elsan culture
threatens us.'[209] Er nad yw R. S. Thomas yn dadansoddi cydymdreiddiad
mewn modd mor gategorïol ag y mae J. R. Jones, y mae'n amlwg ei fod
yn rhannu'i weledigaeth i raddau helaeth.[210] Wrth fenthyg termau
Saesneg i'r Gymraeg, meddai, fe fenthycir y syniad Saesneg, a chyn hir:
'you no longer exist as an individual; you no longer exist as an individual
entity in which to accomplish one's search for the Truth.'[211]

Y mae diwylliant, felly, yn ddull o ganfod gwirionedd. Ceir syniad
tebyg yn *Blwyddyn yn Llŷn*, lle gwelir y Saesneg yn ymledu dros wyneb
y ddaear ond yn mynd yn fasach wrth wneud, tra bod y Gymraeg yn
cynnig cysylltiad bywiol â dyfnderau dyn.[212] Y mae'r diwylliant
Cymraeg, felly, yn dwyn gwerth ysbrydol penodol i R. S. Thomas. Ceir
un o'i ddatganiadau cliriaf ar y mater hwn yn *Cymru or Wales?*, ar ôl
iddo sôn am Sant Awstin yn canfod Duw drwy'r greadigaeth:

It is because all the things which make for the Welsh identity, her
mountains and light and skies and rivers and the speech which has
christened them were made by God that she is sacred to us. Nations are
part of the coat of many colours, which life wears, and as each nation is
absorbed into another, so the coat becomes drabber and less given to
praise. And as God made Wales, so she has made us, and we must love her
as a son a mother or a bridegroom his bride.[213]

Y mae John Barnie yn awgrymu pwysigrwydd ysbrydol Cymreictod
i R. S. Thomas: 'The idea of a Wales, rural, Welsh-speaking, Christian, is
a fundamental, generative idea for R. S. Thomas. It has provided some
of his profoundest moments of illumination, and has been the cause of
the bitterness which pervades *Neb*.'[214] Ac y mae M. Wynn Thomas, wrth
gymharu 'Fugue for Ann Griffiths' â *Four Quartets*, yn dweud bod y
diwylliant Cymraeg i R. S. Thomas yn gyfrwng dirnad y 'gwirioneddau
ysbrydol' yn yr un modd ag yr oedd y diwylliant Saesneg i Eliot.[215]

Gellir gweld tebygrwydd i syniad Weil o'r genedl hefyd. Y mae R. S.
Thomas wedi darllen *L'Enracinement*, ac er nad ystyria iddi

ddylanwadu ar ei syniadau gwleidyddol a oedd eisoes wedi eu ffurfio,[216] y mae ganddo ddiddordeb yn ei safbwynt. Yn sicr, y mae Thomas yn gweld y genedl a'r Gymraeg yn gyfryngau i'r dwyfol yn yr un modd ag yr oedd Weil yn gweld ffenomenâu diwylliannol a chymdeithasol yn *'metaxu'* – 'pontydd' – rhwng y meidrol a'r anfeidrol. *'Metaxu'*, 'cydymdreiddiad', 'History is a pattern / Of timeless moments', beth bynnag fo'r enw ar y profiad, y mae gan Thomas weledigaeth debyg i eiddo'r llenorion eraill hyn o ddiwylliant fel cyfrwng i'r trosgynnol.

Ceir y weledigaeth hon gliriaf yn y ddarlith *Abercuawg*, lle gwelir y Gymraeg, a delfryd arbennig o Gymru, yn gyfryngau i weledigaeth ysbrydol a wrthwyneba unffurfiaeth faterol y byd modern. Ac yntau wedi dod at y Gymraeg fel dihangfa rhag modernrwydd materol, a chael ei siomi yn ei chwilio am y Gymru Gymraeg ddelfrydol ym Manafon, Eglwys-fach ac Aberdaron, fe ddaw Abercuawg yn symbol o'i ysfa barhaol am loches.

'Abercuawg' yw'r enw unigryw na ellir ei gyfieithu, y baradwys ddihalog na ellir ei chyrraedd, y ddelfryd na ellir ei threchu. Y mae Cymreictod Abercuawg, fel enw ac fel syniad, yn hanfodol i'w nerth fel symbol o ysbrydoliaeth wrth-faterol. Fel y tri llenor arall, crisialodd Thomas weledigaeth ddofn neilltuol o werth ysbrydol cenedl a fu dan fygythiad, gweledigaeth a ddwysawyd ynddo gan y ffaith nad aelod naturiol o'r genedl honno mohono. Mewn gwirionedd, gweledigaeth ydyw sy'n trosgynnu cenedlaetholdeb syml.

Tir 'Neb'

Oherwydd apêl gweithiau fel *Abercuawg*, croesawyd R. S. Thomas i rengoedd y cenedlatholwyr Cymraeg pybyr a thraddodiadol. Ond pwy, mewn gwirionedd, a groesawyd? Fel yn achos Saunders Lewis, a ganoneiddiwyd gan yr un garfan, y mae cryn wahaniaeth rhwng yr R. S. Thomas go-iawn a'r ffigwr y mynnai rhai Cymry Cymraeg ei weld. Er bod *Abercuawg* yn dweud yn gwbl agored mai materoliaeth yw'r prif elyn ac mai dim ond dull o'i gwrthwynebu yw Cymreictod, nid yw'r cwestiwn pwysig hwn o flaenoriaethau fel petai'n tarfu llawer ar gynulleidfa sydd angen defnyddio gosodiadau Thomas er mwyn amddiffyn ei safbwynt diwylliannol hi.[217] Mewn gwirionedd, os am weld Thomas yn ymgorfforiad o Gymreictod ceidwadol, rhaid anwybyddu llu o rwystrau i'r dehongliad hwnnw, rhai ohonynt yn gynhenid, fel amgylchiadau ieithyddol ei fagwraeth, ond llawer ohonynt yn rhai o ddewis Thomas, fel y pellter y mae wedi ei gadw rhag y gymdeithas y mae'n canu ei chlodydd. Credaf fod ar awen Thomas angen enciliad; y mae arno angen cadw pellter er mwyn gweld yn glir. Y mae'r hunaniaeth encilgar bersonol a ymgroesai rhag cael ei chymathu i unffurfiaeth y byd modern hefyd yn gwrthsefyll cael ei chymathu i unrhyw gymdeithas ddynol, boed Saesneg neu Gymraeg, felly rhaid iddo gadw agendor rhyngddo ef a hawliau ei ddau ddiwylliant arno.

Gallwn weld faint o agendor a fodola rhyngddo a'r Gymru Gymraeg o gofio nad ydyw'n rhannu gwerthoedd crefyddol na diwylliannol llawer o gefnogwyr y diwylliant Cymraeg.[218] Arwyddocaol, wedyn, yw cynifer o'i gerddi cenedlaetholgar a gyfeirir at wrandawr dychmygol o Sais,[219] ffaith sy'n dangos na fedr R. S. Thomas ond edrych yn gyson tua Lloegr am ymateb, gweithred sy'n anghyson â thueddiadau'r rhan fwyaf o genedlaetholwyr Cymraeg modern.

Y mae Thomas yn sicr wedi darllen yn helaeth yng nghlasuron y Gymraeg, ac yn canu clodydd diwylliant a llenyddiaeth yr iaith yn gyson, ond ni welaf mai yn y rhain y mae ffynhonnell ddyfnaf ei ysbrydoliaeth, na chwaith fod ei ddiddordeb na'i wybodaeth o'r testunau Cymraeg i'w cymharu o gwbl â'i adnoddau yn y Saesneg. Gall ddyfynnu'n helaeth o feirdd a llenorion Cymraeg, mae'n wir, ond ni cheir ganddo feirniadaeth lenyddol Gymraeg, fel y ceir ganddo yn Saesneg. Credaf mai rhywbeth o ddefnydd yw llenyddiaeth Cymru iddo, a'i swyddogaeth yw herio'r byd modern; ni raid bod yn hyddysg yn y deunydd er mwyn ei godi fel amddiffyniad. Er enghraifft, sonia sawl gwaith yn ei ryddiaith a'i gerddi, fel 'The Minister',[220] am Ann Griffiths yr emynyddes, ac eto, o'i holi, cefais yr argraff fod Ann yn llawer pwysicach iddo fel symbol o gyfriniaeth Gymraeg nag fel emynyddes na chyfrinydd real. Dywedodd hefyd na châi unrhyw ysbrydoliaeth, bron, o emynyddiaeth fel celfyddyd, agwedd a ategodd mewn mannau eraill: 'penillion o'r drydedd radd wedi'u gosod ar gyfer tonau tebyg',[221] ac 'anathema to me; fourth rate poetry and fourth rate music'.[222] Ac yntau wedi defnyddio Ann Griffiths a Williams Pantycelyn sawl tro fel eiconau o Gymreictod ysbrydol, rhaid casglu mai fel symbolau y'u defnyddiai, nid fel ffynonellau o ysbrydoliaeth.

Wrth ddweud hyn, cymeraf safbwynt gwahanol i Jason Walford Davies yn ei astudiaeth fanwl a helaeth o gyfeiriadau at lenyddiaeth Gymraeg yng ngwaith Thomas. Er ei fod yn profi bod y bardd wedi darllen llenyddiaeth Gymraeg hynafol a chyfoes yn eang, gan gynnwys testunau eithaf anhygyrch, a'i fod wedi gwneud defnydd celfydd a chyfrwys o'r deunydd, dadleua fod y Gymraeg yn ffynhonnell ddofn o ysbrydoliaeth hanfodol sy'n grymuso barddoniaeth Saesneg R. S. gyda'i dylanwad cudd. Ni chredaf fod hyn yn tycio. I R. S. Thomas, nid yw'r Gymraeg yn ffynhonnell o ysbrydoliaeth ond yn hytrach yn storfa o ddelweddau achlysurol cyfleus. Y mae Robert Minhinnick yn cyfleu'r syniad hwn yn dda:

> Yet for me, Prytherch, the Puws, Cynddylan, etc. are mere ciphers created to make a point. Even the portraits of Ann Griffiths, Richard Hughes and Saunders Lewis seem not compelled by a personal love or admiration of the poet's, but because he can use the examples of these people as weapons in his own, increasingly bitter feud with the twentieth century.[223]

Y mae llenyddiaeth Saesneg – Yeats ac Eliot yn arbennig, a Wordsworth a Keats efallai – yn llawer mwy o ddylanwad ar farddoniaeth Thomas, yn ei hieithwedd a'i syniadaeth, nag unrhyw ddylanwad Cymraeg.[224] Ac mewn gwirionedd, canran gymharol fach o farddoniaeth R. S. Thomas sy'n ymwneud â Chymru, neu sy'n defnyddio cefndir Cymreig; nid cenedlaetholdeb ond crefydd, y bersonoliaeth, natur a'r bydysawd sy'n llenwi corff ei waith, ac nid oes llawer i ddangos mai Cymro yw awdur y cerddi hynny. Y mae R. S. Thomas ei hunan yn cydnabod hyn: 'Faswn i'n meddwl, fy hun, bod fy ngherddi i ar wahân i'r math o ddyn ydw i pan 'dwi'n Gymro.'[225] Fel T. S. Eliot, a fedrai ddewis bod yn Sais neu'n Americanwr yn ôl y gofyn, ymddengys y gall R. S. Thomas fod yn Gymro neu'n Sais yn ôl yr amgylchiadau. Ymddengys mai R. S. Thomas y Sais a ysgrifennodd y rhan fwyaf o'i gerddi.

Amwys iawn yw perthynas R. S. Thomas â'r diwylliant Cymraeg. Er enghraifft, y mae'n hoff o ddweud wrth wrandawyr Cymraeg beth yw ei ateb pan mae cynulleidfa Saesneg yn holi pwy yw ei hoff fardd. Dywed mai 'Siôn Cent' yw ei ateb, gan gyfaddef i'r Cymry mai dim ond dweud hyn er mwyn drysu'r Saeson y mae. Dyma ei hiwmor tawel, pryfoclyd, eto, wrth gwrs. Ond onid yw'n arwydd o'r ffaith mai prif swyddogaeth y diwylliant Cymraeg iddo yw fel symbol o arwahanrwydd diwylliannol i'w osod yn erbyn gofynion y byd Saesneg? Ac onid oes yma hefyd ryw elfen o gellwair cudd hyd yn oed tuag at y Cymry eu hunain? Oherwydd, nid ymgorfforiad o undod y diwylliant Cymraeg oedd Siôn Cent, ond dyn y gororau, yn agored i ddylanwadau Seisnig, un a oedd, yn nhyb rhai beirniaid, yn efelychu ffasiynau Saesneg yn ei ddewis o destunau a'i fydryddiaeth. Yn ôl Saunders Lewis, yr oedd Siôn Cent wedi astudio yn Rhydychen, wedi dod o dan ddylanwadau Seisnig ac Ewropeaidd, ac wedi, o'r herwydd, fynd i ymryson ag amddiffynwyr y traddodiad barddol Cymraeg.[226] Gellir ystyried fod yma esiampl o'r modd y mae Thomas yn defnyddio haen ar ôl haen o amwyster diwylliannol yn ei ymwneud â'i wahanol gynulleidfaoedd.

Credaf mai bwriadol yw llawer o'r amwyster hwn. Y mae'n wir y bu cefndir ieithyddol, cymdeithasol ac eglwysig Thomas yn rhwystr ar ffordd ei berthynas â Chymru, ond gallasai oresgyn hyn ac ymuniaethu â'r diwylliant Cymraeg pe dymunasai; dyna a wnaeth y dysgwr Bobi Jones neu'r offeiriad Anglicanaidd Euros Bowen, er enghraifft. Ond y mae Thomas yn mynnu cadw pellter: er enghraifft, hanner canrif ar ôl iddo ddysgu Cymraeg, y mae o hyd yn tynnu sylw at y ffaith mai dysgwr ydyw.[227] Er gwaethaf ei genedlaetholdeb digyfaddawd agored, fe ddefnyddia amwyster ei sefyllfa i gadw'r gymdeithas Gymraeg o hyd braich. Er enghraifft, pan oedd y Gymraeg yn ffaith ddyddiol o'i gwmpas ym Mangor, dewisodd beidio â'i dysgu; pan oedd yn bosibilrwydd pell anhygyrch yn Hanmer, aeth ati i oresgyn y rhwystrau a dechrau ei dysgu. Yn debyg i Weil, y mae ganddo annibyniaeth ysbryd a gwerthfawrogiad dwfn o ewyllys rydd ac y mae hynny'n ei yrru i ymwrthod â'r diffiniadau a wthiwyd arno gan amgylchiadau; mynnai ddewis ei hunaniaeth.

Ceidw ei bellter rhag Cymru felly, ond ar yr un pryd, medr ddweud wrth y Saeson nad gyda'u diwylliant hwy y mae ei deyrngarwch ychwaith. Y mae wedi ysgrifennu erthyglau lawer i gylchgronau yn Lloegr ac America, wedi golygu nifer o gasgliadau o farddoniaeth Saesneg i gyhoeddwyr mawr yn Lloegr, wedi derbyn Medal Aur y Frenhines am ei farddoniaeth, ac wedi mynd ar deithiau tramor dan nawdd y Cyngor Prydeinig; ond fe wnaeth hyn oll tra'n pwysleisio dro ar ôl tro fod diwylliant Lloegr yn ormes ar Gymru. Dyna wedyn ei benderfyniad i gyhoeddi ei hunangofiant, a'r rhan fwyaf o'i waith hunangofiannol, yn Gymraeg. Mae'n gallu gwisgo'r Gymraeg fel mantell i'w guddio rhag craffu'r beirniaid Saesneg. Y mae ei afael ar y ddau ddiwylliant yn ei alluogi i gadw ei bellter rhag gofynion y diwylliannau unigol arno; gwell ganddo yw fod ganddo afael ar y ddau ddiwylliant na bod yr un ohonynt hwy yn gafael ynddo ef.

Drwy hyn i gyd, nid wyf am awgrymu bod unrhyw anniffuantrwydd yn perthyn i agweddau R. S. Thomas. Y mae ei wladgarwch yn amlwg yn real, ac y mae ef yn argyhoeddedig o'i egwyddorion. Dadansoddi cymhellion ei gariad at Gymru yr ydwyf, nid amau bodolaeth y cariad hwnnw. Nid sefyllfa gysurus yw safle Thomas rhwng y ddwy wlad, gan iddo ddioddef beirniadaeth hallt a phersonol gan bleidwyr yr achosion Seisnig a Chymraeg ill dau. Rhywbeth llawer dyfnach na chlod neu dderbyniad cymdeithasol sydd wrth wraidd ei safbwynt amwys.

Teimla R. S. Thomas atyniad at Gymru fel delfryd ac fel egwyddor, ac y mae'n ei defnyddio hi yn ei frwydr â'r byd modern fel rhagfur, fel arf ac fel lloches. Ond gall Cymru fel cymdeithas – yn enwedig y Gymru fodern – ymddangos yn rhywbeth iddo gadw ei bellter rhagddi hefyd. Y mae Cymru fel cymuned yn fygythiad i'w ddelfrydau, oherwydd gŵyr yn iawn y dryllir y rhain o ddod i gysylltiad rhy agos â'r gwirionedd; ac y mae Cymru'n fygythiad i'w greadigrwydd hefyd, oherwydd pe ildiai i'r gwahoddiad i ymuniaethu'n llwyr â'r Gymraeg, gŵyr yn iawn y byddai'n colli ei hynodrwydd fel bardd. Ar yr ochr arall, y mae'r diwylliant Seisnig yn atyniad yn nhermau ei lenyddiaeth a'i freintiau a'i gyfleoedd, ond y mae'n berygl yn ei fodernrwydd a'i imperialaeth. Rhaid, felly, i Thomas wrthsefyll cael ei gymathu gan y naill na'r llall. Caiff noddfa i'w encilgarwch hanfodol drwy ei leoli ei hun rhwng y ddau fyd.

Gallwn gofio hefyd i'w weledigaeth rymus o werth ysbrydol Cymru gael ei dwysáu'n sylweddol gan y pellter a fodola rhyngddo a Chymru, a bod cyflwr o dyndra'n rhan hanfodol o'i greadigrwydd, yn ddiwylliannol ac yn gyffredinol, yn union fel y bu i Saunders Lewis. Y mae'n amlwg i Lewis ddirnad yr un ddeinameg ynddo, fel mae Thomas yn adrodd: 'Mi gwrddais i â Saunders yng Nghaerdydd unwaith, jyst cael sgwrs, ac mi ddeudodd rywbeth caredig fel: "Dych chi'n gwneud enw mawr i chi'ch hun". "Wel, yn anffodus," meddwn i, "trwy'r Saesneg." "O, hidiwch befo," meddai fo, "fel 'na mae celfyddyd yn cael ei greu – o'r tyndra".'[228]

Defnyddia Thomas ei ran yn y naill ddiwylliant i bellhau gofynion y llall, ac y mae ei safle yn y tir neb yn rhan o ddeinameg, os nad strategaeth, encilgar ehangach. Y mae'r statws o fod yn ddyn y gororau diwylliannol a chymdeithasol yn cadw'r ysbryd encilgar a chyfriniol yn rhydd i ddilyn ei bererindod fewnol heb orfod cydymffurfio'n ormodol â disgwyliadau unrhyw gymdeithas. I ddyn sydd yn ddrwgdybus o werth a chymhellion perthynas ddynol, ac o allu unrhyw gymdeithas neu genedl i gyflawni ei ddelfrydau, dyn y mae tyndra yn allweddol i'w awen; gall tyndra'r dieithryn trigiannol fod yn fath arbennig o ryddid.

Ymladd â'r peiriant

Yn aml iawn y mae dychweledigion i ba achos bynnag yn fwy selog a gweithgar na phobl a fagwyd y tu fewn i fframwaith yr achos hwnnw, a gall y sêl fod yn arwydd o'r dieithrwch annileadwy a deimlir ganddynt. Fel gyda Saunders Lewis, y mae peth o hyn hefyd yn wir am R. S. Thomas. Bu'r ddau'n barod i fynd i eithafion – syniadol os nad gweithredol yn achos R. S. Thomas – dros eu cred. Efallai mai eu safbwynt fel dieithriaid a wnaeth iddynt sylweddoli bychander a breuder y byd Cymraeg. Ond nid hanfod dieithrwch Thomas yw'r ffaith mai mabwysiedig yw ei genedlaetholdeb. Craidd ei arwahanrwydd yw natur cymhellion ei dröedigaeth at achos Cymru. Cweryl â'r ugeinfed ganrif yw'r anghydfod mwyaf sy'n llywio gwleidyddiaeth R. S. Thomas, nid cweryl â Lloegr. Y mae ei flaenoriaethau felly'n wahanol nid yn unig i farn gyffredin cenedlaetholwyr Cymreig, ond hefyd i'r rhan fwyaf o bobl a ranna'r byd modern Gorllewinol ag ef. Dyma ei wir eithafiaeth.

Y mae gwaith R. S. Thomas yn llawn o'i wrthwynebiad greddfol, emosiynol ac egwyddorol i: 'The new world, ugly and evil, / That men pry for in truth's name' ('No Through Road').[229] Y mae'n casáu agweddau torfol a democrataidd y cyflwr modern, sef casbethau cyffredin y deallusion ceidwadol gwrth-fodern. Dyma enghraifft, o'i gerdd 'Resort', yn darlunio pobl ar eu gwyliau o drefi diwydiannol:

> People, people; the erect species
> With its restlessness and the need to pay –
> What have they come here to find?
> Must they return to the vomit
> Of the factories? On the conveyor belt
> Of their interests they circle the town
> To emerge jaded at the pier;
> To look at the water with dull eyes
> Resentfully.[230]

Ac yn y gerdd 'The Small Window,' sonia am brydferthwch cefn gwlad Cymru:

> Have a care;
> This wealth is for the few
> And chosen. Those who crowd
> A small window dirty it
> With their breathing, though sublime
> And inexhaustible the view.[231]

Yn y gerdd 'Afforestation', wrth iddo ystyried planhigfa o goed, ceir hyn:

> I see the cheap times
> Against which they grow
> Thin houses for dupes
> Pages of pale trash[232]

Ym 1966, ysgrifennodd yn y *Times Literary Supplement* am bwysigrwydd crefydd i gelfyddyd:

> We are told with increasing vehemence that this is a scientific age and that science is transforming the world, but is it not also a mechanised and impersonal age, an analytical and critical one; an age in which, under the hard gloss of affluence there can be detected the murmuring of the starved heart and the uneasy spirit?[233]

Cyfaddefodd mewn cyfweliad ym 1964 fod ei wrth-fodernrwydd yn afresymol ac yn anobeithiol, ond fod ei deimladau yn mynnu iddo wrthwynebu'r dehongliad gwyddonol o fywyd.[234] Gwreiddiau Seisnig sydd i lawer o'i syniadau Wordsworthaidd am natur a diwydiant, fel y nododd sawl beirniad.[235] Yn wir, yn y cefn gwlad y lleola Thomas rinweddau cymdeithasol a chrefyddol; gwêl y dref fel symptom o fodernrwydd llwgr gwrth-Gymreig. Y mae'n safbwynt clasurol wrth-fodern, ac yn ddyfnach a chliriach yn R. S. Thomas nag yn yr un o'r tri llenor arall dan sylw yma; wedi'r cyfan ef oedd yr unig un a 'bleidleisiodd gyda'i draed' fel petai, drwy dreulio ei holl yrfa yn y wlad. Ni ellir amau dyfnder ei atgasedd at y trefol: yn ei erthygl 'Llenyddiaeth Eingl-Gymreig' (1952), cwynai am fod cynifer o'r llenorion Eingl-Gymreig yn hanu o'r De diwydiannol:

> Tueddant, felly, i roi darlun anghytbwys o Gymru, gan greu'r argraff mai gwlad y pyllau glo yw Cymru. Eithr i mi, y mae'r wir Gymru i'w chael yn y wlad o hyd. O'r tu allan y daeth y diwydiannau trymion, a rhywbeth newydd ydynt; ond ymestyn y traddodiad gwledig yn ôl trwy'r canrifoedd, fel rhywbeth hanfodol Gymreig.[236]

Cryfach fyth yw'r elyniaeth a gaed ganddo yn 'Dau Gapel' o 1948: sonia fel y llunnir enaid y gwir Gymro yn y wlad, ac â ymlaen: 'Eithr nid yw trefi yn nodweddiadol o Gymru; amlygiad o ddylanwad estron ydynt, a gorau po gyntaf y'u chwelir',[237] – adlais cryf o ddymuniad Saunders Lewis i 'ddad-ddiwydiannu Deheudir Cymru', neu ei haeriad fod diwydiannaeth yn lladd diwylliant ac yn dad-ddyneiddio dyn,[238] ac mai'r ffordd i ddelio â diwydiannau mawrion y De a'u problemau yw, yn syml, 'eu chwalu hwynt'.[239]

Ac nid agwedd a goleddwyd yng nghyfnod cynnar R. S. Thomas yn unig yw hon; ceir esiamplau tebyg drwy gydol ei waith. Ceir hyn o'r gyfrol *H'm*, ym 1972:

> The machine appeared,
> In the distance, singing to itself
> Of money. Its song was the web
> They were caught in, men and women
> Together. The villages were as flies
> To be sucked empty.
> ('Other')[240]

Neu hyn o *Between Here and Now*, ym 1981:

> They come in from the fields
> with the dew and the buttercup dust
> on their boots. It was not they
> nor their ancestors crucified
> Christ. They look up at what
> the town has done to him . . .
> . . . The town
> is malignant. It grows, and what
> it feeds on is what these men call
> their home.
> ('Fair Day')[241]

A phrin y gellid datganiad cliriach o'i safbwynt na hyn o gyfweliad papur newydd ym 1994: 'Cities are terrible places. Evil. I smell evil the moment I get off the train.'[242] Ym 1995, yn 'Anybody's Alphabet' o *No Truce with the Furies*, sonia am: 'usury's / urge towards urbanisation',[243] gan gysylltu'r dref ag ariangarwch a materoliaeth. Yn ei lyfr diweddaraf hyd yma, *ABC Neb*, ceir sawl enghraifft o'i agwedd wrth-fodern; wrth sôn am ryfel, meddai: 'A chyda thwf grym a dylanwad y cyfryngau torfol aeth yn haws apelio at hen reddfau cyntefig.'[244] Geiriau olaf y llyfr yw rhai sy'n hiraethu am yr hen ffordd o fyw a ddaeth i ben 'dan ddylanwad y dechnoleg newydd'.[245]

Nid yw ei agwedd tua'r wlad yn gwbl gadarnhaol, wrth gwrs. Wedi'r cyfan, yn ei gerddi am 'Iago Prytherch' a'i debyg, y mae'n dad-adeiladu'n ddidrugaredd y ddelfryd o werth natur i'r ysbryd dynol; y mae ei gerddi yn aml yn dangos natur fel peth dinistriol, creulon a mympwyol. Ond serch hynny i gyd, yn y wlad y medr ef gymuno â Duw orau, a lleoliad gwledig sydd i'w ddelfrydau dyfnaf. Nid yw'r wlad yn baradwys iddo ond, o leiaf, medr weld posibilrwydd paradwys ynddi; o'i chymharu, y mae'r dref yn uffern bur.

Yn wir, y mae agwedd 'werdd' i gryn dipyn o waith Thomas. Er enghraifft, wrth gyflwyno *A Choice of Wordsworth's Verse*, dywed: 'As Wordsworth reclined in a grove sometime in 1798, it grieved his heart to think "what man has made of man". To many of us in these islands nearly two hundred years later, it may be grievous to think what man has made of nature . . . the price we pay for our so-called progress.'[246] Dywedodd unwaith yr hoffai ddad-wneud y Chwyldro Diwyd-iannol.[247] Yn *Blwyddyn yn Llŷn*, beiodd y trachwantus a'r nerthol a'r ariangar am 'lygru'r ddaear a'r amgylchedd', gan weld y grymoedd dinistriol hyn yn rhan o drefn gyfalafol lwgr.[248] Bu'n barod hefyd i weithredu dros ei egwyddorion 'gwyrdd', fel aelod o sawl grŵp amgylcheddol megis Pwyllgor Amddiffyn y Barcud, neu Gyfeillion Llŷn, neu, wrth gwrs, a chymryd cadwraeth yn yr ystyr ehangaf, yr Ymgyrch Diarfogi Niwcliar. Poenai am ddyfodol dynolryw yn wyneb ei thrachwant ymosodol.[249] Y mae John Barnie wedi nodi mai'r un yw brwydr Thomas dros achub y ddaear a thros achub y Gymraeg;[250] noda mor chwyldroadol yw'r trywydd hwn o feddwl:

> here a strain of thought, anti-democratic in many of its assumptions, which in the 1920's and 1930's ran parallel with and could be confused with that of the right-wing ideologues, spirals off into a revolutionary course, . . . So while there are those who would agree with R. S. Thomas in objecting to nuclear arms and would support his stand against the destruction of nature, few would accept his identification of democracy in industrial mass society as one of the major causes of both.[251]

Drwy gydol ei farddoniaeth, y mae bygythiad gallu technolegol, rheswm digydwybod a gwyddoniaeth ddigrefydd wedi eu crisialu mewn un ddelwedd ddychrynllyd a bygythiol, sef y 'Machine'. 'The word "machine" has a force in his poetry as though it represented the devil multiplied to the power of the H-bomb,' oedd sylw Stephen Spender ar hyn ym 1993.[252] Mae'r 'Machine' yn gefnder i'r robotiaid perffaith ond dienaid a geir mewn ffuglen wyddonol, ac sydd, yn aml iawn, yn sumbolau o'r un ddrwgdybiaeth ynglŷn â thueddiadau'r byd modern. Ni wn a yw R. S. Thomas wedi darllen llawer ym maes ffuglen wyddonol – mae'n anodd gennyf gredu hynny, rywsut – ond y mae ei farddoniaeth ddiweddarach, yn arbennig *Experimenting with an Amen*, yn aml yn defnyddio delweddaeth hunllefus na fyddai'n ddieithr i'r fath lenyddiaeth.

> Our scientists
> had white coats, vestments
> these of a clandestine ritual.
> ('Bequest')[253]

> with a screech of steel
> I jumped into the world
> smiling my cogged smile,
> breaking with iron hand
> the hands they extended.
> ('The Other')[254]

Y mae R. S. Thomas yn aml iawn yn creu deuoliaeth rhwng crefydd a chelfyddyd ar y naill ochr, a diwydiant a gwyddoniaeth ar y llall: 'You made war, campaigning upon the piano / that would surrender to the television' ('Biography').[255]

> My masters,
> the machine whined, putting the yawning
> consciences to sleep.
> It is intolerable,
> I cried.
> ('Similarities')[256]

> They have exchanged
> their vestments for white coats,
> working away in their bookless
> laboratories, . . .
> ('Ritual')[257]

Y mae'n wir fod yn y farddoniaeth ddiweddaraf duedd i gymodi ieithwedd crefydd a gwyddoniaeth mewn gweledigaeth o gariad ac o ragluniaeth sydd yn gweithredu hyd yn oed drwy'r deunydd lleiaf addawol, sef technoleg. Ond nid cymodi â modernrwydd mo hyn, eithr profiad crefyddol o ehangder cariad dwyfol; nid yw dweud y gellir dirnad y trosgynnol mewn deunydd sâl yn golygu nad sâl mo'r deunydd hwnnw bellach. Yn wir, fe geir, mewn erthyglau, cerddi a chyfweliadau drwy gydol y cyfnod diweddaraf hwn, dystiolaeth eglur iawn fod cweryl R. S. Thomas â'r byd modern mor fyw ac mor chwerw ag erioed.[258]

Gwelir ariangarwch ganddo fel elfen fawr yn llygredd y byd modern. Yn ei gerdd 'Afallon' o *No Truce with the Furies* (1995), y mae'r Cymry'n gwrthsefyll materoliaeth ariannol ryngwladol drwy ddychwelyd at ffynonellau ysbrydol eu bodolaeth fel cenedl:

> In a world
> oscillating between dollar
> and yen our liquidities
> are immaterial. We
> continue our relationship
> with the young David, flooring
> the cheque-book giant
> with one word taken,
> smooth as a pebble, out
> of the brook of our language.[259]

O sylweddoli bod gelyniaeth R. S. Thomas tuag at y byd modern yn beth cwbl sylfaenol na newidiodd dros y blynyddoedd, medrwn ddiffinio swyddogaeth ei genedlaetholdeb yn well o fewn fframwaith ei flaenoriaethau, sef ei fod yn arf yn y frwydr gyda'r peiriant: '. . . a counteraction to the impersonal forces of uniformity that he found everywhere at work.'[260]

Y mae R. S. Thomas yn sicr wedi ymuno ag ochr Cymru yn y frwydr yn erbyn Lloegr, ac wedi brwydro'n galed. Ond rhan o ryfel mwy oedd y cyfan. Cymerodd ochr Cymru yn yr un modd ag yr ymunodd sosialwyr Cymreig â byddin y Gweriniaethwyr yn ystod Rhyfel Cartref Sbaen. Nid cariad at Sbaen na'i phobl na'i chymdeithas oedd eu prif gymhelliad, na theyrngarwch at holl agweddau gwleidyddiaeth y Weriniaeth; ond fe welsant gyfle i frwydro dros sosialaeth yn erbyn ffasgaeth, a dyna a'u symbylodd. Efallai y daethant i garu'r wlad a'i hiaith a'i chymdeithas drwy eu profiad, ond, yn y bôn, ymladd dros rywbeth uwch na phrofiad un genedl yr oeddynt. Yn erbyn Franco yr oedd y frwydr, ond yn erbyn ffasgaeth a chyfalafiaeth eu hunain yr oedd y rhyfel.

Gwelir yr agwedd hon yn fwyaf eglur yn *Abercuawg*, lle dadleua R. S. Thomas dros bwysigrwydd y ddelfryd o genedl draddodiadol, wledig,

---

fel cymhelliad i'r ymdrech genedlaetholgar, gan ddweud nad oes diddordeb ganddo mewn Cymru fodern na fedr ymgorffori'r fath ddelfryd, hyd yn oed os daw llwyddiant gwleidyddol ac ieithyddol i ran y Gymru fodern honno.

Oblegid ymha le bynnag y bo Abercuawg, y mae yno goed a chaeau a blodau a nentydd perloyw, dihalog, gyda'r cogau'n dal i ganu yno. Dros y fath le yr wyf yn barod i wneud aberth hyd angau efallai. Ond beth am le sy'n rhy lawn o bobl, lle mae stryd ar ôl stryd o dai cyfoes di-gymeriad, pob un a'i gwt modur a'i bolyn teledu; lle y mae'r coed a'r adar a'r blodau wedi ffoi oddi arno o flaen cynnydd blynyddol y concrit a'r macadam, lle mae'r bobl yn gwneud yr un math ar waith undonog dienaid er mwyn cynnal mwy a mwy o'u tebyg? A hyd yn oed os Cymraeg fydd iaith y trigolion hyn; hyd yn oed os byddant wedi bathu gair Cymraeg ar gyfer pob teclyn ac erfyn sy'n perthyn i'r oes dechnegol, blastig y maen nhw'n byw ynddi, a fydd hwn yn lle y mae'n werth esgor arno, yn werth aberthu drosto?[261]

Dyna hunllef glasurol y gwrth-fodernwyr – unffurfiaeth dorfol, ddienaid, drefol, gyda'r boblogaeth ddynol yn cynyddu fel ag i ddinistrio'r byd naturiol. Diffinio ei ddelfryd yn nhermau ei diffyg modernrwydd y mae R. S. Thomas. Eilbeth iddo yw'r Cymreictod.

Abercuawg yw *Four Quartets* R. S. Thomas: ei fynegiant mwyaf estynedig a cheinaf o'r weledigaeth ysbrydol a diwylliannol sy'n ei gymell. Derbynnir y ddarlith gan lawer o Gymry fel pe bai'n destun cenedlaetholgar Cymreig clasurol, ond, mewn gwirionedd, yn debyg i *Buchedd Garmon* Saunders Lewis, datganiad cain sy'n digwydd bod yn wlatgar yw *Abercuawg*, nid datganiad gwlatgar sy'n digwydd bod yn gain. Cadw Cymreictod yw'r dacteg, ond gwrthsefyll modernrwydd materol yw'r strategaeth a'r nod. Maniffesto gwrth-fodern yw *Abercuawg*, sy'n ymosod, nid ar Seisnigrwydd, ond ar:

y bobl sydd, yn enw gwaith neu gynnydd, neu er mwyn elw mawr, yn barod i amgylchynu Abercuawg â pholion a gwifrau a pheilonau, gan ddweud pob math ar anwireddau er mwyn cael eu ffordd eu hunain; y bobl, os â'r ddadl yn drech na nhw, sy'n syrthio'n ôl ar yr hen ystrydeb, sef: Fedrwch chi ddim troi bysedd y cloc yn ôl.[262]

Diwedda'r ddarlith gyda gweledigaeth o'r Abercuawg ddelfrydol:

Ac nid fforest o bolion a pheilonau a fydd yno, ond coed deiliog. A bydd y polion wedi'u gosod yn chwaethus o'r golwg, gan gofio mai ysbryd dyn sy'n dyfod yn gyntaf nid elw, ac na bydd y cogau byth yn canu ar beilonau hagr ein gwareiddiad simsan ni.[263]

Nid cenedlaetholwr arferol mo Thomas, felly, ac ni ddylid cyfyngu ein dehongliad ohono i safbwyntiau Cymreig yn unig, na rhai Seisnig o ran hynny. Yn hytrach, dylem gynnwys yn ein dealltwriaeth ohono y ffaith ei fod yn gynrychiolydd Cymreig o duedd wrth-fodern ryngwladol; tuedd a ddarluniwyd yn y llyfr hwn drwy olrhain bywyd a gwaith pedwar o'i chynrychiolwyr pwysicaf. Dyma bedwar llenor y bu eu cyflwr fel dieithriaid trigiannol yn cryfhau eu teimlad o bwysigrwydd cymunedau cenedlaethol, pedwar a ymunodd mewn brwydrau cenedlaethol er mwyn effeithio ar ryfel uwch-genedlaethol yn erbyn materoliaeth wrth-ysbrydol yr oes.

Nodiadau

Gyda cherddi R. S. Thomas, cyfeirir at y casgliad *Collected Poems, 1945–1990*. Pan nad ymddengys cerdd arbennig yn y casgliad hwnnw, cyfeirir at y gyfrol wreiddiol.

1 Dengys Cyfrifiad 1921 fod 77.1 y cant o boblogaeth Ardal Drefol Caergybi (a gynhwysai'r plwyfi gwledig) yn siarad Cymraeg, 19.3 y cant yn uniaith Saesneg, ac 8.8 y cant yn uniaith Gymraeg. Ar y pryd, Sir Fôn fel cyfryw oedd y sir Gymreiciaf yng Nghymru, gyda 87.8 y cant yn medru'r Gymraeg, 31.1 y cant yn uniaith, a dim ond 12 y cant yn uniaith Saesneg.

2 Barbara Prys Williams, '"A consciousness in quest of its own truth": Some Aspects of R. S. Thomas's *The Echoes Return Slow* as Autobiography', *Welsh Writing in English*, 2 (1996), 105. Cyfeirir ati o hyn ymlaen fel 'Barbara Prys Williams'.

3 *Neb* (Caernarfon, 1985), 19. Daw'r rhan fwyaf o'r manylion bywgraffyddol yma o'r llyfr hwn, oni nodir yn wahanol.

4 *Neb*, 17; 'R. S. Thomas talks to J. B. Lethbridge', *Anglo-Welsh Review*, 74, (1983), 45; 'The Enigma of Aberdaron', *Daily Telegraph*, 7.11.75.

5 'Waiting for It', *Later Poems* (Llundain, 1983), 133; 'Patterns', 'Adagio', 'Looking Glass', *Collected Poems*, 151, 177, 505; 'Reflections', *No Truce with the Furies*, 31.

6 Er enghraifft, *The Echoes Return Slow* (Llundain, 1988), 38; *Abercuawg* (Eisteddfod Genedlaethol Cymru, 1976), 12 a 15.

7 Ibid., 2.

8 *Collected Poems*, 251,

9 M. Wynn Thomas, 'Songs of "ignorance and praise": R. S. Thomas's poems about the four people in his life', *Internal Difference* (Caerdydd, 1992), 131.

10 *Neb*, 7–8. Gweler hefyd, M. Wynn Thomas, 'R. S. Thomas: the poetry of the sixties', *Internal Difference*, 107.

[11] *Collected Poems*, 90.
[12] *Internal Difference*, 135, 143.
[13] 'Probings: an interview with R. S. Thomas', *Planet* 80, 28–52, nodwyd gan M. Wynn Thomas yn *Internal Difference*, 135. Gw. hefyd 'Ap Huw's Testament', *Collected Poems*, 83.
[14] *Internal Difference*, 135.
[15] *Collected Poems*, 251.
[16] *The Echoes Return Slow*, 14.
[17] 'The Boy's Tale', *Collected Poems*, 142.
[18] 'Keeping His Pen Clean,' yn William V. Davis (gol.) *Miraculous Simplicity* (Fayetteville, 1993), 74.
[19] Ibid., 67 a 74. A gw. 'Welsh', *Collected Poems*, 129.
[20] *Neb*, 93.
[21] Ibid., 91.
[22] Samuel Johnson, *The Life of Dr Johnson*, gan James Boswell.
[23] Alun Oldfield-Davies (gol.), *Y Llwybrau Gynt 2* (Llandysul, 1972), 13.
[24] *The Echoes Return Slow*, 20; *Neb*, 20, 27.
[25] 'Salt', *Collected Poems*, 394. Gw. Tony Brown, '"Over Seventy Thousand Fathoms": The Sea and Self-definition in the Poetry of R. S. Thomas', yn M. Wynn Thomas (gol.), *The Page's Drift: R. S. Thomas at Eighty* (Pen-y-Bont ar Ogwr, 1993), 148. Stephen Spender, adolygiad o *Mass For Hard Times* a *Collected Poems, 1945–1990, Daily Telegraph*, 27.3.93. Efallai mai nodweddiadol hefyd yw mai llun o'i dad yn unig a geir yn hunangofiant R. S. Thomas, a hwnnw'n un smart ohono yn ei iwnifform forwrol; ni cheir llun o'r fam. Gw. hefyd *Collected Poems*, 252.
[26] *Neb*, 93.
[27] M. Wynn Thomas, 'Songs of "ignorance and praise"', *Internal Difference*, 140.
[28] *Collected Poems*, 391.
[29] *No Truce with the Furies* (Newcastle upon Tyne, 1995), 83.
[30] *Collected Poems*, 417.
[31] Ibid., 415.
[32] Gw. 'The Listener in the Corner', *Collected Poems*, 314.
[33] Ibid., 180.
[34] Ibid., 63.
[35] Ibid., 39.
[36] Ibid., 117.
[37] Cyfweliad â'r awdur presennol.
[38] 'Revision', *Experimenting With an Amen* (Llundain, 1986), 69.
[39] *Counterpoint* (Newcastle upon Tyne, 1990), 53.
[40] 'Credo', *Mass for Hard Times* (Newcastle upon Tyne, 1992), 12.
[41] 'Kierkegaard', *Collected Poems*, 162.
[42] Mewn cyfweliad â'r awdur presennol, disgrifiodd R. S. Thomas y profiad hwn ym mywyd Kierkegaard fel 'rhywbeth tebyg i *Götterdammerung*'. Gw. hefyd 'S.K.', *No Truce with the Furies*, 16.
[43] 'Correspondence', *Collected Poems*, 378.
[44] Yn ei erthygl 'R. S. Thomas a'r Genedl' yn ei golofn 'Wrth Angor' yn *Barddas*, 199 (Tachwedd 1993), 18, noda Bobi Jones sut y mae R. S. Thomas, wrth

ddilyn y *via negativa*, yn perthyn i draddodiad y cyfrinwyr Dionysius, Eckhart, Tauler, Ruysbroeck, Ieuan y Groes ac Augustine Baker. 'Felly hefyd Saunders Lewis yn ei gerddi olaf, ac yn ei ddehongliadau yn ei gyfrol ar Bantycelyn,' meddai.

45 'Adjustments', *Later Poems*, 108.
46 'The Absence', ibid., 123.
47 Am astudiaethau llawn o'r pwnc hwn, ni allaf well na chyfeirio'r darllenydd at gyfrolau Dewi Z. Phillips, *R. S. Thomas, Poet of the Hidden God* (Llundain, 1986), ac Elaine Shepherd, *R. S. Thomas: Conceding an Absence* (Llundain, 1997).
48 Cyfweliad â'r awdur presennol, a gw. Jason Walford Davies (gol.), *ABC Neb* (Caernarfon, 1995), 26.
49 *Blwyddyn yn Llŷn* (Caernarfon, 1990), 33.
50 *Collected Poems*, 272.
51 *No Truce with the Furies*, 62.
52 *The Echoes Return Slow*, 82.
53 Ibid., 96.
54 'Yr Eglwys a Chymru', *Y Llan*, 2.9.49, 5; ceir yn Tony Brown a Bedwyr Lewis Jones (goln), *Pe Medrwn yr Iaith* (Abertawe, 1988), 45.
55 *Collected Poems*, 13.
56 'The Moon in Lleyn', ibid., 282.
57 'The Earth Does its Best for Him', ibid., 260.
58 Ibid., 351.
59 Ibid., 166.
60 'Philosophy and Religion in the Poetry of R. S. Thomas', *Poetry Wales*, VII, Rhif 4 (1972), 27–45; ceir yn Sandra Anstey (gol.), *Critical Writings* (Pen-y-bont ar Ogwr, 1992), 67 .
61 *Mass for Hard Times*, 59.
62 Mewn cyfweliad â'r awdur presennol dywedodd R. S. Thomas am Saunders Lewis: 'mae 'na syniadau, wrth gwrs, 'dwi ddim yn cydweld ag o, fel llawer arall; 'dwi ddim yn hoffi'r Eglwys Babyddol i ddechrau. Faswn i byth yn troi'n Babydd fy hun. Mae hanes yn ei herbyn hi.'
63 'Arian a Swydd', *Y Fflam*, I 1 (1946), 30.
64 'R. S. Thomas talks to J. B. Lethbridge', 51.
65 'The Chapel', *Collected Poems*, 276.
66 Cyfweliad â'r awdur presennol.
67 'Pasiant neu Sagrafen', *Y Faner*, 8.7.26; ceir yn *Ati Wŷr Ifainc* (Caerdydd, 1986) 1.
68 *Collected Poems*, 54.
69 Cyfweliad â'r awdur presennol.
70 Ibid.
71 Ibid.
72 'R. S. Thomas talks to J. B. Lethbridge', 39–40.
73 *Collected Poems*, 117.
74 'The Wood', ibid., 488.
75 Søren Kierkegaard, 'But who then am I? . . . I am "pure being" and therefore almost less than nothing,' yn Robert Bretall (gol.), *A Kierkegaard Anthology* (Efrog Newydd, 1946), 189.

[76] Y mae Dewi Z. Phillips, *R. S. Thomas, Poet of the Hidden God*, 87–9, yn cymharu Thomas â Simone Weil.

[77] *Y Fflam*, 5 (1948), 7.

[78] *Blwyddyn yn Llŷn*, 19.

[79] Ibid., 88.

[80] *Collected Poems*, 486.

[81] Ibid., 304.

[82] *Selected Poems 1946–1968* (Newcastle upon Tyne, 1986), 114.

[83] 'Kneeling', *Collected Poems*, 199.

[84] R. J. Hollingdale (gol.), *A Nietzsche Reader* (Llundain, 1977), 109 & 122.

[85] *Yr Haul* (Hydref 1937).

[86] Ni roddir dyddiad na blwyddyn i'r profiad tyngedfennol hwn yn *Neb*, ond cadarnhawyd y dyddiad gyda chymorth llyfr A. H. Dodd, *A History of Wrexham* (Wrecsam, 1967), 30, lle ceir hanes y cyrchoedd.

[87] *Neb*, 40.

[88] Justin Wintle, *Furious Interiors* (Llundain, 1996), 154.

[89] *Yr Haul* (Mehefin 1942).

[90] Gw. *Wales*, 11 (Hydref / Tachwedd / Rhagfyr 1943), 48–9.

[91] Rhoddir ffaith yr ymweliad, ond nid y dyddiad, yn *Neb*, 45; cadarnhawyd cyfnod yr ymweliad, sef haf 1945, trwy groesgyfeirio i ddyddiad yr erthygl a esgorodd ar yr ymweliad hwn. Cafwyd geiriau agoriadol Thomas mewn cyfweliad â'r awdur presennol.

[92] *Neb*, 31.

[93] Gw. 'Afallon', *No Truce with the Furies*, 25.

[94] Ibid., 31.

[95] Ibid., 39–40.

[96] Ibid., 39. Gw. hefyd M. Wynn Thomas, 'R. S. Thomas: The Poetry of the Forties', darlith i gynhadledd Cymdeithas Prifysgol Cymru er Astudio Llenyddiaeth Saesneg Cymru, Mawrth 1993. Yr wyf yn ddiolchgar i M. Wynn Thomas am adael imi weld testun y ddarlith hon. Gw. hefyd 'R. S. Thomas: War Poet' gan M. Wynn Thomas yn *Welsh Writing in English*, 2 (1996), 85.

[97] *Barn*, 135 (Ionawr, 1974), 102–3; ceir yn *Pe Medrwn yr Iaith*, 77–82; ceir hefyd mewn cyfieithiad Saesneg yn Sandra Anstey (gol.), *R. S. Thomas, Selected Prose* (Pen-y-bont ar Ogwr, 1983), 177–81.

[98] Cyfweliad â'r awdur presennol.

[99] Tony Brown, 'On the Screen of Eternity: Aspects of R. S. Thomas's Prose', *Critical Writings*, 194.

[100] *Blwyddyn yn Llŷn*, 66.

[101] Mewn llythyr at Allen Tate, 13 Mawrth, 1945, Peter Ackroyd, *T. S. Eliot* (Llundain, 1991), 272.

[102] Ibid.

[103] *The Norseman* (Gorffennaf / Awst, 1944), 245.

[104] *Neb*, 45.

[105] Gw. y llythyr, 'Achub y Gymraeg', yn *Y Faner* 20.7.79.

[106] *Wales* V, Rhif 7, (Haf 1945); hefyd yn *R. S. Thomas, Selected Prose*, 19.

[107] Cyfweliad â'r awdur presennol.

[108] *Neb*, 45.

[109] 'Keeping His Pen Clean', *Miraculous Simplicity*, 63.

[110] Ailgyhoeddwyd dan y teitl 'Y Baich ar ein Gwar' yn *Y Faner*, 30.6.89, 12–14.

[111] Yn y ddarlith, nid yw R. S. Thomas yn nodi ffynhonnell y geiriau olaf hyn.

[112] Gw. hefyd *Neb*, 46.

[113] Gw. 'Cloi'r Ffyrdd at Wersyll am Chwe Awr', *Baner ac Amserau Cymru*, 5.9.51, 1; 'Moral Victory at Trawsfynydd: Defence without Violence', *Welsh Nation*, (Medi 1951), 1; a llun o'r gwrthdystiad, *Y Ddraig Goch* (Hydref, 1951), 1.

[114] *Neb*, 46.

[115] Ibid., 9.

[116] James A. Davies, 'A Picnic in the Orchard: Dylan Thomas' Wales', yn Tony Curtis (gol.), *Wales: The Imagined Nation* (Pen-y-bont ar Ogwr, 1986), 43.

[117] *Y Fflam*, 5, (1948), 7–10; ceir yn *Pe Medrwn yr Iaith*, 38–42, ac mewn cyfieithiad yn *Selected Prose*, 41–8.

[118] *Dail Pren* (Llandysul, 1991), 29.

[119] Ibid., 26.

[120] *Collected Poems*, 37.

[121] 'Pa Beth yw Dyn?' *Dail Pren*, 64.

[122] 'A Welsh Testament', *Collected Poems*, 17.

[123] 'Those Others', ibid., 111.

[124] 'R. S. Thomas a'r Eingl-Gymry', 'Wrth Angor', *Barddas* 202, (Chwefror 1994), 20.

[125] *Collected Poems*, 42.

[126] Ibid., 69.

[127] Jason Walford Davies, '"Thick Ambush of Shadows": Allusions to Welsh literature in the work of R. S. Thomas', *Welsh Writing in English*, 1, 85–7 a 101.

[128] Techneg debyg i eiddo Eliot yn *The Waste Land*; gw. Jason Walford Davies, op. cit., 101.

[129] Gw. S. Baring-Gould a John Fisher, *Lives of the British Saints* (Llanerch, 1990), 25.

[130] Ceir astudiaeth o ddefnydd R. S. Thomas o'r un ffynhonnell yn Jason Walford Davies.

[131] Y mae *Cydymaith i Lenyddiaeth Cymru*, 478, yn nodi'r gair Lladin am ardaloedd gwledig, sef *pagenses*, fel ffynhonnell bosibl yr enw Powys.

[132] *Wales*, VI, Rhif 3, (Hydref 1946), 22.

[133] *Collected Poems*, 111.

[134] Ibid., 108.

[135] Ibid., 98.

[136] Ibid., 117.

[137] H. J. Fleure, 'The Welsh People', *Wales*, 10 (Hydref 1939), 265–9.

[138] 'R. S. Thomas: The Poetry of the Forties', darlith yng Ngregynog ym 1993 a gyhoeddwyd, gyda rhai newidiadau, fel 'R. S. Thomas: War Poet', yn *Welsh Writing in English*, 2 (1996), 82.

[139] *Collected Poems*, 1.

[140] Ibid., 91.

[141] Ibid., 129.

[142] Gellid dadlau bod defnydd R. S. Thomas o'r gair 'race' yn debyg i ddefnydd beirdd Cymraeg cenedlatholgar o'r gair Cymraeg 'hil'. Ond i'r beirdd Cymraeg, trosiad am y gymuned Gymraeg yw'r gair 'hil', a hynny mewn ystyr sy'n dwyn goblygiadau hanesyddol a theuluol yn hytrach na rhai hiliol.

Yng ngwaith R. S. Thomas y mae i 'race', yn anochel, ymhlygiadau mwy technegol anthropolegol, gan iddo ei ddefnyddio i sôn am Iago Prytherch, a oedd yn ddi-Gymraeg, ffaith a gadarnhaodd Thomas mewn llythyr at yr awdur presennol ym 1985, pan eglurodd mai 'Sais-Gymro' ydyw Prytherch i fod.

[143] Cafwyd cyhuddiadau o hiliaeth yn erbyn R. S. Thomas; dyna, er enghraifft, David Denney yn 'The Social Construction of Nationalism: Racism and Conflict in Wales', *Contemporary Wales*, IV (1991), 149. Ond seilir y rhain yn ddieithriad, fel yn enghraifft Denney, ar arddeliad R. S. Thomas o'r Gymraeg, a dibynnent ar y rhagdybiaeth sylfaenol gyfeiliornus fod iaith yn gyfystyr â hil. Ceir ymateb llawn a thrylwyr i gamsyniadau Denney a'i debyg gan Glyn Williams yn *Contemporary Wales* VI, 87–103, 'Discourses on "Nation" and "Race": A response to Denney et al.'

[144] 'A Welsh Testament', *Collected Poems*, 117.

[145] Er enghraifft: 'Looking at Sheep' o *The Bread of Truth* ym 1963 (*Collected Poems*, 151); 'Deprivation' o *Welsh Airs* ym 1987 (*Collected Poems*, 469); a 'Toast', hefyd o *Welsh Airs*, 37.

[146] Teitl erthygl John Roberts Williams yn *Barn*, (Mehefin 1992), 41, yn adolygu *Cymru or Wales?*

[147] Tony Brown, '"On the Screen of Eternity": Some Aspects of R. S. Thomas's Prose', *The Powys Review*, 21, (1988), 5–15; ceir yn *Critical Writings*, 199. M. Wynn Thomas, 'Iaith Newid y Byd', cyfweliad, *Golwg*, 12.3.92, 20. Emrys Edwards, 'Dwylath i'm Hysbrydoli', *Barddas*, I, (1976), 1. Adam Thorpe, 'Light years off and in our blood', *The Observer*, 7.3.93.

[148] M. Wynn Thomas, wrth gyflwyno darlleniad gan R. S. Thomas yng Ngŵyl Llenyddiaeth Caerdydd, 3.10.95.

[149] Tony Conran, 'R. S. Thomas and the Anglo-Welsh Crisis', *Poetry Wales*, XIV (4) (1979), 68.

[150] J. P. Ward, *The Poetry of R. S. Thomas* (Pen-y-bont ar Ogwr, 1987), 58.

[151] *Barn*, 135 (Ionawr, 1974), 102–3; ceir hefyd yn *R. S. Thomas. Selected Prose*, 177–81.

[152] *Y Fflam*, (1946), 30; ceir yn *Pe Medrwn yr Iaith*, 30–4.

[153] *Barn* (Mehefin 1992), 41.

[154] 'S.L. i R.S.', *Poetry Wales*, 29, I, 10.

[155] *R. S. Thomas* (Caerdydd, 1979), 59–60.

[156] *Collected Poems*, 150.

[157] 'Never Forget Your Welsh', *The King of Ashes* (Llandysul, 1989), 15.

[158] 'R. S. Thomas and his Readers', yn *Wales: The Imagined Nation*, 69–95; ceir yn *Critical Writings*, 169.

[159] 'Keeping His Pen Clean', *Miraculous Simplicity*, 61.

[160] Ibid., 64.

[161] *Cymru or Wales?* (Llandysul, 1992), 8.

[162] *Y Fflam*, 11 (1952), 7–9; ceir yn *Pe Medrwn yr Iaith*, 49–52.

[163] *No Truce with the Furies*, 25.

[164] *Collected Poems*, 429.

[165] Ibid., 501.

[166] *Y Fflam*, I, Rhif 1, (1946), 29; ceir yn *Pe Medrwn yr Iaith*, 30–4.

[167] *The Listener*, 8.8.74, 177–8; ceir yn *Selected Prose*, 150.

[168] *Blwyddyn yn Llŷn*, 26.
[169] 'Bread or Beauty', *The King of Ashes*, 4.
[170] *Blwyddyn yn Llŷn*, 24 a 33.
[171] 'R. S. Thomas talks to J. B. Lethbridge', 47.
[172] *Blwyddyn yn Llŷn*, 33.
[173] *Collected Poems*, 123.
[174] *Four Quartets*, 35.
[175] *No Truce with the Furies*, 35.
[176] 'Once', *Collected Poems*, 208.
[177] 'Poetry for Supper', ibid., 86.
[178] 'Pavane', ibid., 219.
[179] 'Now', ibid., 303.
[180] 'Funeral', ibid., 125.
[181] *Four Quartets*, 15.
[182] *Selected Poems*, 114.
[183] *Collected Poems*, 56.
[184] Ibid., 328.
[185] *The Echoes Return Slow*, 53.
[186] *Y Fflam*, 11 (1952), 8; ceir yn *Selected Prose*, 52.
[187] *Wales*, 46 (1959), 17–20; ceir yn *Selected Prose*, 57.
[188] *Selected Prose*, 75.
[189] Ibid., 12.
[190] Ibid., 24.
[191] 'R. S. Thomas a'r Mudiad', 'Wrth Angor', *Barddas*, 200/201, (Rhagfyr/Ionawr 1993–4), 19.
[192] 'R. S. Thomas: Occasional Prose', *Critical Writings*, 56.
[193] *The Presence of the Past* (Pen-y-Bont ar Ogwr, 1987), 134.
[194] Yr oedd ganddynt gyfaill yn gyffredin hefyd, y cyhoeddwr Rupert Hart-Davis, a fu'n hyrwyddwr ac yn gymorth mawr i R. S. Thomas ar ddechrau ei yrfa fel bardd. Yr oedd Hart-Davis yn ddigon agos at Eliot i fod yn un o'r cwmni bach a dethol iawn a wahoddwyd i ddathlu ei ben-blwydd yn 70 oed yn 1958, fel y noda Ackroyd, op. cit., 326.
[195] *Mass for Hard Times*, 49.
[196] *Collected Poems*, 450.
[197] 'Earth', *Tares* (Llundain, 1961), 46.
[198] 'Valediction', *Collected Poems*, 38.
[199] 'The Reason', *Mass for Hard Times*, 27.
[200] 'One Way', *Collected Poems*, 385.
[201] *Cymru or Wales?*, 6.
[202] *Collected Poems*, 117.
[203] *Gwaedd yng Nghymru* (Lerpwl, 1970), 85.
[204] Gw. 'Tryweryn' a 'Fy Nhad', *Cilmeri a Cherddi Eraill* (Caernarfon, 1991), 48, 37.
[205] 'Yr Heniaith', *Dail Pren*, 89.
[206] *Gwaedd yng Nghymru*, 62.
[207] *Y Fflam*, 5 (1948), 9; ceir hefyd yn *Pe Medrwn yr Iaith*, 38–42, a *Selected Prose*, 41–8.
[208] *Gwaedd yng Nghymru*, 63–4.
[209] 'Looking at Sheep', *Collected Poems*, 151.

[210] Traddododd R. S. Thomas ddarlith goffa J. R. Jones yng Ngholeg Prifysgol Abertawe ar 9.12.85, dan y teitl 'Undod'. Fe'i cyhoeddwyd yn *Pe Medrwn yr Iaith*, 139–59.

[211] 'R. S. Thomas talks to J. B. Lethbridge', 36.

[212] *Blwyddyn yn Llŷn*, 86.

[213] *Cymru or Wales?*, 31.

[214] 'Across the Grain', *The King of Ashes*, 27.

[215] Rhagymadrodd, *R.S. Thomas: Y Cawr Awenydd* (Llandysul, 1990), xiv–xv.

[216] Cyfweliad â'r awdur presennol.

[217] Er enghraifft, Glenys Jones, yn adolygu'r ddarlith i'r *Faner*, 'Yn Abercuawg yt Ganant Gogeu' ar 10.9.76.

[218] 'Bachgen Oeddwn i yng Nghaergybi – Nid Cymro', *Y Cymro*, 30.11.67.

[219] Gw. 'A Welsh Testament', 'A Welshman to Any Tourist', 'Strangers', 'A Lecturer', 'Welcome,' *Collected Poems*, 117, 65, 139, 138, 134.

[220] Gw. hefyd 'Ann Griffiths', 'Fugue for Ann Griffiths', *Collected Poems*, 281, 470.

[221] *Neb*, 95.

[222] 'R. S. Thomas talks to J. B. Lethbridge', 50.

[223] 'Living with R. S. Thomas', *Poetry Wales*, 29 (I), 12.

[224] Bobi Jones, 'R. S. Thomas a'r Eingl-Gymry', 'Wrth Angor', *Barddas*, 202 (Chwefror 1994), 20.

[225] Cyfweliad â'r awdur presennol.

[226] Saunders Lewis, 'Siôn Cent', *Meistri a'u Crefft*, 148.

[227] Fel y gwnaeth, er enghraifft, yn yr ysgrif 'Pe Medrwn yr Iaith' ym 1980: 'bardd ydwyf, ond un a gafodd ei fagu'n Sais' (*Pe Medrwn yr Iaith*, 121); neu yn yr ysgrif 'Alltud' o 1983 (ibid., 128): 'cefais fy magu'n Sais gwreiddiol'; neu fel y gwnaeth yn ei gyfweliad â'r awdur presennol ym 1992: ''Dwi ddim yn Gymro gwreiddiol.'

[228] Cyfweliad â'r awdur presennol.

[229] *Collected Poems*, 68.

[230] *Welsh Airs*, 33.

[231] *Collected Poems*, 202.

[232] Ibid., 130.

[233] 'A Frame For Poetry', *Selected Prose*, 93.

[234] 'Hewer of Verses', Sandra Anstey (gol.), *Critical Writings* (Pen-y-bont ar Ogwr, 1982), 34.

[235] Randal Jenkins, 'R. S. Thomas, Occasional Prose', *Critical Writings (1982)*, 75.

[236] *Y Fflam* 11, (1952), 7–9; ceir yn *Pe Medrwn yr Iaith*, 49–52, ac yn *Selected Prose*, 49–53.

[237] *Y Fflam*, 5, (1948); ceir hefyd yn *Pe Medrwn yr Iaith*, 38–42, a *Selected Prose*, 41–48.

[238] 'Gwaith yr Ysgolion', yn 'Cwrs y Byd', *Baner ac Amserau Cymru*, 12.2.49; ceir yn *Ati, Wŷr Ifainc*, 47.

[239] *Y Ddraig Goch*, Medi 1933. Diddorol yw sylwi i edmygydd Lewis a Weil, J. R. Jones, roi mynegiant croyw i'r gwrth-fodernrwydd gwrth-faterol hwn yn y 1960au yn ei lyfr *Gwaedd yng Nghymru* (Lerpwl, 1970, 55): 'Paham y'n cadwyd yn fyw hyd yr Ugeinfed Ganrif, y ganrif argyfyngus, canrif y frwydr fawr yn erbyn math newydd, soffistigedig, o farbareiddiwch, sef y barbareiddiwch diwydiannol-technolegol – y dreif didostur yn enw maint a mawredd i

ddad-ddynoli dyn a'i dynnu drachefn dan iau caethiwed? I ba ddiben y cawsom ein cadw? Tybed nad fel y safem gyda'r pethau a ddewisodd Duw – "pethau distadl y byd" a'r "pethau dirmygus" – y "gwan bethau" a ddewisodd Duw i fod yn gyfryngau i'r gobaith y "daw dydd y bydd mawr y rhai bychain" – y "daw dydd na bydd mwy y rhai mawr?"'

[240] *Collected Poems*, 235.

[241] Ibid., 380.

[242] Marianne Macdonald, 'Biographers: they can go to hell', *The Independent on Sunday*, 25.9.94.

[243] *No Truce with the Furies*, 91.

[244] Ibid., 74.

[245] Ibid., 100.

[246] Rhagair, *A Choice of Wordsworth's Verse* (Llundain, 1971), 11–19; ceir yn *Selected Prose*, 127.

[247] 'R. S. Thomas talks to J. B. Lethbridge', 41–2.

[248] *Blwyddyn yn Llŷn*, 26 a 66.

[249] *ABC Neb*, 21.

[250] 'Bread and Beauty', *The King of Ashes*, 10.

[251] 'Never Forget Your Welsh', ibid., 10.

[252] Mewn adolygiad o *Mass For Hard Times* a *Collected Poems*, 'For machine read the devil', yn y *Daily Telegraph*, 27.3.93.

[253] *Experimenting with an Amen*, 43.

[254] *Collected Poems*, 410.

[255] Ibid., 489.

[256] Ibid., 494.

[257] Ibid., 496.

[258] *Counterpoint*, 47, 58. Marianne Macdonald, 'Biographers: they can go to hell', *The Independent on Sunday*, 25.9.94.

[259] *No Truce with the Furies*, 25.

[260] Randal Jenkins, 'R. S. Thomas, Occasional Prose', *Critical Writings 1982*, 81.

[261] *Abercuawg*, 9.

[262] Ibid., 12.

[263] Ibid., 18.

5

Casgliad: Sefyll yn y Bwlch

Progress
is not with the machine;
it is a turning aside,
a bending over a still pool.

'Aside'

Y mae'n annhebyg a fu erioed adeg pan nad oedd rhai pobl yn teimlo bod materoliaeth yr oes yn bygwth gwerthoedd ysbrydol, neu fod y presennol yn ddirywiad ar ryw oes aur gynt. Un o reddfau oesol y ddynoliaeth yw drwgdybio newid, collfarnu'r presennol, delfrydu'r gorffennol ac ofni'r dyfodol. Gellid olrhain delfryd o ryw 'oes aur' golledig yn ôl drwy bob cyfnod o hanes nes dod at fyth gwreiddiol Gardd Eden. Serch hynny, fel y dywedwyd yn y Rhagymadrodd, ceir rhai cyfnodau pan fo'r newidiadau a ddaw i ran cymdeithas yn rhai mor gyflym, mor sylfaenol ac mor bellgyrhaeddol fel eu bod yn creu mewn carfan sylweddol o'r boblogaeth deimlad fod gwareiddiad mewn cyflwr o argyfwng. Mewn cyfnodau felly, gall y pryder hwnnw esgor ar ymateb dwysach o lawer na'r anghysur cyffredinol a deimla pob oes yn wyneb newid. Dyna a ddigwyddodd ym merw'r bedwaredd ganrif ar ddeg, pan luniwyd y gweithiau cyfriniol y soniwyd amdanynt yn y Rhagymadrodd, a dyna a gafwyd yn y cyfnod modern hefyd, pan luniwyd gweithiau'r pedwar llenor a fu dan sylw yn y llyfr hwn.

Gan iddynt ystyried bod eu gwareiddiad mewn cyflwr mor argyfyngus, y mae dyfnder ac angerdd hynod yn perthyn i ymateb encilgar a chyfriniol y llenorion hyn, wrth i fygythiadau'r byd materol eu troi ymaith oddi wrth ansicrwydd neu hagrwch y presennol i geisio delfrydau cymdeithasol iwtopaidd a gweledigaethau crefyddol trosgynnol. O ganlyniad i gryfder y bygythiad allanol, ceir ganddynt ddeongliadau eglurach na'r cyffredin o werth yr ysbrydol ac o werth y cymdeithasau y lleolir yr ysbrydolrwydd hwnnw ynddynt. Hyn sy'n eu gwneud yn werth eu hastudio yng ngoleuni gyrfaoedd ei gilydd. Drwyddynt, cawn bedair gwedd ar ymgyrch yr ysbryd yn erbyn materoliaeth, a phedair gwedd ar werth ysbrydol cymdeithas a diwylliant fel rhan o'r ymgyrch honno. Mewn byd lle gwelir diwylliannau yn aml iawn fel petaent yn cystadlu â'i gilydd, buddiol yw gweld, yn nhebygrwydd ymateb caredigion gwahanol ddiwylliannau dan berygl, ddadl gyffredin dros werth hanfodol pob diwylliant.

Poenwyd y llenorion hyn gan ddadfeiliad ymddangosiadol y gymdeithas ddynol wâr yn wyneb grymoedd unffurfiaeth fodern. Ac oherwydd mai rhai o gefndir diwylliannol dadleoledig oeddynt, miniogwyd eu hamgyffred o werth ac unigrywedd diwylliannau unigol fel amgylcheddau i fywyd ysbrydol. Dewisent, felly, ddaearu eu gwrthwynebiad cyffredinol i fateroliaeth yn eu delfrydau o gymunedau cenedlaethol mabwysiedig, cymunedau a fu dan fygythiad gwleidyddol. Yr oedd Lloegr i T. S. Eliot a Ffrainc i Simone Weil dan fygythiad yr Almaen, a Chymru i Saunders Lewis ac R. S. Thomas dan fygythiad parhaol Lloegr. I'r llenorion hyn, daeth y diwylliannau hynny yn symbolau o'r hyn y gellid ei golli o ildio i'r materol, a daeth y cenhedloedd hynny felly yn feysydd y gad i ryfel rhyngwladol y deallusion crefyddol hyn yn erbyn grymoedd gwrth-ysbrydol. Dyma'r math o ystyriaeth ehangach y dylid cadw mewn golwg wrth astudio gwaith R. S. Thomas, T. S. Eliot, Saunders Lewis a Simone Weil. Os edrychir arnynt yn unig o safbwyntiau'r diwylliannau unigol y buont mewn perthynas â hwy, yna gall eu cymhellion a'u hymddygiad ymddangos yn baradocsaidd, ac ni cheir ond darlun anghyflawn ohonynt. O ran y math o feirniadaeth a welwyd hyd yma, bu mwy o wrthrychedd yn hyn o beth yn achos Eliot a Weil nag yn achos y ddau Gymro. Mewn diwylliannau megis Ffrainc a Lloegr, gyda chilio bygythiad goresgyniad a'r perygl o ddiffodd hunaniaeth, daeth yn haws i feirniaid weld Eliot a Weil yn eu gwir oleuni fel rhan o fudiad rhyngwladol o lenorion gwrth-fodern. Wedi i'r bygythiad allanol gilio, ni fu brwydr bellach dros hunaniaeth y cenhedloedd hynny, ac felly ni yrrwyd carfanau cystadleuol i gyfethol y llenorion hyn i'w rhengoedd.

Nid oes gan ddiwylliannau Ffrainc a Lloegr lawer i'w golli bellach drwy ddadansoddi ac amau cymhellion rhai o'u prif ffigyrau. Bu'r sefyllfa yng Nghymru'n wahanol. Yma y mae'r bygythiad i barhad a hunaniaeth y diwylliant yn parhau. Mewn amgylchiadau felly, y mae greddfau nerthol yn cymell cynheiliaid y diwylliant i ddefnyddio holl adnoddau'r diwylliant hwnnw er mwyn ei amddiffyn. Mewn brwydr o'r fath, i leiafrif dan fygythiad fel y Cymry Cymraeg, y mae llenorion o statws Saunders Lewis ac R. S. Thomas yn gynghreiriaid pwerus a defnyddiol. Nid rhyfedd na holwyd gormod am eu cymhellion wrth eu gweld yn dod i sefyll yn y bwlch. Bu cyndynrwydd ymysg Cymry Cymraeg i weld R. S. Thomas a Saunders Lewis fel dim heblaw gwirfoddolwyr i'w croesawu i fyddin amddiffynnol; gwirfoddolwyr y rhagdybir bod eu cymhellion a'u blaenoriaethau yr un fath ag eiddo gweddill y fyddin. Er enghraifft, yn y cyngerdd a gynhaliwyd ar 26 Mai 1999 i ddathlu agoriad swyddogol Cynulliad Cenedlaethol Cymru, darllenwyd y darn enwocaf o *Buchedd Garmon* Saunders Lewis a'r cyfan o gerdd R. S. Thomas 'Welsh History', fel darnau a oedd yn crynhoi dyheadau cenedlaethol Cymru. Bu cyndynrwydd i amgyffred gwir natur cymhellion y ddau lenor hyd yn oed pan wnaed y cymhellion hynny yn eglur ganddynt. Mewn gwirionedd, wrth gwrs, er gwaethaf ymroddiad a dewrder Lewis a Thomas dros achos hunaniaeth Cymru, brigâd ryngwladol y rhyfel hwnnw ydynt mewn gwirionedd; rhai a ymunodd â'r frwydr am resymau pur wahanol i eiddo'r brodorion.

Y mae'r ffaith fod yr ymrafael rhwng Cymru a Lloegr yn parhau yn gyfrifol hefyd am y ffaith nad yw beirniaid Seisnig a gelynion Cymreig R. S. Thomas a Saunders Lewis yn aml iawn yn gosod cenedlaetholdeb y ddau yn ei gyd-destun iawn. Gan fod cenedlaetholdeb yng Nghymru yn bwnc llosg o hyd, yn rym sydd yn herio safbwyntiau a diddordebau gwrthwynebus yng Nghymru ac yn Lloegr, ceir yn aml iawn feirniadaeth a âi i'r afael â'r ddau lenor er mwyn amddiffyn y safbwyntiau y maent yn eu perygl. Ceir ymgeisiau, gan feirniaid Seisnig yn bennaf, i niwtraleiddio eu cenedlaetholdeb drwy ei anwybyddu, ei nawddogi neu ei fychanu; neu, gan elynion Cymreig, sydd â mwy i'w golli, ceir ymgeisiau i ddifrïo eu safbwyntiau, a'r hyn a gynrychiolant, drwy eu cyhuddo o eithafiaeth neu adwaith neu gulni. Felly, y mae'r ffaith fod yr ymrafael yr ymunodd R. S. Thomas a Saunders Lewis ag ef yn mynd yn ei flaen o hyd yn golygu bod beirniadaeth gyfeillgar a gwrthwynebus fel ei gilydd wedi'i chyfyngu gan bleidgarwch ac anghenion cyfredol y ddwy ochr i'r frwydr honno.

Gobeithiaf fy mod wedi dangos y gellid amgyffred safbwynt, cymhellion a gwir statws R. S. Thomas a Saunders Lewis yn well o'u gweld mewn cyd-destun ehangach fel cynrychiolwyr Cymreig carfan o feddwl eang a phwysig yn yr ugeinfed ganrif. Nid carfan lywodraethol y ganrif mohoni, mae'n wir – materoliaeth yw honno – ond, serch hynny, carfan bwysig ydyw; un sydd mewn gwrthwynebiad cyson â theyrnasiad y materol. Fe'i disgrifiais fel y duedd wrth-fodern, a chredaf fod hwnnw'n ymadrodd addas. Pwysleisiais hefyd mai tuedd reddfol geidwadol ac adweithiol ydoedd mewn sawl ffordd a bod elfennau o gulni yn gallu perthyn iddi.

Serch hynny, wrth gloi, carwn bwysleisio ysbrydolrwydd cadarnhaol y llenorion hyn. Y mae'n wir mai bygythiadau allanol, i wareiddiad y Gorllewin yn gyffredinol ac i ddiwylliannau unigol yn benodol, a fu'n symbylu eu gweledigaethau. Y mae'n wir hefyd fod y pedwar yn ddieithriaid trigiannol, yn gymeriadau encilgar, y bu eu hymneilltuedd oddi wrth y byd modern, ac oddi wrth gymdeithasau dynol yn gyffredinol, yn hanfodol i'w bywydau ac i ffurfiant eu gweledigaethau. Ond serch y cymhellion ymddangosiadol negyddol hynny, gweledigaethau cadarnhaol a chreadigol a gafwyd i raddau helaeth iawn wrth i'r pedwar llenor crefyddol hyn wynebu her gwacter ystyr y byd modern materol. Wrth iddynt sefyll yn y bwlch dros eu cymunedau cenedlaethol mabwysiedig, safent hefyd dros werth yr unigolyn, gwerth pob cymdeithas a diwylliant, a gwerth yr ysbrydol, gan uno'r elfennau hynny mewn gweledigaeth ddwys a chain sy'n trosgynnu'r byd materol. A beth bynnag fo canlyniad helyntion y cenhedloedd unigol a fu'n ddaear i weledigaethau'r llenorion hyn, y mae perthnasedd ehangach y gweledigaethau gwrth-faterol hynny i wareiddiad y Gorllewin i'w weld yn cynyddu wrth i'r ugeinfed ganrif dynnu at ei therfyn ac wrth i'r mileniwm newydd ymagor.

Nodiadau

1 *Mass for Hard Times* (Newcastle upon Tyne, 1992), 34.

Mynegai

ABC Neb, 177
Abercuawg, 170
Abercuawg, 14, 145, 148, 156, 160, 170, 180–2
Aberdaron, 146, 170
Abergwaun, 43
Abertawe (Coleg y Brifysgol), 62
Aberystwyth (Eisteddfod Genedlaethol 1992), 120
Ackroyd, Peter, 22, 23, 31, 52
Action Française, 19, 109
Aerodrome, The, 5
'Afallon', 162–3, 180
'Afforestation', 176
After Strange Gods, 28, 29, 30, 33, 49
'Again', 145, 166
Ail Ryfel Byd, 9, 13, 37, 50, 63, 85, 98, 101, 103, 148, 158
Alecsandria, 84
Alsás, 11, 98, 126
Alsthom (ffatri), 102, 106
Amlyn ac Amig, 77
Amwythig, 158
'Ancient Mariner, The', 77
Angela o Foligno, 1
Anghydffurfiaeth, 74, 75, 78, 82, 87, 141–2
Anglicaniaeth, 2, 26–7, 139–40, 143
'Anybody's Alphabet', 177
Argyfwng, Yr, 50
'Arian a Swydd', 162, 164
Arnold, Matthew, 43
Artist yn Philistia, Yr, 84

Ashford, 104–5
'Ash Wednesday', 21, 27, 29, 35, 85, 165, 167
Attente de Dieu, 104, 111
Auden, W. H., 4–5
Auxerre, 102
Avignon, 1

Babbitt, Irving, 89
Baner ac Amserau Cymru, 154, 158
Bangor, 13, 135, 137, 173
Barnie, John, 162–3, 164, 178
Barrès, Maurice, 6, 61, 63
Bebb, Ambrose, 50, 72, 78
Belloc, Hilaire, 6, 32, 63, 66, 69, 70–1, 72, 74, 75, 87, 89
Belsen, 69
Bennett, Arnold, 4
'Bequest', 179
Berlin, 102
Between Here and Now, 177
Bhagavad Gita, 114
Bianchi, Tony, 84, 163
'Biography', 179
'Bleak Liturgies', 141
Blwyddyn yn Llŷn, 140, 144, 149, 164, 165, 166, 167, 169, 178
'Border Blues', 157–60, 161
Boston, 17, 18
Bosworth, 31
Bourges, 103
Bowen, Euros, 173

Brad, 66, 68, 73
Braslun o Hanes Llenyddiaeth Gymraeg hyd 1535, 71
Brave New World, 5
Bread of Truth, The, 161, 166
Bro Morgannwg, 135
Browne, Martin, 72, 77
Brycheiniog, 2, 160–1
Buchedd Garmon, 7, 86, 181, 193
Bullock, Alan, 3
Burnt Norton, 35
'Burnt Norton', 35, 36, 37, 38
Bury My Heart at Wounded Knee, 147–8, 162
Bwdaeth, 19, 27, 142
Byd ar Bedwar, Y, 154

'Cadenza', 138
Caerdydd, 13, 63, 87, 135, 136, 174
Caerfyrddin (sir), 59
Caergybi, 13, 135
Caernarfon, 148
Caint, 12, 23, 104
Calfiniaeth, 59, 75
Capel y Ffin, 72
Carey, John, 3
Carnaud (ffatri), 102, 106
Castell Nedd, 148
Catherine o Siena, 1
Catholic Herald, 72
'Catholicism and the International Order', 31
Catholigiaeth, 4, 5, 6, 10, 11, 12, 26, 58, 59, 63, 70, 72, 74–9, 82, 83, 85, 87, 89, 104, 105, 109–110, 114–15, 128, 141
Ceiriog
   gweler Hughes, John Ceiriog
Cell y Grog, 78
'Cenedlaetholdeb a Chyfalaf', 64
Ceridwen, 159
Cernyw, 24, 126
Chartrier, Emile (Alain), 101, 127–8
Chesterton, G. K., 6, 32, 33, 63, 66, 69, 72, 77, 89
'Children's Song', 166–7
Choice of Wordsworth's Verse, A, 178
Christendom, 31, 32
'Christian and Natural Virtues, The', 42
Christian News Letter, 42
'Circles', 168
Cloud of Unknowing, The, 1
Coleridge, Samuel Taylor, 77
Conran, Anthony, 4
Cost of Strangeness, The, 4

Cristnogaeth, 1, 27, 26, 31, 42, 45, 68, 76, 99, 103, 105, 109–15, 116, 117, 139, 141
Criterion, The, 30–1, 33, 44, 46, 72, 85
Culpin, Carl, 21
Culte de moi, Le, 61
'Cwrs y Byd', 33, 64, 65, 85, 148, 149, 150, 152, 153, 164, 165
Cyfeillion Llŷn, 178
cyfriniaeth, 1–2, 18–19, 27, 33, 35–7, 77–8, 100, 103, 105, 109–15, 143–5, 166, 174, 191–2
Cymdeithas Cyfamod y Cymry Rhydd, 155
Cymdeithas yr Iaith Gymraeg, 10, 81, 120
Cymru Fydd, 78
Cymru or Wales?, 120, 163, 167, 169
'Cynddylan on a Tractor', 159

'Chwalwn y Diwydiannau Mawr', 64
Chwyldro Diwydiannol, 178

Dachau, 69
Dafydd Nanmor, 75
Daily Mail, 29
Dante Alighieri, 20
'Dau Gapel', 143–4, 156–7, 169, 176
Davies, D. J., 67
Davies, Hazel Walford, 76
Davies, Idris, 83
Davies, Jason Walford, 171
Davies, Noëlle, 67
Davies, Pennar, 85, 142
de Gaulle, Charles, 104
Deg Pwynt Polisi Plaid Cymru, 34, 59, 63, 64, 66, 67
'Depopulation of the Hill Country, The', 150, 152
De Rerum Novarum, 63
'Difiau Dyrchafael', 76, 78, 85, 158
'Dilyw, Y', 65, 66, 68, 85
dirwasgiad, 23, 66
Distributist League, 11, 32, 33, 63
Diwygiad Methodistaidd, 75
Diwygiad Protestannaidd, 1, 26, 70, 127, 142
dosrannaeth, 30, 32–3, 34, 63–4, 66–7, 72, 107–8, 149
Dreyfus, Alfred, 116
Dry Salvages, The, 35
'Dry Salvages, The', 36, 38, 45, 51
'Dyfodol Llenyddiaeth', 88

East Coker, 17, 35

'East Coker', 36, 37, 38
Echoes Return Slow, The, 136, 138, 140, 167
Eckhart, 'Meister', 1, 78
Edwards, Charles, 72
Edwards, David, 23
Efrog Newydd, 98, 104
Efrydiau Catholig, 77
Eglwys-fach, 146, 170
Egwyddorion Cenedlaetholdeb, 70
Eingl-Gatholigiaeth, 9, 26–7, 35, 72, 85, 139–40, 167
Elfyn, Menna, 120
Eliot, Andrew, 17
Eliot, Charlotte (*née* Stearns), 17
Eliot, Henry Ware, 17
Eliot, Thomas Stearns: blynyddoedd cynnar, 8–9, 17–20; cenedlaetholdeb, 9, 37–44; ceidwadaeth, 28–30; crefydd, 18–9, 26–7; cyfriniaeth, 35–6; dosrannaeth, 32–3, 34; diwylliant Americanaidd, 51–2; diwylliant Cymru, 42–4, 151; diwylliant Seisnig, 9, 20, 24–6, 50–3, 169; gwleidyddiaeth, 29–34; gwrth-fodernrwydd, 9, 44–50; gwrth-semitiaeth, 29–30, 68, 69, 116; R. S. Thomas, 140, 141, 144, 165–8, 169; Rhyfel Byd Cyntaf, 20–1; Saunders Lewis, 10, 33–4, 75, 77, 84–7, 149–50, 151; sefydlu yn Llundain, 22–4; Simone Weil, 119; *crybwyllir*, 6, 7, 11, 14, 67, 70, 72, 80, 97, 104, 108, 110, 120, 124, 127, 131, 139, 152, 157, 159, 163, 172
Eliot, Valerie (*née* Fletcher), 50
Eliot, Vivien (*née* Haigh-Wood), 19–20, 22, 34–5, 44
Eliot, William Greenleaf, 17
Ellis, Steve, 34, 37
Emrys ap Iwan
  gweler Jones, Robert Ambrose
English Eliot, The, 34
Enracinement, L', 12, 40, 104, 107, 109, 119, 120, 126, 129, 155, 169–70
Epoch and Artist, 72
Esther, 66, 69
Eve of St John, The, 60
Ewrop, 8, 40, 45, 49, 52, 68, 70, 71, 75, 82, 89, 114, 140, 148, 149, 150–1, 154, 163–4
Excelsior, 73
'Expatriates', 161
Experimenting with an Amen, 168, 179

Faber (cwmni), 26, 72, 77
Faber (teulu), 43

'Fair Day', 177
Faner, Y, 148
'Fire Sermon, The', 24, 46
Fleure, H. B., 160–1
Forster, E. M., 25
Forwyn Goch, Y, 120
Fournier, Alain, 19, 21
Four Quartets, 9, 19, 21, 29, 33, 34–40, 42, 44, 50, 51, 110, 165, 166, 167, 169, 181
Franco, Francisco, 65, 180
Freud, Sigmund, 4
'Frontiers of Criticism', 50
'Fugue for Ann Griffiths', 169

ffwndamentaliaeth, 80, 142–3

'Gair at y Cymry', 88
'Game of Chess, A', 24
Garmon, 7, 86
Garthewin, 72, 76, 77
'Garthewin. Awdl Foliant i Robert Wynne', 76
'Gerontion', 166, 167
Gertrude, 1
Gide, André, 130
'Gift', 144
Gill, Eric, 72
Glannau Merswy, 10, 58, 59, 146
Goldsmith, Oliver, 46
Gollancz, Victor, 69
'Golygfa mewn Caffe', 68, 85
Goole, 135
Gordon, Lyndall, 22, 50, 52, 84
Göttingen, 29
Greene, Graham, 4, 6
Greenwich, 25
Griffiths, Ann, 77, 119, 171
'Groping', 167
Gruffydd, W. J., 78, 87
Guto'r Glyn, 73
Gwenallt (D. James Jones), 156
gwrth-fodernrwydd, 9, 11, 14, 44–50, 87–90, 97, 127–31, 147, 153, 163–5, 175–82, 191–4
Gwrthryfel y Taeogion, 1
gwrth-semitiaeth, 29–30, 67–9, 103, 115–18
Gymerwch Chi Sigaret?, 66, 77

Hampstead, 19, 20
Hanmer, 146, 173
Harvard, 17, 18, 19
Hen Dŷ Ffarm, 60

Hewlett-Johnson, Deon, 147
Hilton, Walter, 1
Hitler, Adolf, 65, 66, 68, 69
H'm, 177
'Hollow Men, The', 21, 26, 85, 166
Holocost, 30, 117, 148
'Homage to Wallace Stevens', 140
Hooker, Jeremy, 167
Horizon, 49
Hughes, John Ceiriog, 84
Hulme, T. E., 89
Humphreys, Emyr, 84, 162
Huxley, Aldous, 5

'Iago Prytherch', 146, 178
Idea of a Christian Society, The, 31–3, 34
Iddewiaeth, 12, 98–9, 100, 103, 109, 110,
    115–18
'Incarnations', 166
'In Church', 138
India, 41–2
Inferno, 20
'In Great Waters', 141
In Parenthesis, 73
Intellectuals and the Masses, The, 3
Iseldiroedd, yr, 1
Isherwood, Christopher, 4
Iwerddon, 74, 75, 126

Jacob, Max, 69
Jenkins, Randall, 167
Jeremiah, 120
Johnson, Samuel, 137
Johnstone, Richard, 4
Jones, Bobi, 120, 157, 167, 173
Jones Dafydd Glyn, 65, 89
Jones, David, 6, 62, 64, 70, 71–4, 88, 164
Jones, Harri Pritchard, 66, 84
Jones, J. R., 2, 119, 125, 168–9
Jones, Robert Ambrose, 71
Jones, T. Gwynn, 82
'Journey of the Magi', 27, 35, 166
Julian o Norwich, 1, 36

Keats, John, 172
Kew, 25
Kierkegaard, Søren, 139, 143, 167
Kipling, Rudyard, 41, 42, 60
Koestler, Arthur, 130

Laforgue, Jules, 18
Language Regained, 120
Languedoc, 103

Lausanne, 23
Lawrence, D. H., 89
Leavis, F. R., 6, 84
Lee, Laurie, 25
Lenin, Vladimir Ilyich, 68
Leo XIII, 63
Le Puy, 102
Lerpwl, 10, 13, 75, 135
Lewis, John Saunders: blynyddoedd
    cynnar, 10, 58–60; Catholigiaeth, 74–9;
    Cymru, 10–11, 59–60, 61, 79–84, 148–52;
    David Jones, 71–4; dosrannaeth, 11,
    63–4, 66–7, 149; Ewrop, 69–71, 148–51,
    162; gwleidyddiaeth, 10–11, 62–7,
    148–52, 164; gwrth-fodernrwydd, 11,
    87–90; gwrth-semitiaeth, 67–9; R. S.
    Thomas, 7, 13, 33–4, 59–60, 141–2, 146,
    147, 148–9, 151–4, 162–3, 164, 165, 174,
    177; Rhyfel Byd Cyntaf, 60–62; Simone
    Weil, 119, 124; T. S. Eliot, 7, 10, 33–4, 42,
    84–7; crybwyllir, 6, 14, 26, 44, 97, 104,
    108, 127, 131, 139, 168, 170, 173, 175,
    181
Lewis, Lodwig, 58–9, 79–80
Lewis, Mair Saunders, 62
Lewis, Margaret (née Gilcriest), 60, 62, 64,
    70, 74
Lewis, Margaret Mary, 59
Lewis, Wyndham, 6, 67, 72, 89
'Line from St David's, A', 166
Little Gidding, 35, 144, 167
'Little Gidding', 36, 38–9, 167
'Love Song of J. Alfred Prufrock, The', 18,
    21

Llan, Y, 140
Llananno, 144
Llandrindod, 87
Llandysul, 135
Llanfair Talhaearn, 76
Llanfarian, 59, 147, 154
Llenor, Y, 78, 84, 87
'Llenyddiaeth Eingl-Gymreig', 167, 176
Lloyd, D. Tecwyn, 61, 63, 79–80
Lloyds (banc), 21–2
Llundain, 8, 12, 19, 20, 21, 23, 24, 25, 38,
    39, 43, 48, 104, 151, 152
Llwyd, Morgan, 166
Llydaw, 125, 126
Llŷn, 149–5
Llyn Tegid, 159
'Llythyr Ynghylch Catholigiaeth', 87
Llywelyn, Emyr, 119

McFarlane, James, 47
McGrath, Michael, 77
Maesyfed, 160–1
Maes-yr-Onnen, 143–4
Mair Fadlen, 86
Maldwyn, 106, 150, 160–1, 164
Manafon, 106, 146, 150, 159, 161, 170
Marcsiaeth, 4
Margate, 23, 25
'Marina', 21, 35
Maritain, Jacques, 6, 26, 84
Marseilles, 103, 104, 109
Marvell, Andrew, 46
'Marwnad Syr John Edward Lloyd', 71, 85
Marx, Karl, 68
Massachusetts, 38
Mass for Hard Times, 141, 168
Mathias, Roland, 141
Maurras, Charles, 6, 19, 26, 27, 28–9, 30, 72
'Meet the Family', 136
Meibion Glyndŵr, 155
Merchant, W. Moelwyn, 162
Merch Gwern Hywel, 75
Merthyr, 66
Methodistiaeth Galfinaidd, 10, 58–9, 75
'Mewn Dau Gae', 157
Miles, Gareth, 59, 71
Minhinnick, Robert, 172
'Minister, The', 141, 142, 157, 171
Minneapolis, 50
Modernism, 3
Mond, Alfred, 68, 69
'Moor, The', 141
Moot, The, 31
Morris, Lewis, 71
Munich, 19, 24
Murder in the Cathedral, 27, 35, 86
Mussolini, Benito, 29

Natsïaeth, 12, 29, 31, 44, 69, 99, 103, 104, 116, 125, 127, 149
Neb, 136, 137, 150, 154, 155
neo-Gatholigiaeth, 70, 86
Nevin, Thomas R., 99, 100, 101, 104, 108, 111, 112, 117, 127, 130
Nietzsche, Friedrich, 145
Nineteen Eighty Four, 5
1938, 73
'Noddfa Rhag Totalitaraeth', 153
Norseman, The, 31, 33, 42, 44, 45, 149, 151
Notes Towards the Definition of Culture, 41–2, 43, 120

'No Through Road', 175
No Truce with the Furies, 138, 140, 163–4, 166, 177, 180
Nuremberg, 65

Orwell, George, 4, 5, 30, 105, 130
'Other', 177
'Other, The', 179
Owen, Daniel, 84
Owen, Gerallt Lloyd, 168
Owen, Goronwy, 71
Owen, Jeremy, 71
'Out of the Hills', 161

Palesteina, 69, 116
Paris, 11, 18, 71, 101, 102, 103
Parry, Robert Williams, 75
Parry-Williams, T. H., 75, 156
Path to Rome, The, 70–1, 74–5
Patmore, Brigit, 22
'Patriot, The', 162
Peate, Iorwerth, 84
Penyberth, 10, 58, 62, 68, 77, 80, 89, 148
Perrin, Joseph-Marie, 104, 105, 109, 114, 115, 116
Petain, Philippe, 29, 109
Phillips, Dewi Z., 112, 119
Pla Du, 1
Plaid Cymru, 10, 58, 62, 64, 66–7, 69, 72, 73–4, 76, 79, 81, 148, 150, 151, 153, 162
Plaid Geidwadol, 33
Plaid Lafur, 33, 64, 73
'Poet, A', 168
Poetry for Supper, 161
'Portrait of a Lady, A', 18
'Poste Restante', 140
Pound, Ezra, 6, 19, 23, 48, 49, 67, 72, 89, 165
Powys, 157, 158, 159
'Preseli', 157
'Presence, The', 137–8
Presenting Saunders Lewis, 89
'Priest to his People, A', 140
Prifysgol Cymru, 69, 148
Profens, 106, 123
'Prothalamion', 46
Prufrock and Other Observations, 19, 21
'Prytherch', 160
Pwyllgor Amddiffyn y Barcud, 178

'Qualities of Christmas, The', 167

Renault (ffatri), 102
'Reservoirs', 155

'Resort', 175
'Responsibility of the Man of Letters in the Cultural Restoration of Europe, The', 149–50
'Revelation', 45
Ricks, Christopher, 24, 52
'Ritual', 179
Roberts, Kate, 64, 77, 79, 82
Roberts Williams, John, 162
Rock, The, 86, 165
Rolle, Richard, 1
Rosières, 106
Royanne, 102
R. S. Thomas: Poet of the Hidden God, 112–13

Rhisiart III, 31
Rhufain, 1, 74
Rhydychen, 19, 21, 173
Rhyfel Byd Cyntaf, 4, 8, 10, 12, 19, 29, 49, 58, 60–2, 100–1
Rhyfel Can Mlynedd, 1
Rhyfel Cartref Sbaen, 62, 65, 101, 103, 130, 180

St Awstin, 73, 169
St Beuno, 158
St Ioan y Groes, 36
St Louis, 8, 17, 18. 19, 37
St Quentin, 103
St Stephens (eglwys), 27
Salem, 17
Saunders Lewis a Theatr Garthewin, 76
Sbaen, 62, 65, 101, 103, 130, 180
Science and the Modern World, 41
Shakespeare, William, 24, 46
'Silence', 138
Silone, Ignazio, 130
'Similarities', 179
Simone Weil: Portrait of a Self-Exiled Jew, 117
Siôn Cent, 172–3
Siwan, 84
'Small Window, The', 175
Soar-y-Mynydd, 157
Social Credit, 32
Sorbonne, 19
Spender, Stephen, 4, 30, 49, 50, 178
Spenser, Edmund, 46
Stevenson, Robert Louis, 47
Stones of the Field, The, 140, 146, 161
Suso, Henry, 1
syndicaliaeth, 107

Taliesin, 159

Tares, 160
'Tasg Cymru', 151
Tauler, Johann, 1
Tempest, The, 46
'Terrible City', 32
Thibon, Gustave, 104, 105, 108, 109, 111, 114, 118
Thomas à Kempis, 1
Thomas, Dylan, 88, 156
Thomas, Edward, 167
Thomas, Gwydion, 146
Thomas, Margaret, 135, 136–7
Thomas, Mildred (née Eldridge), 146
Thomas, M. Wynn, 22, 136–7, 154, 155, 161, 163, 169
Thomas, Ronald Stuart: bywyd, 13, 135–6, 146; cenedlaetholdeb, 13–14, 146–7, 153, 154–5, 162–3, 170–1, 175; cyfriniaeth, 112–13, 143–5, 166–7; Cymru, 13–14, 82, 106, 147–8, 155–61, 173–4, 180–2; diwylliant Cymraeg, 168–70, 171–3; 147–8; diwylliant Saesneg, 172, 173, 174; dosrannaeth, 149, 165; eglwysyddiaeth, 139–43; gwrth-fodernrwydd, 14, 128, 147, 153, 163–5, 175–82; rhieni, 136–9; Saunders Lewis, 7, 13–14, 33–4, 84, 146–54, 162–5, 174; T. S. Eliot, 22, 165–8; *crybwyllir*, 6, 26, 44, 45, 59, 80, 86, 99, 104, 108, 118, 119–20, 124, 127, 131
Thomas, T. H., 135, 137–8, 139
Thompson, Flora, 25
'Those Others', 160
Times Literary Supplement, 176
'To his coy mistress', 46
'Too Late', 160
'Tradition and the Individual Talent', 28
Trawsfynydd, 154
'Tree, The', 138
Tristan und Isolde, 24
Trotsky, Leon, 102
Twm o'r Nant, 71
Tynged yr Iaith, 63, 73, 80, 161

Undodiaeth, 9, 17, 18, 26
Ungaretti, Giuseppe, 84
'Unreal City', 24, 25, 32
Upward, Edward, 4
'Use of Poetry and the Use of Criticism, The', 43

Valentine, Lewis, 62
Van Ruysbroeck, Jan, 1

Vaughan, Henry, 2
Vedanta, 4
Verdenal, Jacques, 19, 21
Vicar of Wakefield, The, 46
Vichy, 99, 103, 104, 108, 109, 111, 116
Vidal, Fernand, 115
Virginia, 29, 42, 52

Wagner, Richard, 24
Wales, 150, 153, 160
'Walter Llywarch', 160
Warner, Rex, 4, 5
Waste Land, The, 8, 19, 20, 21, 23, 24, 25, 26, 32, 35, 46, 47, 85, 157, 159, 166, 167
Waugh, Evelyn, 4, 6
Waun, Y, 136, 146
Weil, André, 98, 99
Weil, Bernard, 98, 100, 116
Weil, Selma, 98
Weil, Simone: benyweidd-dra, 100; bywyd, 11–12, 99–105; cenedligrwydd, 119–27; crefydd, 12, 103, 104, 105, 109–15, 118–19, 128; diwydiannaeth, 12, 102–3; dosrannaeth, 107–8; Ffrainc, 12–13, 97–9, 109, 118, 119, 120–1, 124–6; gwleidyddiaeth, 105–8; gwrth-fodernrwydd, 97, 127–31; Iddewiaeth, 98–9, 103, 109, 110, 115–18; R. S. Thomas, 155, 169–70; rhyfel, 100–1, 103, 104; Saunders Lewis, 119, 124; T. S. Eliot, 40; *crybwyllir*, 6, 7, 44, 62, 67, 86, 139, 168, 173

Wells, H. G., 5
'Welsh', 161
'Welsh History', 155, 193
'Welsh Landscape', 157
Welsh Nationalist, The, 65
'Welsh Testament, A', 143, 160, 168
Wesleaeth, 74
'What the Thunder Said', 25
'Where Do We Go From Here?', 164
Whitehead, A. N., 41
Williams, D. J., 60, 62, 155
Williams Pantycelyn, 78, 85
Williams, Waldo, 155, 157, 168
Williams, William (Pantycelyn), 61, 71, 80, 171
Will to Believe, The, 4
'Window, The', 164
Wirral, 60, 155
Wolters, Clifton, 1
'Words and the Poet', 167
Wordsworth, William, 172, 176, 178
Wormwood Scrubs, 72
Wpanisiadau, 114
Wrth Aros Godot, 78
Wynne, Nanette, 76, 77
Wynne, Nina, 64
Wynne, Robert, 64, 72, 76–7

Yeats, W. B., 60, 89, 160, 165, 172
'Ymgeiswyr yn yr Etholiad', 150
Ymgyrch Diarfogi Niwcliar, 178
Ynys Môn, 44, 59, 156